Über dieses Buch Das Buch, in der Originalausgabe als ›Eine Biographie‹ bezeichnet, schildert die Geschichte einer jungen Frau, nämlich der Autorin selbst, der eines Tages, inmitten ihres hektischen, komplizierten Lebens, plötzlich aufgeht, daß sie all die Dinge getan hat, die Erwachsene so tun, ohne erwachsen zu sein. »Ich habe die Gesten der Liebe vollführt, ohne wirklich zu lieben.« Sie hat geheiratet, weil man halt heiratet, aus einem »Ehe-Komplex« heraus, und sie hat in ihrem bisherigen Leben die konventionellen Rollen einer Tochter, einer Studentin, einer Berufstätigen, einer Ehefrau und Mutter fraglos hingenommen. Auch hat sie, darin keineswegs ungewöhnlich, die weniger konventionellen Verhaltensweisen erprobt – sie bezog Wohlfahrtsunterstützung, trennte sich von ihrem Ehemann, hatte Affären, ließ sich auf Zufallssex in Single-Bars und in Kommunen ein. Nach der Trennung von ihrem Mann brachte sie sich selbst und ihre drei Kinder mit Schreiben durch. Die hier geschilderte Geschichte beginnt in dem Augenblick, als sie Erfolg zu haben beginnt, eine Phase ihres Lebens, die sie mit fast unerträglicher Angst erfüllte, und sie endet, als ihre Ängste wie durch ein Wunder sich legten und sie tatsächlich Liebe zu einem Mann empfand. Eine moderne Geschichte, mit sowohl fremdartigen wie vertrauten Elementen, dabei in einem bemerkenswert eleganten Sprachstil geschrieben.

Die Autorin Colette Dowling war zunächst freie Journalistin, ehe sie durch ihre Bücher zur Bestseller-Autorin wurde. Ihre bei S. Fischer erschienenen Bücher ›Der Cinderella-Komplex‹ (1981; Fischer Taschenbuch 3068) und ›Perfekte Frauen; Die Flucht in die Selbstdarstellung‹ (1989) haben die Autorin auch im deutschen Sprachraum weithin bekannt gemacht. Colette Dowling lebt seit 1958 in New York.

Colette Dowling

Der Ehe-Komplex
oder
Die Sucht nach Beziehungen

Aus dem Amerikanischen
von Heidi Fehlhaber

Fischer Taschenbuch Verlag

Deutsche Erstausgabe
Veröffentlicht im Fischer Taschenbuch Verlag GmbH,
Frankfurt am Main, September 1991

Die amerikanische Originalausgabe mit dem Titel
›How to Love a Member of the Opposite Sex; A Memoir‹
erschien 1976 im Verlag Coward, McCann & Geoghegan Inc., New York

Umschlaggestaltung: Buchholz/Hinsch/Hensinger
Umschlagabbildung: Auguste Rodin ›Die Dämmerung‹
Gesamtherstellung: Clausen & Bosse, Leck
Printed in Germany
ISBN 3-596-23542-1

Für Lowell

Inhalt

Prolog

Erster Teil 11

I. Ohne Abendläuten 13
II. Sexuelle Auseinandersetzungen 25
III. Nicht genug Zeit 37
IV. Zikaden in den Bäumen 51
V. Kleine Fortschritte 64
VI. Keine große Auswahl 75
VII. Schatten über der Sandkiste 88
VIII. Szenenwechsel 102
IX. Ausstieg 113

Zweiter Teil 125

X. Lose Enden 127
XI. Gespräche mit einem ertrinkenden Kind 134
XII. Im Strudel 144
XIII. Auf dem Karussell 154
XIV. Schweigen 164
XV. Ein Zimmer unter den Sternen 172

Epilog 183

Prolog

Ich habe Angst. Hinter mir liegt eine neunjährige Ehe, mein eigenes Leben und das meiner Kinder geht weiter – und ich bin phobisch geworden. Es geschah genau zu dem Zeitpunkt, als die Dinge angefangen hatten, in Gang zu kommen. Ich war mit Reportageaufträgen im ganzen Land herumgejettet, verdiente gutes Geld, und all das begann mir Spaß zu machen, als Angst mich niederdrückte wie ein Alptraum. Ich versuchte, sie abzuschütteln, aber es ging nicht. Einsamkeit kroch mir unter die Haut und blieb an meinen Knochen haften. Die Dinge, an die ich ein Leben lang geglaubt hatte, fielen vor meinen Füßen in Trümmer.

Wie viele Frauen können sagen: *Ich habe all die Dinge getan, die Erwachsene tun, ohne erwachsen zu werden. Ich habe die Gesten der Liebe gemacht, ohne wirklich zu lieben.* Vor Jahren knutschte ich im Dunkeln auf Autositzen, während mein Verstand sagte: »Liebe, Liebe, Liebe«, und der süße Duft von Geißblatt half mir, es zu glauben. Ich heiratete und bekam meine Kinder und hielt mich für vollständig. Aber die Symptome, die ich jetzt habe, sagen mir, daß ich es nicht bin. Eine ungeheure Diskrepanz zerrüttet mich.

Manchmal, wenn man einsam genug ist oder verängstigt, wenn man aus irgendeinem quälenden Grund, den man nicht einmal begreift, in die Pflicht genommen wird, vollbringt der Geist gewaltige Anstrengungen, um die Vergangenheit zu verstehen und eine neue Richtung zu finden. Längst verblichene Erinnerungen kehren wieder. Morgens bleiben Träume gegenwärtig. Alte Episoden tauchen schubweise wieder auf und lassen sich nicht einordnen. Ich halte die Momente fest und suche den Leitfaden, der meinem Leben eine neue Richtung geben wird.

Erster Teil

I

Ohne Abendläuten

Wahrscheinlich sollte ich als erstes erwähnen, daß ich immer gern Antworten auf alles gehabt habe. Richtiger: gebraucht habe. Tatsächlich: erfleht habe. Verzweifelt lechzend nach – voller Entsetzen bei Abwesenheit von – außerstande zu funktionieren ohne – Antworten.

Keine läppischen Kleinigkeiten. Kein Quiz-Show-Quatsch. Antworten auf die Fragen, warum die Dinge sind, wie sie sind, was für ein Leben ich führen soll. Gebt mir eine Antwort, irgendeine Antwort, wenn sie nur kühn und unzweideutig (bevorzugt von einer tiefen männlichen Stimme) vorgetragen wird – und ich gebe euch mein Leben.

Ich glaube, es begann, als ich zur Schule geschickt wurde. Zur »Holy Name of Mary School« in Valley Stream, Long Island. Ich war eigentlich noch zu jung, aber meine Mutter hatte gerade ein Kind bekommen, und mein Vater überredete die Nonnen, mich früher anfangen zu lassen. Meine Mutter stand morgens mit einem fremden Baby auf dem Arm in der Tür und schaute mir nach, wenn ich fortging.

Für mich war es, als hätte man mich aus meinem federweichen Nest gezerrt und in einem fremden Land ausgesetzt. Das Klassenzimmer war groß und quadratisch, mit einer hohen Decke und Reihen kleiner, am Boden befestigter Holzpulte, die mit Reihen übelriechender Kinder besetzt waren. Morgens zur Tür hereinzukommen hieß, daß dir eine Übelkeit erregende Geruchwolke von Kleiderstaub, Erbrochenem und Körnerfrühstück ins Gesicht schlug. Ein Junge hatte Probleme, nicht in die Hosen zu pinkeln, und manchmal schiß er sie voll. Ich glaube, er wurde für mich zum Symbol all dessen, was in der Welt unerfreulich und unberechenbar war.

Vor der Klasse stand eine Person, die sie Nonne nannten. Die meisten Kinder können sich an ihre erste Klassenlehrerin erinnern. Ich nicht. Es gibt keine Anhaltspunkte für eine persönliche Beziehung. Die Nonne war groß und dünn und ganz schwarz gekleidet. Sie paßte zu der amerikanischen Flagge, die in der Ecke hing, zu dem Kruzifix an der Wand über ihrem Kopf. Ihr Kopf saß auf einem steifen weißen Schultertuch; ihr Gesicht war von einer steifen weißen Haube eingerahmt. Fünf lange Jahre Einzelkind, hatte ich nun meine süße Mutter an einen kleinen Bruder verloren und als Ersatz diese Nonne bekommen.

Wenigstens hatte die Nonne Erklärungen. Wir lernten sie im Singsang, den wir wie kleine verkrüppelte Vögel zusammen von uns gaben.

Wer hat die Welt erschaffen?

Gott hat die Welt erschaffen.

Wer hat dich erschaffen?

Gott hat mich erschaffen.

Warum hat Gott dich erschaffen?

Gott hat mich erschaffen, damit ich Ihn in dieser Welt liebe und ehre und Ihm gehorche und in der nächsten Welt für immer mit Ihm glücklich bin.

Für immer. Es lag Trost in diesem Wort, so wie im Katechismus Trost lag. An der Seele kleiner Kinder, die zum erstenmal von ihren Eltern getrennt worden sind, nagen schwere Zweifel. Sogar die Fragen, die so beunruhigend waren, wurden für uns artikuliert. Und die Antworten! Gottvater war im Himmel, zusammen mit der Mutter Maria, und zusammen würden sie über uns wachen und uns beschützen. Wir mußten nur gut sein, gehorchen und Gelegenheiten zur Sünde meiden, und wir würden vor Schmerz, Tod und den Qualen der Trennung bewahrt werden... für immer.

Ein Kind, das katholisch zur Welt gekommen ist, kann bis in die College-Zeit hinein im Schoß dieser Absolutheit leben. Ich tat es. Trinity, in Washington, D.C., eine liberale Kunsthochschule für Frauen. Die meisten Nonnen hatten einen Dr. phil., aber das hinderte sie nicht, einen bereinigten Chaucer zu lehren oder uns auf subtile Weise dahin zu bringen, jene Philosophen zu übergehen, deren Denken über die Grenzen der Scholastik hinausgeht. Sechzehn Jahre lang lehrte man mich, daß die Wahrheit unser sei und Zweideutigkeit eine Sache für Krüppel. Und in den 16 Jahren danach sollte diese »Wahrheit« alles ersetzen – Liebe, Sex, das Bedürfnis nach einem anderen Menschen.

Man kann sich die Selbstgefälligkeit eines katholischen Frauen-Colleges in den fünfziger Jahren nicht vorstellen, wenn man nicht selbst eines absolviert hat. Die Zeit ging über uns hinweg wie Balsam, Monat für Monat, Jahr für Jahr. Kein Tag verging, an dem wir nicht zusammensaßen und Lieder über College-Boys und unerwiderte Liebe sangen. Jeden Tag sangen wir. Jedes Frühjahr gab es Kirschblüten. Jeden Sommer machte die Sonne alles sauber, den Fluß sauber, die Denkmäler sauber, die großen weißen Regierungsgebäude sauber. Weil sich die Sonne in unseren Augen spiegelte, konnte man sich nicht vorstellen, was unter dem Spiegelreflex lag, die dunklen, schmutzigen Wasser, Geheimnisse in unterirdischen Gängen. Man konnte sich keine Vorstellung davon machen.

Wir hatten die Religion und die Nähe zur Regierung. Washington aus der Vogelschau mit seinen quadratischen Gebäuden und seinen geraden, konzentrischen Straßen gab ein perfektes topographisches Symbol der vorgetäuschten Ordnung ab. Seit unserer Kindheit wurden wir auf der Basis dieser Täuschung ernährt, nahmen wir sie mit weit geöffneten Schnäbeln auf, und sie hatte uns selbstgefällig gemacht. Als das Ende kam, genossen wir das Ritual, saßen da wie die Kinder in unseren Mützen und Kleidern, während Senator Kennedy seine Rede hielt, die uns hinaus in die Welt schickte.

Weil ich einen Zeitschriftenwettbewerb für College-Studentinnen gewonnen hatte, gab es ein Ziel für mich. Zwei Stunden nach der Abschlußfeier saß ich im Flugzeug nach New York. Allein, zum erstenmal im Leben. Koffer gepackt. Kinn entschlossen. Ich trug ein baumwollenes Cordkostüm, schwarze Lederpumps mit schiefen Absätzen und an den Beinen rötlich-braune Strümpfe, die Farbe von Zimtstangen.

Bis dann, Kiddo.

Wir sehen uns in New York.

Wir nehmen eine Wohnung mit ein paar anderen Kids. »Garden apt. with wb fpl«, wie es in der *Times* heißt. Haha.

Haha.

Bis dann.

Bis dann.

Als das Flugzeug sich vom Boden löste und das laute Dröhnen der Maschinen mich himmelwärts sog, schaute ich hinunter und sah in der Spiegelung ein hohes, spitzes Monument. Es erbebte und zerfiel in der Oberfläche des Wassers wie die Wahrheit.

In New York schien die Sonne noch strahlender. Das Abendläuten war fort, die warnenden Glocken, die verhuschten Nonnen in der Morgenandacht.

New York machte großartige Versprechungen. Geh einfach jeden Morgen auf dem Weg zur Arbeit die Lexington Avenue hinunter, und du weißt: Nichts kann schiefgehen. Vielleicht würde ich Schriftstellerin. Wie andere vor mir würde ich um 5 Uhr morgens in das warme, verseuchte Wasser der Plaza Fountain platschen. New York würde mein Königreich sein und ich seine Prinzessin und Bettlerin zugleich. Begabt und idealistisch würde ich wie eine Künstlerin leben und Champagner trinken.

Meine Mutter schrieb mir, daß die Büstenhalter, die sie beim Aufräumen in meinem Zimmer gefunden hatte, aussähen, als wären sie nie gewaschen worden. Sie sagte, sie hoffe, daß New York die Lücken in meiner Erziehung schließen und daß ich lernen werde, meine Unterwäsche richtig zu waschen. Ich nahm ihre Voraussagen und ihr Bedauern mit auf den Weg, versuchte aber, es zu vergessen.

Was brauchst du eine Mutter, wenn du frei bist und losstürmst? Aufgedreht vor Erwartung und von schwarzem Kaffee, schob ich mich zusammen mit 19 anderen Mädchen jeden Morgen durch die große Glastür in der Madison Avenue 575. Wir hatten den *Mademoiselle*-Gastredakteur-Wettbewerb gewonnen. Wir waren hier, um uns einen Namen zu machen.

Das Leben lag vor mir ausgebreitet wie eine Serie von Vierjahresstipendien. Ich hatte nichts geplant, hatte keine besonderen Bestrebungen, erwartete nur weite, umfassende Horizonte. Man tat, was von einem erwartet wurde. Sie arrangierten Interviews mit Künstlern und Schriftstellern für die August-College-Nummer, und wir führten sie durch, machten Notizen in kleinen Spiralheften, als wären wir einmalig. Die Redakteure saugten unsere Phantasie aus in der Hoffnung, wir würden ihnen etwas erzählen. Abends saßen wir in Unterhosen in unserem kleinen luftlosen Zimmer im Barbizon-Hotel für Frauen herum, tranken Bier und lachten über sie. Aber wir akzeptierten die falschen Reklameaspekte dieses Lebens, die Limousinen und Weinproben und Modenschauen ebenso fraglos, wie wir die 45-Dollar-Schecks akzeptierten, von denen wir tatsächlich irgendwie lebten.

Von uns wurde mehr erwartet, als wir wußten. Da wir in einer Zeit ausgebildet worden waren, in der Ausbildung alles war, erlebten wir uns selbst als klassenlos. Wir wußten, daß Zinn unendlich viel schikker ist als Silber. Ich glaube, wir dachten, wir seien für Großes bestimmt.

Als die Zeit als Gastredakteurin vorbei war, bekam ich eine Anstellung in der College- und Karriere-Abteilung der Zeitschrift, für die ich recherchieren mußte. Meistens las ich College-Zeitungen, stapelweise, *Harvard Crimsons* und *Michigan Dailies*, Zeitungen von Orten, die so verschieden sind wie Reed und Brown und die Universität von Texas, buchstäblich Dutzende von College-Zeitungen jede Woche, und das einzig Interessante, was ich in vier Jahren lernte, war, daß ein pickelgesichtiger Knabe von der Universität von Michigan ganz schön scharfsinnig schreiben konnte und sich in der aktuellen Universitätspolitik auskannte. Wir baten ihn, einen Artikel für uns zu schreiben. Sein Name war Tom Hayden.

Das Leben bewegte sich schnell, und Nachdenken schien kaum notwendig. Jeden Morgen zog ich mich an, betätigte eine Stechuhr und fand mich in einer faszinierenden Welt wieder – die Moderedakteurin gekleidet wie ein Kakadu, die Belletristikredakteurin mit einem schleppenden südlichen Akzent und Anzeichen von Wahnsinn, die Chefredakteurin wie die Herzdame. BTB – so wurde sie genannt (alle benutzten die Anfangsbuchstaben ihrer Namen) – war klein, trug ein Korsett und hatte winzige Füße, die in noch winzigere Schuhe gezwängt waren. Bei Sitzungen saß sie am Kopfende eines langen Tisches, um den 30 oder 40 Redakteurinnen und Assistentinnen wie geduldige Schulmädchen saßen. BTB regierte mit rotem Gesicht und scharfer Zunge. Alle hatten Angst vor ihr, auch PW, die Leiterin meiner Abteilung, die über 60 und selbst recht streng war.

Eine Zeitlang stellte mein Leben wenig Anforderungen. Drei Freundinnen vom Trinity-College zogen in die Stadt, und wir mieteten eine Wohnung in einem roten Ziegelbau Ecke York Avenue/79. Straße, mit Muzali, einem geilen Portier, im Fahrstuhl und einer katholischen Kirche, St. Monica, einen halben Block die Straße hinauf. New York gefiel mir, seine Komplexität zog mich ungeheuer an, seine Geschäftigkeit, seine erbarmungslose Unberechenbarkeit, und ich wollte eines Tages meine Spuren hinterlassen. Aber nachdem ich ein Jahr lang oder so das schlichte Mädchen gewesen war, begann ich mich wie eine unstete, tauäugige Katholikin in einer Welt scharfkantigen jüdischen Intellekts zu fühlen. Unter anderem

hatte ich die falschen Sachen gelesen und wußte nichts von Dorothy Parker, Frannie und Zooie oder von Herman Kahns neuester Theorie über atomare Abschreckung.
Mir begann zu dämmern, daß ich in einer anderen Welt gelebt hatte, in einer älteren Welt, in der die Gestalten Schleier und mittelalterliche Kleidung trugen. Ich hatte nie etwas gelesen, das später als im 19. Jahrhundert geschrieben worden war, erst recht keine Zeitung. Die Menschen in New York lasen Zeitung, als stünde der Holocaust bevor. Ich versuchte erfolglos, mir diese Gewohnheit anzutrainieren. Was bedeutete dieser ganze Wirbel um das SANE-Committee für eine Gesundheitspolitik im Fall eines Atomkrieges? Was bedeutete überhaupt dieser ganze Wirbel um atomare Kriegführung?
»Es ist, weil ich an ein Leben nach dem Tod glaube«, begann ich den Leuten zu erzählen. »Die Bombe hat keine so große Wirkung auf mich.«
Die Monate vergingen, und mein Gefühl, mit der Welt um mich herum nicht mehr im Einklang zu sein, verstärkte sich. Das zeigte sich beim Schreiben, dem es schließlich so sehr an einem Standpunkt mangelte, daß ich nicht einmal mehr jene kleinen persönlichen Vignetten zustande brachte, mit denen ich mich am Gastredakteur-Wettbewerb beteiligt hatte.
»Warum kann ich keinen festen Aufgabenbereich haben?« fragte ich, nachdem ich fast zwei Jahre lang nur recherchiert hatte.
PW seufzte. »Wenn du bloß lernen würdest zu schreiben, wie du sprichst.«
Sie war eine hartgesottene weißhaarige Frau, die wußte, was sie wollte, und auf mich wirkte sie einschüchternd. Wenn ich einen Artikel für die Zeitschrift schreiben wollte, sollte ich mit einer Idee aufwarten und auf gut Glück darüber schreiben. Wenn es ihr gefiel, würde sie es drucken.
Das war der Todeskuß. Ich hatte nicht so viel Selbstvertrauen, um etwas ganz allein auf eigene Verantwortung zu tun und es dann der Beurteilung von jemand anderem zu überlassen. Der Wettbewerb war so etwas wie ein Spaß gewesen, aber das hier war kein Spaß. Ich konnte nur mit Auftrag funktionieren, mit einer Liste von Vorschriften und Maßregeln, mit einer exakten kleinen Straßenkarte, die einen zum Preis führen würde, einem Stern aus Goldpapier, den die Schwester mit der Spitze ihrer frostigen weißen

Zunge anleckte und dir, wenn du alle zu buchstabierenden Wörter wußtest, auf die errötende Stirn klebte.
Irgendwo tief im Innern hatte ich Angst bekommen. Das Leben hatte seine sichere, gemütliche Eigenart verloren, die es auf dem Trinity-College gehabt hatte. Jetzt schien ich außerstande, einen festen Halt zu finden. Es gab keine Antworten mehr. Es gab nicht einmal Fragen. Zu Hause – das bedeutete zwei Schlafzimmer, drei Klimaanlagen und mit Initialen gekennzeichnete Butter im Kühlschrank. Die Wände unserer Wohnung blieben leer, Jahr um Jahr, weil wir uns nicht darüber einigen konnten, was wir aufhängen sollten. Sonntags schleppten wir uns aber immer noch zur Messe, vier katholische Mädchen Mitte Zwanzig, die mit Täschchen und Gesangbuch und schwarzer Spitzenmantilla die Straße nach St. Monica hinaufgingen.
Ich begann viel Zeit mit einer Gruppe von Mädchen zu verbringen, die Pembroke besucht hatten. Sie wohnten in einer dunklen Wohnung auf der anderen Seite der Plaza, hörten das Modern Jazz Quartet und hielten als Haustier ein scheußliches, fettes weißes Kaninchen, das Jesus hieß.
Fast jedes Wochenende feierten sie Partys mit ihren alten Freunden von Brown, und wir alle tranken reichlich. Es half uns, unsere dürftige Liebesaffäre mit New York zu erhalten. Als wir einmal um fünf Uhr morgens in den Plaza-Brunnen sprangen und wie die Kinder darin herumplantschten, kamen wir uns so stilvoll und feurig vor wie Figuren aus einem Roman von Fitzgerald. Es war Ende der sechziger Jahre, und wir waren noch unberührt von der besonderen, doktrinären Moral jenes Jahrzehnts. Wir frönten dem Alkohol. Wir tranken Piper-Heidsieck, wenn wir gefeiert wurden, und Old-Bohemian-Bier, wenn wir nicht gefeiert wurden, aber wir tranken. Mehrere Nächte in der Woche saßen wir im alten »Daly's« und tranken bis drei Uhr morgens Stingers, eine Mischung aus Weinbrand und Likör, und bestaunten unsere Kompetenz, unser Talent und unsere Individualität – alles pseudo.
An der Oberfläche schien mein Leben nicht anders zu sein als das von irgend jemandem sonst, außer vielleicht, was die Nächte schwerer Betrunkenheit anging. Es fiel mir allmählich auf. Die Morgen, an denen ich aufstand, um über einer Toilettenschüssel zu kotzen, waren so häufig geworden, daß sie fast die Regel waren. Und ich fühlte mich doch so glücklich, wenn ich trank. Das Leben wurde für

die Nacht gelebt, für laute Musik und Tanzen, betrunkene Scherze und Faxen, blubbernde Zuneigung und das Teilen halben Vertrauens, halber Ideen. Eine Art Spaltung hatte sich in mir vollzogen, eine Loslösung von der Vergangenheit, ein Mangel an Engagement oder auch nur einer Idee hinsichtlich der Zukunft, und in der trüben Mitte all dessen hing ich, völlig im unklaren über meinen Zustand.

Manchmal, wenn der Geist ausweicht, protestiert der Körper. Eines Tages interviewte ich eine Frau, die im Brooklyn-Museum arbeitete, als mich plötzlich ein Gefühl von Benommenheit überfiel und ein bis dahin nie gekanntes Aufwallen von Panik. Ich hatte das Gefühl, ohnmächtig zu werden, wurde es aber nicht.

In der U-Bahn auf dem Rückweg nach Manhattan fühlte ich mich desorientiert, »nicht ich selbst«, wie dieser Zustand manchmal beschrieben wird, obwohl so platte Worte nicht die Empfindung der Angst wiedergeben, plötzlich jemand anders zu sein, eine Person, die man nicht wiedererkennt, ohne Vergangenheit oder Wurzeln oder Tradition, der nichtssagende Bewohner eines fremden Landes. Im einen Augenblick wurde ich damit fertig, so stumpf und unruhig ich auch werden mochte, und im nächsten Augenblick war es vorbei. Es war beängstigend, einen so plötzlichen und radikalen Wandel in mir zu spüren, ohne ersichtliche Ursache. Nichts war mehr vertraut, Gerüche, Anblicke, nichts in meiner Nachbarschaft oder in meiner Wohnung oder im Büro war mehr heimelig und beruhigend; alles war fremd.

Der erste Anfall kam im März. Phasen von Benommenheit und Schwindel, manchmal mild wie alte Kopfschmerzen, manchmal kreischend heftig, sollten für die nächsten Monate über mein Leben hereinbrechen. Selbst Lesen machte mir angst. Meine Augen wurden trübe, außerstande, sich zu konzentrieren, als wollten sie eine Metapher für die Tatsache bereitstellen, daß ich keinen Bezugspunkt hatte, von dem aus ich die verschiedenen Fakten und Interpretationen ordnen konnte, die auf mich einströmten, ohne von einer dritten Partei – meinem Vater, meinen Lehrerinnen, der Kirche – vorverdaut worden zu sein.

Auch Partys gingen mir nun auf die Nerven, die Leute, der Lärm, das verdunkelte Chaos. Aus Angst, daß die Schwindelanfälle schlimmer werden könnten, hörte ich auf zu trinken. Auf der Straße ging ich wie auf einem Hochseil. Keine Regeln zu haben war erschreckend. Ohne Regeln wußte man nicht einmal, wie man zu sterben hatte. Ich hatte dem Tod schon einmal in meinem Leben gegenübergestanden. Das war etwas, wofür man katholisch sein mußte.

Ich war sieben Jahre alt, als es geschah. Meine Mutter und eine ihrer Freundinnen waren mit ihren Kindern an einen Strand auf Long Island gefahren, an einen Strand am Rand des großen Atlantischen Ozeans. Ich liebte die weite, weiße Ausdehnung des Sandes dort, die vielen Menschen auf ihren Decken, die Verspieltheit des Wassers.

Wie üblich ermahnt, nicht weiter als knietief ins Wasser zu gehen, war ich an jenem Tag immer weiter gegangen und hatte bemerkt, daß das Wasser an meinen Beinen sank, statt zu steigen, es ging mir nur bis an die Knöchel, ich stellte fest, daß ich oberhalb der Köpfe von Erwachsenen stand, die dem Ufer viel näher waren als ich, da war eine große, flache Wasserfläche zwischen mir und ihnen. Es war, als geschähe ein Wunder, als dürfte ich immer so weiterlaufen, ohne daß der Ozean höher als bis zu meinen Knien stieg. Dann machte ich plötzlich einen Schritt über die Kante einer Sandbank hinaus. Ich konnte nicht schwimmen.

Ich erinnere mich, wie ich mit dem Gesicht nach unten in dem salzigen grünen Wasser schwamm, mein Körper trieb auf den sanften, grünen Wellen, allein. Eine traurige Resignation erfüllte mich. Da war nichts, was ich hätte tun können. Ich kann mich nicht erinnern, daß ich gekämpft hätte, obwohl es so gewesen sein muß. Ich war überrascht, daß nach einer Weile die Ereignisse meines kurzen Lebens mir in schneller Bewegung durch den Kopf schossen, genauso, wie ich es gehört hatte. Ich begann das Gebet der Reue aufzusagen: *O mein Gott, ich bereue von Herzen, daß ich dich beleidigt habe.* Das ist zu tun, wenn du stirbst und kein Pfarrer da ist, dem du beichten kannst. Kein Pfarrer, keine Mutter, kein Vater. Wenn der Tod kommt, bist du allein, so jung du auch sein magst.

Mit dem Gebet bereitete ich mich darauf vor zu sterben. Ich erinnere mich, wie es mich tröstete, daß ich wußte, wie ich es tun mußte. Es gibt Regeln für alles, Regeln selbst dafür, wie man stirbt, und so kannte ich das Glück, bis in den Tod gehorsam zu sein.

Im nächsten mir bewußten Augenblick warf mich ein Rettungsschwimmer über seine Schulter und trug mich zum Strand. Die

Menschenmenge teilte sich und ließ uns passieren, die Ambulanz wartete schon. Ich verbrachte die Nacht in einem Krankenhaus in Long Beach, weil mein Herz so schnell schlug.
Lange nach Einbruch der Dunkelheit öffnete sich die Tür, und die Krankenschwestern brachten noch ein kleines Mädchen. Sie steckten es in das Bett neben mir und gingen auf Zehenspitzen hinaus. Als ich sah, daß das Mädchen noch wach war, redete ich los. Ich mußte mit jemandem über das, was mir passiert war, sprechen.
»Ich bin heute beinahe ertrunken«, sagte ich und stützte das Kinn auf den Ellbogen.
»Ich bin von einem Alligator in den Arsch gebissen worden«, erwiderte das Mädchen.
Ich stellte meine Segel nach dem Wind, ließ sie aber weiterreden, weil ich ihre Geschichte spannender fand als meine. Ich hatte die Geschichten anderer Leute immer spannender gefunden als meine eigenen. Es kostete mich Mühe, mich auch nur zu erinnern, wie ich mich fühlte, als ich am Ertrinken war. Bei weitem lebhafter waren die Nachwirkungen, und die waren mit meinen Eltern verbunden.
Mein Vater hatte meiner Mutter gezürnt. Er ließ sie wissen, daß, wenn er am Strand gewesen wäre, das Unglück nie passiert wäre. Sie habe nicht gut genug auf mich aufgepaßt. Sie hätte mich keine Sekunde aus den Augen lassen dürfen. Sie habe am Strand gesessen und mit ihrer Freundin geplaudert, anstatt ihre Pflicht zu tun.
Ich erinnere mich nicht, daß ich meinen Vater diese Dinge sagen hörte. Meine Mutter erzählte mir später davon. Sie sagte, sie habe sich furchtbar schuldig gefühlt. Wenn meine rote Bademütze nicht gewesen wäre, hätte sie vielleicht nie gesehen, wie ich mich dort draußen im Wasser auf- und abbewegte. Sie war in Panik geraten, und anstatt einen Rettungsschwimmer zu holen, versuchte sie selbst hinauszuschwimmen und mich zu retten, aber ihr Asthma ließ sie außer Atem kommen. Sie habe sich noch nie so unzulänglich gefühlt, sagte sie. Es sei der schwärzeste Tag ihres Lebens gewesen.
Selbst da fühlte ich mich mehr wegen ihr als wegen mir selbst schlecht.

Die Angstsymptome, unter denen ich in jenem Sommer mit 23 Jahren litt, schienen weiterhin ohne jeden Bezug zu irgend etwas Realem zu sein. Von mehreren Leuten in meinem Büro gedrängt, suchte ich schließlich eine Ärztin auf, die mir wegen ihrer Sorgfalt empfohlen worden war. Sie ließ mich eine Menge Tests machen, darunter einige einfache neurologische, und nahm sich viel Zeit, um mich über mein sexuelles Leben, mein soziales Leben, meine Beziehungen zu Männern, meinen Wohnungsgenossinnen, meiner Mutter und meinem Vater auszufragen. Weil nichts in meinen Antworten mir ungewöhnlich vorkam, fand ich es seltsam, wie sie auf Dinge zurückkam, die wir schon behandelt hatten, wobei sie ihre Fragen wie der Leiter eines Lügendetektortests immer wieder umformulierte. Am Ende teilte sie mir mit, daß sie keine organische Ursache für mein Elend finden könne. Sie meinte, es sei vielleicht ratsam, einen Psychiater zu konsultieren.

Zweifellos war die Idee, ich könnte verrückt werden, auch mir schon gekommen, denn die Erwähnung eines Psychiaters ließ mich frösteln. *Ich war nicht verrückt; ich würde nicht verrückt werden; ich weigerte mich, verrückt zu sein.*

Ich ging also nicht zum Psychiater. Ich taumelte lieber weiterhin jeden Morgen zum Bus, klammerte mich, Sicherheit suchend, an den Sitz und wartete aufs Aussteigen. Dichtes Zusammensein mit anderen war furchtbar, aber Alleinsein war es ebenso. Eines Nachts im Bett schlug mein Herz so heftig, daß das Zimmer zu beben schien, und ich dachte, ich bekäme einen Herzanfall. Eine Mitbewohnerin bot mir ihren Rosenkranz. Kalte, silberne Perlen waren es, mitleidlos.

Im September schließlich traf ich eines Tages eine Freundin, Joan, zum Mittagessen. Joan, älter als ich und verheiratet, war manchmal wie eine neue Mutter für mich gewesen, eine, die erfahren genug war, um mit meiner neuen Welt Schritt zu halten. Das Problem war nur, daß ich sie kaum noch sah, seit sie nicht mehr bei der Zeitschrift arbeitete.

An jenem Tag erzählte ich ihr beim Mittagessen von meiner seltsamen Krankheit. Ich hoffte, sie würde mich nicht allzu sonderbar finden. Ich hoffte, daß sie eine Antwort hätte.

»Das klingt, als wärst du aus dem Gleis«, sagte sie nach einer Weile. »Du hast dich von deinen Eltern abgekoppelt; du siehst deine Mitbewohnerinnen kaum noch; du bist mit keinem Mann liiert. Das Leben muß im Augenblick ziemlich schwer für dich sein.«

Es überraschte mich, die Dinge aus dieser Perspektive zu betrachten; zugleich erleichterte es mich offensichtlich. Lieber elend, allein und abgeschnitten als verrückt. Ich glaube, es funktionierte so, wie die erste einfühlsame Sitzung mit einem Psychiater funktionieren kann, wo der Angst die Schärfe genommen, sie auf ein erträgliches Maß reduziert wird, zumindest für eine Weile. Einen Monat, nachdem ich mit Joan gesprochen hatte, waren die Symptome verschwunden, ebenso rätselhaft, wie sie aufgetaucht waren.

II

Sexuelle Auseinandersetzungen

Wo, so mag man sich fragen, waren die Männer in meinem Leben?

Wahrhaftig, wo? Auf der High-School hatte ich einen Freund, Alan, der mich drei Jahre lang liebte. Mit 19 liebte ich einen Mann und litt sehr, denn er liebte mich nicht. Aber sicher kann eine ausgebuffte Collegeromanze, so ätzend schmerzhaft sie damals auch gewesen sein mag, nicht für die Oberflächlichkeit meiner Beziehungen zu Männern, seit ich in New York war, verantwortlich gemacht werden. Es gab hin und wieder ein paar Verabredungen mit einem traurigen Kerl, dessen Vater Präsident einer riesigen Textilgesellschaft war. Da war Bill, ein wunderbarer Tänzer, der auf Partys mit mir rumknutschte, und Gerry, ein sanfter Mann, der mir Skilaufen beibrachte. Aber außer einer gelegentlichen Verabredung mit jemandem, den ich auf einem Pressefest traf, war das alles.

Ich umgab mich mit einer heterosexuellen Aura, indem ich mit Cliquen herumhing, besonders mit der Clique von Pembroke und Brown. Manchmal nach einer Party mit viel Sauferei fielen wir einander lustlos in die Arme und küßten und streichelten uns, bevor wir einschliefen. Ich hatte tatsächlich mehr Sex auf der High-School als später – bis zu der Zeit, als ich über 30 Jahre alt war.

Aber Sexualität war damals nicht das Problem. In vier Jahren hatte ich niemanden getroffen, von dem ich mich angezogen fühlte, und ich fing an zu glauben, daß es überhaupt nie mehr geschehen würde. Eine Freundin und ich wurden sehr geschickt darin, unsere Ängste zu maskieren. Wir sprachen über die Schwierigkeiten, jemanden zu finden, der gescheit genug war, daß er zu uns paßte. Nicht in den Schluchten der Wall Street, pflegten wir zu sagen. Nicht im platten, protzigen Bereich der Madison Avenue. Nicht in den blutleeren Türmen des akademischen Betriebs. Wo also? Ein Dichter würde es auch nicht tun, kein magerer, bleicher Mann, kein traumäugiger Maler. Grips und Muskeln lautete die Devise, der helle Kopf, der noch »männlich« war.

Für mich lief das auf Intelligenz hinaus, die in eine bestimmte Art von Persönlichkeit eingebettet sein sollte, eine Persönlichkeit, die zugleich bedrohlich und beschirmend war.

Seit ich zwölf war, hatte ich eine besonders intensive Beziehung zu meinem Vater. Ich erinnere mich ganz deutlich an das Reihenhaus aus rotem Backstein in Baltimore, wo wir zehn Jahre lang lebten, bis ich 19 war, und an das kleine Eßzimmer, wo wir immer zu Abend aßen. Dies Zimmer war auch zugleich das Arbeitszimmer meines Vaters; er beherrschte es mit seinem massiven Schreibtisch, seinen Bücherregalen, einer summenden Leuchtstofflampe auf dem Tisch und einem großen, kolorierten Porträt von FDR (Roosevelt). Das Zimmer war meines Vaters Zimmer, der Eßtisch war meines Vaters Tisch. An ihm pflegte er jeden Abend beim Essen den Vorsitz zu führen.

Ich kann mich kaum an die Gestalten meiner Mutter und meines Bruders erinnern, da das Essen für meinen Vater und für mich zu einer Arena geworden war. Irgendwo zwischen Fleisch und Kartoffeln und Nachtisch pflegten wir in irgendeinem Punkt nicht übereinzustimmen – ein Vorfall in Thomas von Aquins Kindheit, ein Aspekt in der meteorologischen Technologie; meistens hatten diese Diskussionen mit Theologie oder Philosophie zu tun, den Fächern seines offiziellen Berufs, oder mit Naturwissenschaften und Mathematik, den Fächern seiner eigentlichen Berufung – und dann begann die wahnsinnige, gefährliche Rauferei, um ihn von der Richtigkeit meines Denkens, der Überlegenheit meines Geistes, schlicht und einfach vom Wert meiner Existenz zu überzeugen.

»Wenn du so smart bist, warum liebst du mich dann nicht?« lautete die Frage, die ich ihm gern gestellt hätte. Aber ich tat es nicht. Ich nahm statt dessen, was er anzubieten hatte, den Glauben an meine Besonderheit, kombiniert mit einer seltsamen Konkurrenzhaltung, einem sonderbaren, funkelnden Zorn – das alles, so glaubte ich, konnte nur ich hervorrufen.

Mein Vater ist groß, etwa einen Meter neunzig, und dünn, hat blaßblaue Augen und feine, faltige Haut auf den Handrücken wie ich selbst. Sein Haar wurde steingrau, ehe er 50 war. Insgeheim glaubte er, er habe das Monopol für die Wahrheit, er spreche *ex cathedra* wie der Papst, hinter sich die Autorität von Gottvater, Gottsohn und Heiligem Geist, ich glaubte das wirklich, und ich muß ihn dafür gehaßt haben. Oft widersprach ich ihm aus Prinzip, nur um zu sehen, wie sein Gesicht sich verfärbte, seine Augen hart wurden und seine Rhetorik jene besondere Buckleysche Waspishness * annahm, die in der Vorstellung junger Menschen so oft mit Wahrheit assoziiert wird. Mager und eisern stritt ich mit ihm, so lange ich konnte, wobei meine Überzeugungen von Minute zu Minute schwächer wurden, bis er endlich seine angespannte, kühle Kontrolle verlor. »Das ist schlicht idiotisch«, schrie er dann.

Und ich, mich selbst dafür hassend, weinte, und mein Vater, voller Schuldgefühl und wütend, ging wieder zum Angriff über. »Ich versuche, dir das *Denken* beizubringen«, schnauzte er. »Du mußt lernen, zäh zu sein.«

Als Erwachsene hielt ich nach einem Mann Ausschau, mit dem ich in der gleichen provokativen Weise Kontakt aufnehmen konnte. Diejenigen, die nicht streitsüchtig waren, kamen mir meistens fade, stupide und platt vor. Für mich waren Kampflust und Intelligenz fast dasselbe, jedenfalls bei der männlichen Spezies.

Man hatte mir zwar beigebracht, daß ich smart sei, aber auch, daß ich, sosehr ich es versuchen mochte, nie so smart wie mein Vater sein würde. Daraus ergab sich eine sich selbst zunichte machende Folgerung. Ich dachte, Männlichkeit hätte in irgendeiner Weise einen Zusammenhang mit meiner eigenen Unterlegenheit. Ich mußte mit einer traurigen, feigen Hoffnungslosigkeit glauben, daß der Mann meiner Wahl mehr wüßte als ich, daß er stärker, interessanter, kreativer wäre als ich und es immer sein würde. Aber das hatte furchtbare Implikationen, denn ich hatte immer geglaubt, mein Vater würde mich erst dann akzeptieren, wenn ich ebenso zäh und unabhängig wäre wie er.

Alles in allem hatte das mein Leben zu einem Rätsel gemacht. Was ich suchte, woran ich glaubte und was ich zu erschaffen half, war ein Bild vom Mann als Monolith. Die nächsten 20 Jahre brachte ich dann damit zu, dagegen zu rebellieren, in der Hoffnung, daß ich diesem Bild eines Tages ans Schienbein treten könnte.

* William Frank Buckley, geboren 1925 in New York, kämpferischer konservativer Autor und Intellektueller mit umfassender Bildung (Ausbildung in Frankreich, England und Connecticut), politischer Kommentator mit großem Einfluß auf die konservative Politik der USA. – WASP (Abkürzung für *White Anglosaxon Protestant*): Amerikaner nordeuropäischer und besonders britischer Abstammung mit protestantischem Hintergrund; Mitglied der herrschenden und privilegiertesten Gesellschaftsschicht in den USA. Anm. d. Übers.

Als ich Ed begegnete, war es schwierig, irgendeine Verbindung zwischen ihm und meinem Vater zu sehen, so verschieden waren sie in ihrem Stil und ihrem Äußeren. Wir begegneten uns in einer Bar, »Tim Costello's«, in der Third Avenue; ein Freund machte uns miteinander bekannt. Ed erschien von Anfang an anders. Er arbeitete als Reporter. Er schrieb auch Gedichte. Er schien smart in einer Weise, die nicht aalglatt war, empfindlich in einer Weise, die nicht völlig hinter Großmäuligkeit verschwand.

»Geh mit mir essen«, sagte er.

Ich hatte an jenem Abend zu tun, aber danach sah ich ihn regelmäßig. Wir gingen in den Straßen von Manhattan spazieren, wobei er auf bestimmte Dinge auf den Dächern der Gebäude wies, er zeigte mir Eisenbeschläge und Gußformen, Verzierungen, die ich noch nie gesehen hatte. Wir überquerten zu Fuß die Brooklyn Bridge, tranken Maiwein mit Erdbeeren aus Champagnergläsern.

Der eigenen Intelligenz ergeben und leicht zu provozieren, schritt Ed blindlings in die Kampfarena, die ich für die Definition meiner selbst brauchte. An dem Abend, da ich mich in ihn zu verlieben glaubte, saßen wir in einer ungarischen Kneipe, der »Football Bar«, in der Second Avenue und stritten über Dichtung. Ed trug ein grünes Tweedjackett und einen Paisleyschal im Hemdkragen und rezitierte Yeats. Je glühender er rezitierte, desto abwesender wurde ich (wegen *mir* hätte er Emotion zeigen sollen), und das machte ihn um so wilder. Von Yeats ging er zur flammenden Deklamation Dantes im Original über, und die Leute rückten entweder von uns ab oder näher, je nachdem, in welcher Art Bar wir gerade saßen. Männer wie Frauen fanden Eds kuriose Intensität faszinierend. Oder sie fühlten sich abgeschreckt.

Daß ich Ed so häufig sah, vergegenwärtigte ein Problem, dem ich eine Zeitlang ausgewichen war. Meine Mitbewohnerinnen und ich hatten entdeckt, daß es, je älter wir wurden, immer schwerer wurde, mit einem Mann liiert zu bleiben, ohne mit ihm zu schlafen. Abend für Abend saßen wir im Wohnzimmer unserer trostlosen Wohnung, flickten Unterwäsche und unterstützten uns gegenseitig in dem Glauben, daß wir Jungfrau bleiben oder unsere unsterbliche Seele verlieren müßten. Wenn ein Mann das nicht akzeptieren, die metaphysische Relevanz dessen nicht begreifen konnte, dann war er nicht der richtige Mann für uns.

Ich meinte zu glauben, daß unser Leben von religiösen Imperativen ordentlich gesteuert würde, aber nach Sex hatte es mich nicht verlangt, noch nicht. Ich hatte noch nicht angefangen – und sollte es noch lange nicht –, jene drängenden, lasziven Träume zu träumen. Ich fragte mich gelegentlich, ob es meiner strengen religiösen Erziehung gelungen sei, meine Nervenenden abzutöten. Noch klammerte ich mich an den universellen Traum katholischer Mädchen, daß ich eines Tages, verheiratet und durch die offizielle kirchliche Anerkennung meines Frauseins gesegnet, Sex begehren und genießen würde im Kontext einer spirituellen Einheit mit meinem Ehemann, dem Mann, der der Vater meiner Kinder sein würde. Gemeinsam würden wir nach den Sternen greifen, wir würden bloße Körperlichkeit transzendieren, indem wir Gott unsere Körper als Bestätigung für unsere Hoffnung auf Kinder anboten, für unser unvollkommenes Menschsein, unseren kläglichen, armseligen Geist.

Selbst damals muß ich gewußt haben, daß es ein schwer zu schaffendes Ding sein würde, das mir da bevorstand. Was die Eheratgeber einem nahelegten, war das Gegenteil der rigiden Selbstkontrolle, die man uns seit unserer Mädchenzeit beigebracht hatte. In einem schmalen Band mit dem Titel *Moderne Jugend und christliche Keuschheit*, den wir drei Jahre lang auf der High-School studierten, lernten wir ein prima Losungswort zur hilfreichen Definition dessen, wann die mit dem Freund getauschten Küsse über die Gefahrenlinie rutschten und zu Todsünden wurden (solchen, die zur Hölle führten). Das Losungswort war ANGST, und das Definitionsprinzip hieß die Angstregel. Wenn deine Küsse häufig, von großer Dauer, heiß und erwidernd waren, dann war klar, daß du unrecht tatest und so schnell wie möglich zur Beichte gehen mußtest.

Die Eheratgeber besagten andererseits, daß Sex Hingabe erfordere, eine Art köstlichen Entgleitens, bei dem der Geist in ferne Räume entschwebt und der Körper die Herrschaft übernimmt. Es schien zweifelhaft, daß Körper, die wie unsere dazu erzogen worden waren, sich anzuklammern, als wären sie auf einem sinkenden Schiff, jemals in der Lage sein würden, sich loszulassen. Wir hatten bis in unser Muskelgewebe und bis in unsere Zellkerne gelernt, daß die Kontrolle zu verlieren bedeutete, geradewegs in den gähnenden Schlund der Hölle zu stürzen.

Es ist schwer, das, was man in der Kindheit geglaubt hat, abzubauen. Ich hatte schuldbeladene Gänge zum Beichtstuhl unternommen, seit ich elf Jahre alt war, und hatte die süße, geheime Stelle im Fleisch zwischen meinen Beinen entdeckt. Ich hegte diese Stelle, schürte die dort ausgelösten weichen Gefühle und fürchtete zugleich die Macht jener Gefühle, wie man die Macht des Todes fürchtet.

Beim Babysitting bei anderen Leuten stieß ich auf wundervolle, anregende Bücher, und die Passagen darin, die die magische Wärme initiierten und zur drängenden Not entfachten, prägten sich so unauslöschlich in mein Gedächtnis, daß ich sie nach Belieben wörtlich herbeirufen konnte. Es gab eine Passage in *Not as a Stranger*, die das in einer Weise für mich leistete, die mir heute weniger sonderbar erscheint, als es damals war.

Eine Immigrantin, eine blonde Schwedin, die nicht besonders gut englisch sprechen konnte und von ihrem tollen Arzt-Ehemann für dumm gehalten wurde, sollte von ihm lernen, die Lust ihres Körpers zu erleben. Während der ersten Monate ihrer Ehe sträubte sie sich, mißtrauisch und ängstlich, aber dann eines Nachts gelang es ihm, ihr Begehren zu wecken, und ein schreckliches, heiseres Kommando entfuhr ihrem Mund: *»Jetzt!«*

Ich erinnere mich nicht genau, was nach dem *»Jetzt!«* geschah, aber nicht die genauen Einzelheiten brauchte ich so sehr, es war das »Jetzt!«, die Vorstellung von einem Drang, der so zwingend war, daß man ihn nicht ignorieren konnte. Nur in dieser Dringlichkeit – so gewaltig, daß sie nach menschlichem Ermessen unwiderstehlich war – konnte ich auf mögliche Erlösung hoffen. Ich lag also nachts im Bett und wiederholte in Gedanken eine bestimmte Passage immer wieder und ließ die Lust anwachsen, bis ich es nicht mehr aushalten konnte, bis kein schaudern machendes Bild vom Pfarrer oder vom gekreuzigten Christus dem überwältigenden Bedürfnis jener machtvollen Stelle Einhalt gebieten konnte, jener Stelle zwischen meinen Beinen, die so heiß geworden war wie flüssiges Metall, und dann, »Jetzt!« flogen meine Finger, um sie zu berühren, sie reibend und streichelnd zu entflammen, mein Körper schmolz, meine Glieder lösten sich auf, mein Verstand drehte durch, bis plötzlich alles in einer gewaltigen, lustvollen Kontraktion zusammenschoß.

Hinterher war es immer dasselbe. Schuld und Verdammnis. »Du wußtest, daß es passieren würde«, warf ich mir vor im Dunkel meines kleinen Schlafzimmers mit dem Kruzifix an der Wand über meinem Kopf. »Du kannst nicht behaupten, du hättest es nicht gewußt.«

Überstürzt, die furchtbaren notwendigen Informationen in ein paar atemlosen Sätzen hervorstoßend, sagte uns die Nonne, wie wir uns ausdrücken sollten, damit wir wußten, wie wir es dem Pfarrer beichten sollten. Sie nannte es »eine Sünde gegen das Selbst«. Du mußtest es so bald wie möglich beichten; sonst konnte es passieren, daß du mit jener schrecklichen Todsünde auf der Seele von einem Lastwagen überfahren wurdest.

So schlüpfte sonntags ein kleines, dünnes Mädchen, noch nicht in der Pubertät, ohne Haare oder Gerüche oder andere Merkmale der Reife, die sie gekennzeichnet hätten, durch die schweren Türen in das Dunkel jener großen, fast leeren Kirche mit den kleinen Votivkerzen, die für die Toten flackerten, den alten Frauen in dunklen Mänteln, die um Hoffnung beteten, der abgestandenen Luft, deren Geruch nach Bohnerwachs und Weihrauch vom vorigen Sonntag einem Übelkeit erregte, und auf der einen Seite befand sich der Beichtstuhl, wo das Mysterium sich vollziehen und meine Seele wieder gereinigt und unschuldig gemacht würde. Der Beichtstuhl war aus dunklem Holz und mit schwerem Stoff ausgestattet, der den Pfarrer im Innern verbarg. Du konntest ihn nicht sehen. Du konntest nur hoffen, dem Geräusch seines Atems zu entnehmen, wie sehr du Gott beleidigt hattest. *Segne mich, Vater, denn ich habe gesündigt. Seit meiner letzten Beichte ist eine Woche vergangen. Ich habe fünfmal unreine Gedanken gehabt und sechs Sünden gegen das Selbst begangen.*

Ehrlich gesagt, waren es wahrscheinlich fünfzig unreine Gedanken, die in die Schöpfung einer einzigen großen, schönen Sünde gegen das Selbst eingingen, aber ich konnte mich nie dazu bringen, es so zu beichten. Fünfzig unreine Gedanken, Sonntag für Sonntag? Das würde mir zuallermindest die Exkommunikation bescheren. Ich mußte mir eine Art, meine Sünden zu beichten, ausdenken, die qualitativ stimmte, quantitativ aber höllisch verlogen war.

Es gab auch schlaue kleine Tricks, die ich für den Akt des Masturbierens selbst erfand. Die Lektionen der Nonnen waren detailliert genug gewesen, so daß in meinen Gedanken jedesmal, bevor ich mich berührte, ein Lastwagen, ein einstürzendes Gebäude, der Sturz von einer Sandbank oder die weißglühenden Flammen der Hölle aufblitzten. Sollte ich imstande sein, diese gefährliche Aktivität fortzusetzen, würde ich in der Kunst der Selbsttäuschung Raffinesse entwickeln müssen. Was ich tat, war, daß ich vor mir selbst vorgab,

Willenskraft zu entwickeln. Langsam, lüstern dachte ich jene Gedanken, las jene besonderen Buchpassagen in der Phantasie und lauerte währenddessen, ob es mir gelingen würde, im letzten, kritischen Moment meine Hand zurückzuhalten. Natürlich gelang es mir nie, und das war der Punkt. All die kleinen Listen, die ich mir ausdachte, waren Variationen eines Gedankens – daß Gott meine qualvollen Kämpfe sehen und Erbarmen mit mir haben würde, obwohl ich jedesmal schwach wurde und dem sündhaften Drängen nachgab. Scham – in ausreichendem Maß – würde jene lustvollen, die Seele verkrüppelnden Freuden meiner Finger gegenüber meinem Fleisch wettmachen. Lust und Heil. Ich wollte unbedingt beides haben.

Als ich alt genug war, um Sexualität mit Jungen zu erforschen, wurde ich sogar noch vorsichtiger. Ich konnte es mir nicht leisten, mein Geheimnis einem anderen zu offenbaren, als würde es durch einen Zeugen noch gefährlicher.

Alan und ich fuhren meistens an einen See, der tief im Wald versteckt lag, draußen in Maryland. Ich erinnere mich an den Lärm der Frösche in schwülen Sommernächten, die Luft schwer von Geißblatt und dumpf vom Geruch von Baummoos, an den geheimnisvollen Aufruhr in meinem Körper, der mir wichtiger als alles andere im Leben erschien, und das alles noch gesteigert durch die beständige Gefahr, daß ein Polizeiauto angeschlichen kam und seine Scheinwerfer auf uns richtete. Ich erinnere mich an die besondere Frustration, wenn ich jedesmal wieder entscheiden mußte, wie weit ich gehen konnte, bis es »zu weit« war, wie sehr ich genießen durfte, bis mein Gewissen einsetzte und alles ruinierte.

»Bitte?« fragte er dann. Wir waren fast drei Jahre miteinander gegangen.

»Ich kann nicht«, antwortete ich. Und weil er sanft war und immer abließ, hielt ich ihn insgeheim für schlapp.

Die Energie, die ich darauf verwandte, vorwärts- und wieder zurückzugehen, kleine Spiele anzuzetteln und mich dabei im Geist selbst zu kasteien als Vorbereitung auf die nächste Beichte – das brachte mich dahin zu glauben, daß Gott mich für den langen Kampf mit meinem geschlechtlichen Selbst belohnen würde. Im richtigen Augenblick – in meiner glanzvollen Hochzeitsnacht! – würde Er mich wie einen wilden Vogel aus meinem Komplexkäfig befreien,

den ich Ihm zu Gefallen und zum Schutz meiner Seele aufgebaut hatte.
Es geschah nicht ganz wie geplant.
Einige Wochen, nachdem wir uns zum erstenmal begegnet waren, hatten Ed und ich einen wütenden Streit auf der Straße vor *Daly's Bar*, um zwei Uhr morgens. Er kam zu einem schnellen Ende.
»Ich will, daß du mit zu mir nach Hause kommst«, schrie Ed böse durch den Lärm von Autos und Lastwagen, die hinter uns auf der Third Avenue kreischten.
»Ich kann nicht«, schrie ich zurück.
»Wenn du nicht mitkommst, werden wir aufhören müssen, uns zu treffen«, beharrte er.
Autos und Lastwagen, die über die 59th Street Bridge wollten, kamen vor der roten Ampel an der Ecke kreischend zum Stehen. Vier Jahre Isolation hatten mich eingeholt. In bezug auf meine Arbeit und meine Freunde ließ ich mich treiben, ich trank zuviel, war niemals mehr wirklich glücklich und hatte keine Vorstellung, wer ich war oder wohin mein Leben führte. Als die Ampel grün wurde und ein Taxi vor uns auftauchte, schien es leichter, einfach einzusteigen.

Wir fuhren zu einer kleinen Parterrewohnung in der Carmine Street in Greenwich Village. Hinter dem Haus gab es einen Garten. Zwei Katzen, fremdartig und erschreckend, sprangen zum Schlafzimmerfenster rein und raus und schrien die unirdischen Schreie von Katzen, die auf Kriegs- oder Liebespfaden sind. Von Zeit zu Zeit landeten sie auf unserem Bett, in ihrer Raserei ohne jede Wahrnehmung für uns.
Unsere eigene Paarung war nicht rasend, weder liebend noch kriegerisch. »Jesus!« verkündete Ed, während er sich betrunken aufs Bett fallen ließ und mich mit sich zog. »Ich hab' seit drei Wochen keine Frau gehabt.«
Daß er mir einen Moment lang leid tat, hätte mir eine Warnung sein sollen, ein Omen für die Zukunft. Schrecklich, das Opfer eines solchen Bedürfnisses zu sein. Ich dachte, Männer würden im Gegensatz zu Frauen von ihrem Körper beherrscht. Kurz nachdem ich das College verlassen hatte, sagte ein Mann, mit dem ich mich traf, sein Penis tue ihm weh, weil ich ihn nicht anfassen wollte. Ein anderer war mit mir die ganze Strecke von Jersey City zur Upper East Side

gefahren, den Reißverschluß seiner Hose offen, seinen Penis hochaufgerichtet zwischen sich und dem Lenkrad, als hätte es eine andauernde Schädigung seines Organs bedeutet, wenn er eine solche Erektion in der Hose behalten hätte. Auch er wollte, daß ich ihn anfasse, aber ich wollte nicht.

Monate später dachte ich, daß Ed in jener Nacht grausam gewesen war. Und ebenso grausam, weigerte ich mich zu vergessen. Aber Ed hatte vergessen, als mit dem nächsten Morgen die Nüchternheit kam, und so erfuhr er nie, was ich ihm vorwarf, neun lange Jahre hindurch. Ich bewahrte jenen Augenblick wie einen Eissplitter in meinem Herzen, versiegelte mich gegen möglichen Schmerz, hielt mich fern von wahrscheinlicher Liebe.

Aber in jener Nacht wollte ich seine Äußerung als betrunkenen Lapsus eines Mannes abtun, der es nicht bös meinte. Da ich die Stärke der Verbindung zwischen Emotion und Sexualität nicht kannte, hoffte ich noch, daß irgendein Gefühl in mir auftauchen würde, als wir mit unserem unbeholfenen Handgemenge begannen, irgendeine Erregung zuallermindest, weich und leicht wie Federn, vielleicht sogar tiefe Gefühle des Durchdrungenwerdens, die heilige Hingabe eines unbekannten Teils in meinem Innern an diese erste Berührung.

Aber wie es so geht, blieb ich weitgehend unberührt. Erst am nächsten Tag entdeckte ich, daß ich vergessen hatte, meinen Tampon rauszunehmen.

Um 4 Uhr an jenem Morgen klickte die Tür, und ein Mann und eine Frau betraten die Wohnung, in der ich mit Ed lag und vergeblich einzuschlafen versuchte.

»Wer ist das?« flüsterte ich, während ich Ed wachrüttelte.

»Es ist bloß mein Bruder«, antwortete er, ohne die Augen zu öffnen.

Entsetzt zog ich das Laken bis ans Kinn und tat, als ob ich schliefe. Es gab kein anderes Bett im Zimmer, nur noch eine schmale Couch.

»Oh, Scheiße«, sagte Eds Bruder, als er sah, daß das Bett belegt war.

Oh, Scheiße, dachte ich. Werden sie es hier vor meinen Augen tun? (Einmal aufgebrochen, schwingt das Tor zur Hölle leicht und frei.)

Ohne sich auszuziehen, fielen der Mann und die Frau auf die Couch und schliefen sofort ein. Ich hörte sie leise atmen, als im Fenster zum Garten der Morgen graute. Ich lag und horchte nach den Katzen, aber auch sie waren still geworden. Nur das Klopfen meines eigenen bedrückten Herzens ließ mich nicht schlafen.

Frühmorgens stand die Frau auf, zog die Stiefel an und ging. Ich beobachtete sie durch halbgeöffnete Lider und fragte mich, wie ich jemals imstande sein würde, aufzustehen und meine Kleider zu finden, solange noch ein fremder Mann im Zimmer war. Aber bald stand auch Eds Bruder auf und ging. Ed und ich lagen im Bett, ohne uns zu berühren, bis wir schließlich um 9 Uhr aufstanden und uns aufrafften, um zur Arbeit zu gehen.

»Es ist kein Toilettenpapier da!« rief ich Ed durch die Badezimmertür zu.

»Nimm den Reiseteil!« rief er zurück.

Tatsächlich lag auf dem Boden neben der Toilette ein Stapel *Sunday Times*. Oh, das war Greenwich Village; das war Bohème; es war ein lausiges Stück Salvo-Wäscheseife zum Gesichtwaschen.

Als Ed an der Reihe war, blieb er furchtbar lange im Badezimmer. Zehn Minuten vergingen. Fünfzehn. Ich fing an zu glauben, er sei krank, aber mein Schamgefühl hielt mich davon ab, nach ihm zu rufen. In Sachen Sex war ich ein Neuling und ebenso in bezug auf Badezimmerpolitik und auf die Idiosynkrasien der Funktionsweise männlicher Eingeweide. Vielleicht war irgend etwas nicht in Ordnung mit ihm. Vielleicht hatte er irgendeine besondere Gewohnheit und ging ihr dort drinnen nach. Ich hatte jedenfalls Angst, etwas zu sagen, und so saß ich am Fenster zum Garten und versuchte, an andere Dinge zu denken.

Mit der Morgendämmerung war das Zimmer in seiner ganzen Trostlosigkeit sichtbar geworden. In der Ecke standen ein zweiflammiger Herd und ein kleiner Kühlschrank. Die Laken, auf denen wir geschlafen hatten, waren grau, und in der Mitte zeichnete sich ein noch graueres Feld ab. Unter romantischeren Umständen hätte man dem Zimmer einen gewissen maroden Charme zusprechen können, aber für mich war es deprimierend, mir vorzustellen, daß hier tatsächlich jemand lebte.

Um halb zehn, außerstande, die Stille im Badezimmer noch länger zu ignorieren, rief ich, daß wir zu spät zur Arbeit kämen. Als Antwort rauschte die Toilettenspülung. Es waren Rasiergeräusche zu hören, und dann tauchte Ed auf, nur mit einem blauen Button-Down-Hemd bekleidet und einem Exemplar von Kenneth Burkes *A Rhetoric of Motives* in der Hand. Sein Morgengesicht war glänzend und scheu, ohne Ähnlichkeit mit der unempfindlichen Person der vergangenen Nacht. Es war nicht das letzte Mal, daß ich in Ed zwei verschiedene Persönlichkeiten sehen sollte, die eine einschüchternd und aggressiv, die andere empfindlich und peinvoll schüchtern.

Wir waren spät dran, zogen uns schnell an und riefen in der Sixth Avenue ein Taxi. Ich saß auf dem Rücksitz des großen Checker, sah durch die Scheibe, wie die Innenstadt auf uns zueilte, und fühlte mich anders, als eine andere Frau. Zerrissen vom Scheitel bis zur Sohle – dieser Ausdruck schoß mir von irgendwoher durch den Kopf.

Defloriert.

Nun ... fast.

Wenn ich Ed weiterhin sehen wollte, würde ich weiter mit ihm schlafen müssen; soviel schien sicher. Ich war nervös wegen der Nächte, die ich meiner eigenen Wohnung fernblieb, und fragte mich, was meine Mitbewohnerinnen denken mochten, bot ihnen aber keine Erklärungen. Ich faßte keinen Entschluß hinsichtlich der Veränderung in meinem Leben und tat so, als würde ich jedesmal aufs neue verführt. Nach einer Weile stellte ich fest, daß meine Periode überfällig war. Außerstande zu glauben, ich könnte schwanger sein, wo ich doch eben gerade erst und zum erstenmal in meinem Leben damit angefangen hatte, wartete ich zehn Wochen, bevor ich zum Arzt ging, um die gute Nachricht entgegenzunehmen.

III
Nicht genug Zeit

Als ich erfuhr, daß ich schwanger war, sammelte ich meine fünf Sinne und versuchte, Entscheidungen zu treffen. Ich schrieb PW, die für einen Monat in Ferien war. PW war seit Jahren verheiratet und kinderlos, obwohl sie es nicht sein wollte. Ich erklärte ihr meine mißliche Lage und fragte, ob sie es einrichten könnte, daß ich für ein paar Monate bei *Mademoiselle* aussetzte, damit ich mein Kind zur Welt bringen und seine Adoption regeln könne. Wegen der Kirche, deren Dogma festlegt, daß das Leben mit der Empfängnis beginne und ein vorsätzlicher Eingriff gegen dieses Leben Mord sei, war Abtreibung für mich keine Alternative. Und ich wollte auch keinen Mann heiraten, den ich erst seit wenigen Monaten kannte. Ich hatte von Frauen gehört, die für ein paar Monate ausgesetzt hatten, um ihr Kind zu kriegen, das Kind dann abgegeben und ihr früheres Leben wieder aufgenommen hatten. Es war qualvoll für sie gewesen, in gewisser Hinsicht traumatisch, aber es war geschehen, und sie überlebten schließlich. Mir schien dies ein kluger und vernünftiger Weg, wenn die Vorstellung mich auch ängstigte. Ich war froh, daß meine Kolleginnen und meine Chefin aufgeklärte Leute waren, deren Haltung mir gegenüber positiv und hilfreich sein würde.

Auf PWs Reaktion war ich nicht vorbereitet. Sie schrieb von ihrem Ferienort in Oregon aus sofort zurück. »Du sagst, dieser Mann will Dich heiraten und der Vater Deines Kindes sein? Warum heiratest Du ihn dann nicht? Ich hoffe, Du hast nicht mehr solche romantischen Illusionen wie die, Dich in einen schönen Ritter auf einem weißen Roß zu verlieben.«

Das überraschte mich, aber ich nahm an, daß sie recht hatte, so wie ich überhaupt annahm, daß alle Erwachsenen recht hätten. Ich hatte romantische Vorstellungen, kleinmädchenhafte Vorstellungen. Ich wollte Liebe, nicht bloß jenes pflichtgemäße Arrangement, das so oft an ihrer Stelle akzeptiert wird. Ich dachte, wir sollten zumindest Augenblicke haben, Augenblicke von so tiefer Zärtlichkeit, daß nichts anderes zu existieren schien. Ich wollte mit ihm in dämmrigen Ballsälen tanzen, leicht und unbeschwert mit ihm dahinschweben, weder ich auf ihn noch er auf mich gestützt, unsere Körper aufgehoben in der vollkommenen Umarmung einer schwülstigen, bittersüßen Musik, etwa wie »Mood Indigo«. Ich bin mit den romantischen Liedern der vierziger Jahre aufgewachsen, und ich wollte spüren, wie ich fiel. Fallen. Man hatte mir gesagt, ich würde es spüren.

Oh, ich erwartete nicht, daß mich diese Empfindung immer in ihrem Bann halten würde. Ich war nicht naiv. Ich wußte, daß die Anforderungen des Lebens Schnitte und Schürfungen, Wut und Schmerz, sogar häßliche Wunden zufügen würden. Aber die, so glaubte ich, würden in der Stille der Nacht geheilt, nachdem der Großstadtverkehr in den Straßen erstorben wäre, nachdem unsere Nachbarn ihre Bongos und Gitarren niedergelegt hätten, ihre süßen Mandolinen, nachdem unsere Kleinen ihre letzten Träume geträumt hätten und still geworden wären. Dann, oh, dann würden wir einander lieben in reiner und zärtlicher Liebe. Und ich würde mit den Fingerspitzen über seine Augenlider fahren, und er würde mein Haar mit seiner Wange streicheln.

Wir hatten keine Zeit, solche Zärtlichkeit zu entwickeln, nicht genug Zeit. Mein Vater war sich noch sicherer als PW. »Mit dem Akt der Empfängnis hast du deine Wahl getroffen«, sagte er zu uns. »Du bist für das Leben dieses Kindes verantwortlich und sonst niemand.«

Es liegt ein verstohlener Trost darin, die eigene Entscheidungsfreiheit aufgehoben zu sehen. Ich schlüpfte mit der alten, vertrauten Willenlosigkeit in den Gehorsam, mit der Passivität eines ergebenen Kindes. Ich würde nicht die Entscheidung treffen müssen und dann selbst den Konsequenzen entsprechend leben müssen. Wenn jemand so erzogen worden ist, ist es leichter, die Konsequenzen einer fremden Entscheidung auszuleben.

So wandten wir uns praktischen Dingen zu. Da Ed aufgehört hatte, zur Kirche zu gehen, als er 14 Jahre alt war, wurde er nicht mehr als katholisch betrachtet, also würden wir eine »gemischte« Ehe eingehen. Um die Durchführung zu beschleunigen, rief mein Vater bei einem Freund an, einem Paulistenpriester in New York. Vielleicht hatte Pater Hagmaier einen Draht zur Bischofskanzlei und konnte es einrichten, daß die Unterweisungszeit aufgehoben wurde, die von einem Nichtkatholiken gefordert wird, bevor er eine Katholikin

heiraten kann. Zu der Zeit war ich seit über drei Monaten schwanger, und wenn wir einen Skandal vermeiden wollten, mußten wir in aller gebotenen Eile vorgehen. Auch ein Skandal war Sünde.
Aus irgendeinem Grund fiel es meinem Vater nie ein, daß dieser alte Kumpel, Pater Hagmaier, der gerade seinen Doktor für Familienberatung von der Columbia-Universität erhalten hatte, in dieser Angelegenheit andere Vorstellungen haben könnte.
Nachdem er zuerst jeden von uns einzeln getroffen hatte, sah Pater Hagmaier mich ein zweites Mal und riet mir, Ed nicht zu heiraten – jedenfalls nicht zu diesem Zeitpunkt. Er sagte, die Prognose sei schlecht, da ich nicht recht zu begreifen scheine, warum ich mich in dieser Situation befand, und da Ed Anzeichen einer labilen Persönlichkeit aufweise, er, der, seit er sechs Jahre alt war, ohne Vater aufgewachsen sei, der wiederholt wegen Alkohol seine Arbeit verloren und derzeit weder Arbeit noch Ersparnisse habe. Hagmaier schlug vor, daß ich das Kind zur Welt bringen und es vorübergehend in Pflege geben sollte, daß ich die Beziehung mit Ed für ein weiteres Jahr fortsetzen sollte, damit die Zeit eine Neubewertung unserer Situation ermöglichen könnte. Er meinte, es sei ratsam für mich, irgendeine Art von Therapie zu machen, da ich in bezug auf mein Leben in Verwirrung zu sein scheine.
Als ich an jenem Abend meinem Vater von dieser Unterredung berichtete, war er außer sich. »Dieser Idiot begreift die Situation nicht«, sagte er. »Es gibt nur eine moralische Entscheidung. Geh sofort zu deinem zuständigen Pfarrer und arrangiere alles für die Hochzeit.«
Ich empfand ein seltsames Entzücken darüber, daß mein Vater so wild für meine Seele kämpfte, und tat wie geheißen. Der Bezirkspfarrer, an dessen Namen ich mich nicht entsinne, sagte, wir bräuchten uns nur einer Prüfung, der Marriage Inventory, zu unterziehen, einer Reihe von Fragen und Bestandserklärungen mit dem Zweck, uns von den Schwierigkeiten einer Mischehe, das heißt deren Mißbilligung von seiten der Kirche, in Kenntnis zu setzen und Ed eine schriftliche Zusage zu entlocken, daß wir unsere Kinder katholisch erziehen würden. Natürlich würde in unserem Fall das Sakrament der Ehe keine Messe miteinschließen. Eine gestutzte Hochzeitszeremonie war das offizielle Zeichen für das Mißfallen der Kirche an unserer Vereinigung.
Unser Hochzeitstag war am 15. September. Ich war im fünften Mo-

nat schwanger. Es wunderte mich damals und wundert mich heute noch, wie wir jenen schwarzen Tag mit einem gewissen Elan hingekriegt haben.
Der Wirt jener Bar, in der Ed mehrere Male jede Woche gejobbt hatte, schickte uns eine Kiste Sekt und Cognac. Ed selbst bereitete das Essen für das Fest zu, Muschelremoulade und andere Dinge, die ich damals für exotisch hielt.
Vor der Hochzeit schwitzte Ed dermaßen, daß er ein Miltown * nahm. Ich trug ein erdbeerfarbenes Wollkostüm, das eine Freundin nach einem Vogue-Schnittmuster für mich angefertigt hatte. Der Rock hatte vorn eine tiefe Kellerfalte, die, so hofften wir, das Kind in meinem Bauch verbergen würde, aber sie tat es nicht. Ich durchquerte die Kirche am Arm meines Vaters.
Nach der Trauung gingen wir den halben Block von der St.-Monica-Kirche zu Fuß. Alle, auch mein Vater, betranken sich vergnügt mit French Seventyfives **. Unsere Gäste waren ein seltsames Gemisch: Eltern, meine beschränkten katholischen Freundinnen und Eds rotzige, saufende Village-Intellektuelle. Meine Mutter und meine Schwiegermutter beäugten gegenseitig ihre Hüte, aber ich glaube nicht, daß sie viel miteinander sprachen. Mein Vater schien sich gut zu unterhalten. Am Abend lud er uns zum Essen bei *Luckow's* ein. Ich muß sagen, daß er alles mit Stil erledigte. Ich glaube, er war der Meinung, daß alles gut ausgehen würde. Wenn du dich moralisch korrekt verhältst, wird Gott in seiner Gnade für dich sorgen.

In unserer Hochzeitsnacht lagen wir auf einer Matratze auf dem Boden unseres Wohnzimmers, und ich sah durch das vorhanglose Fenster hinaus auf das Empire State Building. Seine Spitze war zur Warnung der Flugzeuge in strahlendes Licht gehüllt. Unter uns hatten wir mit fuchsroten und rosafarbenen Blumen gemustertes Linoleum. Die Wände des Zimmers von einem Blauton, den puertoricanische Hausverwalter für Mieter ausgesucht hatten, die zu alt waren, um noch den Kraftaufwand einer Entscheidung auf sich zu nehmen. Ich fragte mich, wie wir überleben würden. Und nachdem Ed eine halbe Stunde oder so seine Vorstöße in mir exerziert hatte, meinte ich, ich könnte etwas gefühlt haben.

* Leichtes Beruhigungsmittel. Anm. d. Übers.
** Cocktail aus Zitronensaft, Gin, Angostura-Bitter, Zucker und Sekt. Anm. d. Übers.

Es war eine lange, schmale Wohnung mit fünf kleinen Zimmern, die von einem langen, schmalen Flur abgingen. Die Monatsmiete betrug 80 Dollar. Die Küche war klein, aber mit Fenster, und das Badezimmer war baufällig mit gesprungenen Bodenfliesen und einem alten hölzernen Wassertank an der Wand über der Toilette. Die Badewanne stand auf Füßen im Kugel- und Klauenstil, den manche Leute für zauberhaft halten. Wenn ich das Badezimmer saubermachte, tat ich es nie unter dieser Badewanne, weil ich Angst vor dem hatte, was ich vielleicht finden würde. Ich stellte mir tote Dinge vor.

In den nächsten vier Monaten wurde die Haut über meinem Bauch straff, wurde jeden Tag tiefer von den Nähten eines Schwangerschaftsgürtels gezeichnet, der dazu dienen sollte, daß ich mich weniger müde fühlte. Meine Brüste wurden größer, als ich es je für möglich gehalten hätte, aber ich fand sie plump, ebenso wie meinen übrigen Körper. Mein Schritt war langsam, meine Gedanken schleppend und unbestimmt. Ich trug ein braunes Umstandskleid und Mokassins mit kleinen Absätzen und gegen Ende der Schwangerschaft dicke Stützstrümpfe wegen der Krampfadern, die nun an meinen Beinen hervorsprangen. Ich war 24 Jahre alt, und ich wußte nicht, wie mir geschah.

Jetzt hatte ich zuviel Zeit. Vier oder fünf Nächte pro Woche arbeitete Ed als Barmann bei *Benjy's* in der Dritten Straße, und ich ging oft hinunter ins Village und saß bis Mitternacht oder so an der Bar, bis er mich in ein Taxi setzte und nach Hause schickte. Ich hatte kein Interesse am Trinken, wollte aber den Anschein von Gesellschaft mit diesen seltsamen Village-Leuten, die in einer verkehrten Welt zu leben schienen, die Nacht wurde für sie zum Tag, der Tag ihre Dunkelheit. Manchmal blieb ich bis zum Feierabend und ging um 4 Uhr morgens mit Ed nach Hause.

Wir schliefen immer bis zum frühen Nachmittag, und dann lasen wir Zeitung und aßen ohne einen Zeitplan. Ich glaube, Ed gefiel es, verheiratet zu sein und jemanden zu haben, der für ihn wusch und kochte und der jede Nacht in seinem Bett war. Er war 31 und hatte jahrelang das marginale Leben eines Junggesellen geführt, der sich nur in einem äußersten Minimum um sich selbst kümmerte.

Gegen 5 Uhr nachmittags servierte ich dann eine kleine Mahlzeit, wie er sie gern mochte. Wir aßen Omelett, dänischen Esrom, eine Scheibe italienisches Brot aus der Bleecker Street, tranken etwas

Wein. Und dann war er wieder fort. Um sechs Uhr mußte er die Bar übernehmen, und ich saß in der freudlosen Wohnung herum in der Hoffnung, etwas zu finden, das mich ausreichend beschäftigen und mich davon abhalten würde, aus Einsamkeit wieder hinunter in die Bar zu gehen. Die Wohnung mit ihren zersplitterten Böden, dem brüchigen Linoleum und den rußgeschwärzten Fenstern überwältigte mich mit ihrer Häßlichkeit. Ich tat nichts, um sie aufzuhellen.
Es gab noch einen Grund, der mich zur Bar hinzog. Ed kam oft sturzbetrunken um 5 Uhr morgens nach Hause. Ich dachte, meine Anwesenheit in der Bar würde ihn vielleicht abhalten, so viel zu trinken. Ich wußte, daß etwas nicht in Ordnung war, aber ich konnte es mir nicht erlauben, zu klar darüber nachzudenken. Statt dessen handelte ich aus blindem Instinkt und beschützte, so gut ich es vermochte, das Kind, das in mir stieß und trat, und mich selbst.
Aber aus Angst bereitete ich mich nicht wirklich darauf vor, ein Kind zu kriegen. Ich las keine Bücher und stellte keine Fragen. Ich hatte keinerlei wirklichen, emotionalen Kontakt mit meinen Eltern. Vielleicht hatten sie ganz traditionell beschlossen, das Paar in den Flitterwochen in Ruhe zu lassen. Auf jeden Fall hätte ich meine Mutter damals gut gebrauchen können, aber sie bot sich nicht an, und ich fragte sie nicht.
Tatsächlich war zwischen meiner Mutter und mir schon vor so vielen Jahren ein Vorhang gefallen, daß ich seine Existenz gar nicht mehr bemerkte. Aber ich konnte ihn spüren, als ich neun Jahre alt war, konnte ihn wie eine atmosphärische Störung zwischen uns auf der Klavierbank spüren, wenn sie meine Übungen überwachte, einen bestimmten steifen Widerstand auf meiner Seite, ein Gefühl des Verletzt- und Abgelehntseins auf ihrer. Ich konnte ihn spüren, wenn sie die Kleider, die sie ständig für mich nähte, an meinen dünnen Körper hielt, die Phantasiekostüme für Schulaufführungen und später Abendkleider, Abendkleider mit unzähligen Yards von schwerem Taft. Während meiner ganzen Schulzeit machte meine Mutter mir alles, was ich je trug, selbst. »Ich nähte wie besessen«, schrieb sie mir einmal, Jahre später. »Kostüme, Kleider, Mäntel, Hüte. Wenn ich in der Lage gewesen wäre, irgendwie einen besseren Draht zu Dir zu haben, hätte ich vielleicht nicht soviel nähen müssen.«
Wenn ich jetzt an meine Mutter denke, kann ich mir kaum vorstellen, daß sie mich jemals mit Begeisterung geliebt hat, und doch gab es eine Zeit, wo es so war. Ein Schnappschuß zeigt uns beide im Hof

unseres kleinen Hauses in Valley Stream. Ich liege auf einer Decke im Gras, noch keine sechs Monate alt, lachend und dick, und meine Mutter spielt mit mir. Ihr Haar ist zurückgekämmt, und sie lächelt mich an mit einer Freude, die ich noch nie in ihrem Gesicht gesehen habe. Jedenfalls nicht, soweit ich mich erinnern kann.
Als ich klein war, sang mir meine Mutter Lieder voller Traurigkeit. Ich spielte sie manchmal mit ihr, wobei ich meine Finger auf die traurigen Molltasten sinken ließ. Ich erinnere mich an ein wehmütiges Lied von Bach, »Komm, süßer Todt«. Mit ihrer vollen Altstimme sang sie es dann zuerst auf deutsch und dann auf englisch, und ich fühlte mich von den tragischen Untertönen des Liedes ganz überwältigt. Das Winken des Todes als eines freundlichen Retters war eine seltsame Vorstellung, untrennbar mit dem Klang ihrer Stimme verknüpft.

Als ich soweit war, mein eigenes Kind zu kriegen, war die Distanz zwischen meiner Mutter und mir so groß, daß ich nicht mehr glaubte, daß sie mir bei irgend etwas helfen könnte. Ich suchte bei ihr keinen Rat, keine Vorschläge und keine Unterstützung. Ich würde dies Kind allein zur Welt bringen, als wäre es das erste Mal, als hätte noch nie eine Frau vor mir das alles durchgemacht.
Am 15. Januar, genau vier Monate nach unserer Hochzeit, beschloß Dr. Blatman, ein sanfter, teurer Park-Avenue-Arzt, die Wehen einzuleiten, obwohl mein Termin noch gar nicht da war, die Fruchtblase war noch nicht geplatzt, und ich hatte noch keine Spur von Kontraktionen. Als ich ihn danach fragte, zuckte er einfach mit den Achseln und sagte milde: »Also, Sie sind nun seit zwei Tagen erweitert, und da sich nichts weiterentwickelt hat, denke ich, wir könnten die Sache auch ebensogut über die Bühne bringen.« Erst später reimte ich mir zusammen, daß er sein Wochenende freihalten wollte.
An jenem Nachmittag ging ich ins New York Hospital, und ich lag lange in einem peinlich sauberen Bett und fragte mich, warum ich immer soviel Zeug über Wehen gehört hatte. Ed saß bei mir. Das Medikament wirkte nicht. Stunden später, um 9 Uhr abends, kam der Arzt, um nach mir zu sehen, und stieß verstimmt, weil es nicht voranging, eine stumpfe Schere in mich, um die Fruchtblase zu öffnen. Das stürzte mich binnen weniger Minuten in die Schwerarbeit heftiger Preßwehen.
Nicht genug Zeit. Der Schmerz setzte im Kreuz ein und umfaßte

binnen kurzem mein ganzes Sein, so daß ich mich wie ein kleines, willenloses Ding fühlte, das von einer mächtigen Pranke zerdrückt wird. Ich konnte den Ansturm des Schmerzes nicht voraussagen; ich konnte ihn nicht verzögern oder unterbrechen oder mich auf irgendeine Weise von seiner überwältigenden Beharrlichkeit ablenken. Ich schrie die Schreie der von Furcht und Schrecken Gepeinigten, und ich schrie Ed zu, er solle gehen. Ich wollte nicht, daß er mich in diesem klaffenden, anrührenden Zustand sah. Ich konnte keine Würde in den gewaltigen, übernatürlichen Schaudern einer gebärenden Frau sehen.

Kurz vor Mitternacht sagte ich dem Arzt, daß mein Kind komme, aber er glaubte mir nicht. Plötzlich zeigte sich ein kleiner Kopf zwischen meinen gespreizten Schenkeln. Damit schwand das Entsetzen, und ich lernte die erhabene Unbekümmertheit jenes Augenblicks kennen, da eine Frau Leben aus ihrem Schoß preßt.

Nun wurde mein Körper, sein Funktionieren willkürlich, und ich lachte beinahe, als die Schwestern und Ärzte mich den Gang hinunterschoben mit der ganzen frenetischen Absurdität von Menschen, die wieder einmal von der Natur übertroffen wurden. Als wir den OP erreichten, war der Kopf meines Kindes ganz draußen. Sie gaben mir Lachgas, um mein Bewußtsein zu manipulieren und den Schmerz zu reduzieren, aber meinen Körper weiterarbeiten zu lassen. Wann immer ich dazu kam, verfluchte ich sie großartig. Was wußten sie, mit ihren Kitteln und Masken und Zangen, ihren übelriechenden Betäubungsmitteln, ihrem Größenwahn. *Ich* hatte hier das Sagen, schreiben Sie sich das hinter die Löffel, Dr. Blatman!

Als alles vorüber war, war der Operationsraum kalt, furchtbar kalt, unnatürlich kalt. Blatman versicherte mir, mein Zittern sei normal, aber ich wußte, daß es nicht stimmte. Ich glaubte, daß bei mir eine Schockreaktion einsetzte, wie bei meiner Mutter, die nach einer Hysterektomie in einen Schock abgesackt war. Ich war damals 14 Jahre alt gewesen, meine Mutter war wegen einer relativ einfachen Operation ins Krankenhaus gekommen und beinahe gestorben. Der Arzt hatte sie zugenäht, ohne zu bemerken, daß er ein Blutgefäß offengelassen hatte. Blutungen ließen ihren Puls innerhalb weniger Stunden auf Null absinken, und der Arzt schnitt meine Mutter wieder auf, ohne zu wissen, wonach er eigentlich suchte. Später gestand er meinem Vater, es sei purer Zufall gewe-

sen, daß er die Blutungsstelle gefunden habe. Mein Vater dankte ihm für seinen Wagemut.
Es mochte die Erinnerung an meine Mutter gewesen sein, die mich so kalt und zitterig machte, aber ich hatte das sichere Gefühl, daß etwas nicht in Ordnung war. Sie zeigten mir mein Kind, armes nacktes, schleimiges Ding. Sie sagten, es sei normal, aber ich glaubte ihnen wieder nicht. Wenn es normal war, warum legten sie es mir dann nicht auf den Bauch, wo ich es haben wollte? Statt dessen schoben sie mich in einen kleinen, dunklen Raum in der Nähe, und ich entlockte, nachdem ich dort etwa eine Stunde lang gezittert hatte, einer Schwester schließlich die Information, daß mein Blutdruck zu hoch sei und sie mich unter besonderer Beobachtung behielten.
Um zwei Uhr morgens war mein Blutdruck wieder normal, und sie schoben mich hinunter in den Raum, den ich mit drei anderen Müttern und ihren Babys teilen sollte. Ed bekam ich in jener Nacht nicht zu sehen. Später erfuhr ich, daß er durch die dunklen Flure geirrt war und uns gesucht hatte, denn Blatman hatte versäumt, ihm die Geburt seines Kindes mitzuteilen. Er hatte im Aufenthaltsraum gewartet, als einer der jungen Ärzte unseren Namen am schwarzen Brett sah und zu ihm sagte: »Sehen Sie! Dowling! Sind Sie das nicht?«

Ich wachte um 7 Uhr morgens auf. Eine Schwester schob unsere Babys in ihren Bettchen aus durchsichtigem Kunststoff in unser großes, sonniges Zimmer, von dem aus man auf den East River hinaussehen konnte. Nach einem besonderen Arrangement, dem »rooming-in«, das für Frauen, die es so wollten, angeboten wurde, versorgten wir unsere Babys selbst. Wir wuschen sie und wickelten sie und zogen sie an und fütterten sie und wiegten sie, wenn sie schrien bis 8 Uhr abends, wo sie in das kleine Kinderzimmer, das sich an unseres anschloß, zurückgeschoben wurden.
Ich schaute dieses kleine Geschöpf an, das so fest eingewickelt in seiner Wiege lag und als »Dowling, Baby Girl« etikettiert war. Ich sah ihre Fingernägel wie Tupfen, ihre blaugeäderten Augenlider, ich sah die Einkerbungen in ihrem fragilen kleinen Schädel, und ich konnte nicht glauben, daß sie mein war. Sie war warm, als die Schwester sie mir übergab, ja, lebendig. Ich säuberte sie, wie die Schwester es mir beigebracht hatte, mit einem in Öl getauchten Wattebausch, und ich sah die makellosen Fersen, die ich immer durch

meine Bauchdecke gefühlt und festgehalten hatte; ich sah ihre Leistenfalten, die winzigen, festen Schamlippen, die Nasenflügel, die Ohren, das Rektum, den Mund, all die vollkommenen, haarlosen Wege zum Geheimnis ihres Seins, und ich weinte vor Glück.

Die Schwester half ihr, meine Brustwarze zu finden, und sie hielt sie fest und überzeugte mich von ihrer Gebundenheit, ihrer Abhängigkeit. Ich ließ mich in die Kissen zurücksinken und spürte, wie sich als Antwort auf ihr Saugen meine Gebärmutter zusammenzog. Es war ein ganz animalischer Bund, die Grundlage für alles Folgende. Ihr Saugen, unbewußt und unwillkürlich, rief in mir eine entsprechende Reaktion hervor. Es war eine von einer höheren Gewalt gefügte Verbindung. Sie um 4 Uhr morgens schreien zu hören bedeutete, das scharfe Einschießen der Milch zu spüren, ihr plötzliches Gewicht in meinen Brüsten, das leichte Jucken meiner aufgerichteten Brustwarzen, die darauf warteten, daß sie sich an sie hängte und sie festhielt.

Später sollte ich erfahren, daß das unsichtbare Band zwischen uns sich von der Wiege in ihrem Zimmer durch die dunklen Straßen von Lower Manhattan bis zu einem Kino im Village erstrecken konnte, wo ich nach der Hälfte irgendeines Films sein Ziehen an meinen Drüsen fühlte, die plötzliche Fülle, das Gewicht, die simple Wirklichkeit meiner Existenz, weil jemand mich brauchte, und dann wünschte ich mir, zu Hause bei ihr zu sein, im Stuhl an ihrer Wiege zu sitzen, dieses Baby zu schaukeln und zu stillen und für es zu singen, dies Baby, das mein war in einer Weise, wie noch nie etwas mein gewesen war, nicht meine Gefühle oder Gedanken oder Wünsche.

Ich hatte noch keinen Namen für sie. Das war etwas, wofür ich mir Zeit nehmen würde, etwas, wofür Zeit da war. Wenn sie das Krankenhaus als »Dowling, Baby Girl« verlassen würde, so machte das nichts. Da war kein Impuls, ihr einen Namen zu geben, wie jemand versucht, das zu benennen, was flüchtig ist oder schwierig, Anlaß für Konflikte, ein ambivalenter Faktor. Dies war ein so wirkliches, ein so einfaches Phänomen, daß es keines besessenen Festhaltens bedurfte. Sie würde einen Namen bekommen, wenn es Zeit war.

Ich glaube, es ist nicht möglich, die Atmosphäre in dem Zimmer treffend zu schildern, diese vier Mütter mit ihren Babys, der Welt und ihren Konflikten entzogen, Schlagzeilen und Nachrichtensendungen entrückt, sicher vor Krankheit und Schmutz und Krieg, befreit aus dem Sumpf persönlicher Verwicklungen, jedenfalls für eine Zeit. Abgöttisch liebten wir und wurden wir geliebt. Die Schwestern halfen, sie sprachen ruhig und traten leise auf. Stört sie nicht in ihrer Erhabenheit. Wir waren wichtiger als alles andere, so wichtig wie das Leben selbst. Wir hatten Leben geschaffen, und nun hatten wir es zu erhalten, und die ganze Welt blickte auf unsere Anstrengungen. Die Komplikationen und Fragen meines Lebens fielen von mir ab, ließen mich zurück, einem einzigen Zweck bestimmt, heiter wie niemals sonst, vorher nicht und nachher nicht.

Besuchszeit war von 5 bis 7 Uhr abends, und nun wartete ich darauf, Ed zu sehen, und darauf, daß Ed seine kleine Tochter sehen würde. Als er kam – etwas später als die anderen Väter, die alle einen Mundschutz trugen und an den Betten ihrer Frauen saßen und ihre Babys hielten –, wußte ich sofort, daß etwas nicht stimmte. Sein Gesicht war verschwitzt und rot, sein Körper steif vor Anstrengung, seinen Zustand zu verhehlen. Er war betrunken, aber auf eine seltsame Art.

Ich wollte nicht, daß Ed das Baby hielt. Er fiel nicht um vor Betrunkenheit, aber er war auch nicht sicher auf den Beinen. Damals wußte ich es nicht, aber es war das erste Mal von vielen, daß ich mich zwischen den Bedürfnissen der Kinder und denen ihres Vaters entscheiden mußte, die möglichen Gefühle der Ablehnung einschätzen, die jeweilige Ichstärke abwägen, das Maß an Zerbrechlichkeit ausbalancieren mußte; es war das erste Mal von vielen, daß ich letztlich beschloß, den Vater zu schützen. Ich ließ Ed das Baby halten.

Heftig schwitzend und mit einem gequälten Ausdruck, ein Musterbeispiel des ängstlichen, frischgebackenen Vaters, redete Ed eindringlich und zog mich aus dem Kokon, den ich um mich und das Baby gesponnen hatte. Er sagte mir, wie nervös er sei, wie er uns in der vergangenen Nacht in den dunklen Fluren gesucht, wie er schließlich in der Eingangshalle eine Telefonzelle aufgesucht habe, um unsere Eltern und einige Freunde anzurufen, wobei er immer wieder einen kräftigen Schluck Cognac aus einer Bierflasche nahm, die ein Freund für ihn ins Krankenhaus geschmuggelt hatte. Er erzählte mir, wie er den Nachmittag mit einer Freundin aus unserem Bekanntenkreis verbracht, Stelazine* von ihr bekommen und

* Starkes Beruhigungsmittel. Anm. d. Übers.

schließlich entgegen ihrem Rat Whisky getrunken habe. Er habe nie zuvor Beruhigungsmittel und Whisky zugleich zu sich genommen. Er habe nichts von deren Wirkungen gewußt. Es tue ihm leid.
Mit der Verzweiflung eines Menschen, der hofft, Verständnis werde die scharfen, rostigen Kanten der Realität glätten, versuchte ich, seine Situation zu begreifen. Ich versuchte, mich an seine Stelle zu versetzen, des Vaters, der selbst ohne Vater aufgewachsen war. Ich war wirklich sehr gut darin, mich an die Stelle von anderen zu versetzen.
Als die Besuchszeit vorbei war, waren meine Gedanken nicht bei dem Baby, sondern bei Ed. Es war ein psychologischer Trick, den Ed, unbewußt, mit großem Erfolg anwandte. Ich kann euch sagen, in den nächsten neun Jahren begriff ich das kein einziges Mal. Es kam ein Kind nach dem anderen, aber mein Hauptinteresse galt immer Ed.
Der nächste Abend war noch schlimmer. Ed war nüchtern, aber zerstreut, furchtbar verkatert, und ich sah, daß sein teurer neuer Trenchcoat vorn Schnitte hatte. Er erzählte mir, daß er am vorigen Abend, nachdem er das Krankenhaus verlassen hatte, auf dem Heimweg noch in einigen Bars haltgemacht hatte und von Straßenräubern aufgehalten worden war, die seine Taschen mit einem Messer aufgeschlitzt hatten, um an sein Geld zu kommen.
Jetzt hatte ich Angst. Körperlich ist Ed ein starker Mann, ein mächtiger Mann, aber er schien auseinanderzufallen, außerstande, mit seinen Ängsten und Befürchtungen fertigzuwerden. An jenem Abend saugte das Baby, nachdem Ed gegangen war, unaufhörlich an meiner Brust, vergebens. Ich fragte mich, wer für uns sorgen würde.
Eine Woche, nachdem Gabrielle geboren war, verlor Ed nach einem Streit mit dem Besitzer der Bar seine Arbeit. Seltsamerweise war ich eher erleichtert als enttäuscht. Ich würde keine Sorge mehr haben müssen, daß Ed sich betrinken oder auf dem Heimweg mit dem Messer bedroht oder überfahren werden würde. Und ich würde nicht mit dem Baby allein zu Hause sein müssen, das so oft wegen Blähungen schrie, daß ich selten mehr als ein paar wenige Stunden am Stück schlafen konnte. Ed stand nicht mit dem Baby auf, wenn es spät nachts aufwachte – er bot es niemals an, und mir fiel es niemals ein, ihn darum zu bitten –, aber wenigstens konnten wir es uns hin- und herreichen um 2 Uhr morgens, während wir das Spätpro-

gramm im Fernsehen durchdösten und darauf warteten, daß es einschlafen würde.
Im März, als Gabrielle zwei Monate alt war und unser bescheidenes Bankkonto auf Null zusammengeschrumpft war, lud ein Freund namens Malcolm Ed ein, sein Haus in Pine Hill, New York, zu streichen. Er bot uns Kost und Logis plus »1 ½ Yards« in bar. Ich empfand die 1 ½ Yards als ungeheuer weltmännisch, obwohl es sich dabei nur um 150 Dollar handelte. Voller Erleichterung, unsere Schwierigkeiten hinter uns lassen zu können, reisten wir ziemlich glücklich hinaus aufs Land.
Die Malerarbeit dauerte länger als einen Monat, und wir genasen in der milden Frühjahrssonne der Catskill Mountains. Für mich stellte die Situation eine Sicherheit dar, deren ich bedurft, die ich aber bis dahin nicht bekommen hatte. Malcolm war mit einer starken bäuerlichen Frau namens Helen verheiratet, die zehn oder zwölf Jahre älter war als ich und selbst drei Kinder hatte. Sie war die Tochter deutscher Eltern und auf einer Farm in Wisconsin aufgewachsen, und sie kannte sich aus mit der Erde und mit wilden Erdbeeren und guter Küche. Und vor allem kannte sie sich mit Babys und der Unsicherheit junger Mütter aus.
Nachmittags, wenn Ed auf der Leiter stand und das erste Stockwerk des Hauses gelb anmalte, fuhr Helen mich und das Baby im Auto aus, um die Nerven der Kleinen zu beruhigen. Wir packten sie in einen Weidenkorb und legten sie auf den Rücksitz. Die Idee war, ihr anzugewöhnen, jeden Tag zu einer bestimmten Zeit zu schlafen. Abends, wenn Helen an dem riesigen Kohleofen in der Küche kochte, setzte sie sich manchmal das Baby auf die linke Hüfte und sagte: »Sieh her! Wenn du den Punkt erreichst, wo du mit der einen Hand kochen und mit der anderen das Baby wiegen kannst, dann wird es anfangen, sich zu entspannen.«
Und so geschah es schließlich. Unser Leben, einfacher als in der Stadt, fügte sich nach einem Stundenplan, wurde vorhersehbar. Wir standen früh auf und saßen zusammen und tranken eine Menge bitteren Kaffee in jener großen ländlichen Küche im Schatten eines Berges. Malcolm blieb unter der Woche in der Stadt, so waren meistens nur wir drei und die Kinder da. Unsere Welt war eng und wie ein Schoß. Ed und Helen hatten ähnliche politische und literarische Interessen, und ich fand ihre Unterhaltungen faszinierend, wenn ich auch die Hälfte davon nicht verstand. Helen hatte nie ein College

besucht, aber sie wußte über alles eine Menge mehr als ich. Am frühen Vormittag stieg Ed dann auf seine Leiter, und Helen sprach mit mir über Frauenangelegenheiten. Wir sprachen über Männer und Kinder und Pflanzenzucht.
Malcolm kam an den Wochenenden zurück, und freitags rannten Helen und ich herum und räumten auf und machten sauber, dabei kicherten wir wie Kinder, die nachlässig gewesen waren, während Daddy fort war. Aber Malcolm mit seiner Arbeit bei der UNO, seinem einen Gedicht im *New Yorker* und seiner ziemlich abgedroschenen intellektualisierten Redeweise zählte für mich nicht wirklich. Außerdem machte er Helen oft herunter, und ich wußte, daß sie ein stärkerer und reicherer Mensch war als er, aber sie liebte ihn.

Es waren nervöse Wochenenden, wenn Malcolm da war. Die Unterhaltung wurde konkurrent und bissig, und abends tranken wir alle zuviel. Mir gefiel es unter der Woche besser, wenn Malcolm fort war und das Familienleben wieder begann, Ed der gesunde, einträglich beschäftigte Papa, der allmählich rot von Sonne und Wind wurde, Helen die zielbewußte deutsche Mama und ich das glückliche älteste Kind. Mein Baby schlief nun morgens, und wenn Helen sich ins Wohnzimmer setzte, um zu lesen, nahm ich ihren kleinen Nicholas mit nach draußen, um den Berg anzuschauen, dessen Vorderseite dunkel von Bäumen und von der Sonne abgeschirmt war. Aber wir saßen im Sonnenschein, Nicky und ich, und ich erzählte ihm Geschichten und erfand Lieder. Er war damals erst zwei Jahre alt, und ich fühlte mich sicher genug, um ihn wie einen kleinen Bruder zu lieben.

IV

Zikaden in den Bäumen

Nach der Pinehill-Zeit lief alles eine Weile ganz gut. Als wir wieder in New York waren, bekam Ed eine Arbeit am Rande der Stadt – ein Faktum, das ihn überraschte, obwohl er früher schon in einer solchen Gegend gearbeitet hatte –, und unser gemeinsames Leben nahm ein bißchen das Drum und Dran der Mittelschicht an. Ich glaube, das gefiel mir. Mich entzückte die Illusion – wenn schon nicht die Substanz – eines Lebens wie früher in meiner eigenen Familie, ich wollte Sicherheit, aber nicht die Ereignislosigkeit, die mit ihr im allgemeinen einhergeht. Eds dickköpfige Verachtung jeglicher Konformität schloß für mich das Versprechen von Ereignisreichtum ein, aber die Unberechenbarkeit ängstigte mich. Ich glaube, ich wollte beides: einen soliden, von 9 bis 5 Uhr brav arbeitenden Daddy und ein begabtes Genie, einen feuerrothaarigen Dichter, der mein Leben mit magischen Einsichten erleuchten würde, mit einem großen Phantasiereich, das durch die täglichen U-Bahn-Fahrten zur Rush-hour nicht geschmälert würde.

Die Erwartungen, die ich in bezug auf Ed hegte, waren in der Tat gewaltig. Er sollte mein Leben bestimmen und bereichern, während er zugleich das seine erweiterte. Er sollte die schicklichen, traditionellen Dinge tun, die von einem Ehemann und Vater erwartet wurden, und nicht nur das. Um keinen Preis sollte er gewöhnlich sein. Ich wollte eines Tages imstande sein, der Welt eine lange Nase zu machen, meinem Vater, meiner Mutter, Pater Hagmaier, und sagen: »Seht ihr? Ihr dachtet, meine Lage sei armselig, aber jetzt erkennt ihr, was für ein Genie er ist und wie außergewöhnlich unser gemeinsames Leben. Es ist nicht immer alles so, wie es scheint.«

Für eine Weile, für eine ganze Zeit konnte ich diese Phantasie tatsächlich aufrechterhalten. Die Woche über ging Ed jeden Morgen ganz proper mit Anzug und Krawatte zur Arbeit und ließ mich mit dem Haushalt und der Wäsche, dem Kochen und der Sorge für das Baby zurück. Abends arbeiteten wir an der Wohnung, entfernten den Putz von den Ziegelwänden und bedeckten die Fußböden mit glänzender schwarzer Bootsfarbe. Ich stellte unser Geschirr auf groben Holzregalen auf und hängte ein paar Pflanzen auf. Wenn Gäste erwartet wurden, verschmierte ich eine Menge Zitrusöl. Ich wußte, daß die Patina unecht war, aber ich brauchte sie.

An den Wochenenden wurden wir zu Bohemiens, nahmen das Baby mit auf lange Touren über die Insel von Manhattan, während Ed mich über Manhattans Geschichte, seine Folklore, seine verschiedenen architektonischen Besonderheiten belehrte, und wir machten nachmittags in Bars (nur wenn sie sonnenhell waren) mit der Kleinen halt auf ein kaltes Bier.

Oder wir schoben sie zu Paddy's Market in der Nineth Avenue und füllten ihren Wagen mit Artischocken und Bündeln roter Zwiebeln, knotigen Schnüren mit getrockneten Pilzen, seltsamen Innereien, deren Zubereitung Ed gelernt hatte, als er in Paris mittels seiner GI-Auszahlung studierte, mit lose zu kaufenden Kräutern und Gewürzen, frischem Tintenfisch und manchmal Seeigel. Ed erzählte mir, daß die Neuengland-Fischer sie Hureneier nannten.

Ich hielt Ed für einen welterfahrenen Mann, einen Renaissance-Menschen, für einen, der Sprachen beherrschte und Feingefühl hatte. Er hatte schließlich in Paris gelebt, ganz Europa bereist und im Sommer in Marokko Enzyklopädien verkauft. Als er dem Marinekorps angehörte, hatte er in Japan ein ganzes Jahr lang mit einer Frau zusammengelebt, obwohl sie sich nicht miteinander unterhalten konnten.

Zweifellos betrachtete ich Ed als meinen Lehrer, als jemanden, der mich von meiner teuren Vergangenheit fort und in eine kühne neue Welt einführen konnte, und als er diese Rolle annahm, als er Geschmack daran fand, als er es sich auf der Zunge zergehen ließ und ihm dabei das Wasser im Mund zusammenlief, konnte ich ihn nicht leiden. Er begann mein Englisch, meine politischen Ansichten und meine Vorstellungen im allgemeinen zu korrigieren. In dieser Beziehung war er meinem Vater nicht unähnlich.

Die Basis unserer neuen Lebensart war das Problem mit dem Geld. Wir hatten nicht viel, nur 98 Dollar pro Woche nach Abzug der Steuern, wenn unsere Miete auch niedrig war und unsere Bedürfnisse bescheiden. Die meisten Kosten verursachte Eds Garderobe. Als Reporter eines Fernsehwirtschaftsblattes brauchte er Kleidung, die anständig genug war, um die Armseligkeit seines Gehalts Lügen zu strafen. Er mußte Pressefeste besuchen, wichtige Personen aus der

Industrie interviewen. Er sorgte sich um die Länge seiner Socken (würden seine Unterschenkel zu sehen sein, wenn er die Beine übereinanderschlug?), um den Zustand seiner Hemdkragen, den Schnitt seiner Anzüge. Es verlangte ihn nach Brooks Brothers, und er mußte sich mit Barney's begnügen.

Diese Situation war dem Journalistenberuf inhärent: Persönlicher Stil hat Tradition, obwohl die Gehälter niedrig sind, aber in Eds Fall wurde das Dilemma durch eine Sache in seiner Vergangenheit verschlimmert. Kleidung war ein Problem für ihn, seit er sein Zuhause in Massapequa, Long Island, verlassen hatte, um mit einem NROTC-Stipendium* auf die Brown-Universität zu gehen.

Während der ersten Semester hatte sein Zimmergenosse, einer aus dem Nordosten aus einer wohlhabenden Familie, es sich herausgenommen, ihm zu erklären, Abnäher für Abnäher, Stich für Stich, wie Ed seinen Rogers-Peet-Anzug so auftrennen und wieder zusammennähen konnte, daß er für die Ivy League** durchging.

Später war es nicht Eds Wunsch, zur Aristokratie zu gehören, die er zu verachten behauptete, soweit es eine Frage der Ästhetik war. Entweder war etwas gut und erfreulich oder eben nicht. Als ich ihm zu Weihnachten eine Tweedmütze kaufen wollte, bestand er darauf, daß sie aus acht Keilen zusammengesetzt sein sollte, nicht weniger, und ich lief auf der Suche danach von Abercrombie's zu Brooks und zu Chipps. In Levi's oder Hemden von Hathaway fühlte er sich wohl; dazwischen war ihm nichts recht.

Die Beschäftigung mit Kleidung und mit Stil und Äußerem nimmt für diejenigen, die sich ihres Wertes in der Welt unsicher sind, einen besonderen Stellenwert ein. Als meine Mutter uns einmal besuchte, tadelte sie die Nachlässigkeit, mit der ich Eds Wäsche in den Kleiderschrank warf. Sie meinte, wenn er seine Schubladen öffnete, sollte er seine Sachen in sauberen Stapeln und Reihen vorfinden. Wie konnte man von ihm erwarten, daß er ein männliches Bild seiner selbst aufrechterhielt, wenn seine Unterwäsche nicht zusammengelegt und seine Socken nicht paarweise zusammengerollt waren, fragte sie.

Ich sagte ihr, ich glaubte nicht, daß die Selbstachtung eines Mannes viel damit zu tun habe, ob seine Jockey-Shorts zusammengelegt sind

* NROTC: Navy Reserve Officers' Training Corps. Anm. d. Übers.

** Bezeichnung für die renommierten Colleges an der Ostküste der USA. Anm. d. Übers.

oder nicht, aber ein Teil von mir fragte sich, ob sie nicht vielleicht recht hatte, und das irritierte mich. Es fiel mir schwer, meine wirklichen Zuständigkeiten als verheiratete Frau auszuloten. All die lausigen Eheratgeber predigten, daß die Hauptaufgabe einer Ehefrau darin bestehe, das schwankende männliche Ich zu stützen. Es war leichter, die Eheratgeber außer acht zu lassen als den von meiner Mutter gesetzten Präzedenzfall. Würde meine Akzeptanz davon abhängen, ob ich die Dinge so handhabte, wie sie es getan hatte?

Es war ein kleines Ereignis, aber das erste, das mich auf einen Konflikt stieß, der wie ein frischer, noch nicht schmerzhafter Abszeß in meinem Innern zu eitern begonnen hatte, ein kleiner Entzündungsherd, dessen Inhalt eines Tages die dünne Haut, die ihn verschloß, durchbrechen und durch meinen gesamten Organismus sickern und ihn mit rasender Wut entflammen würde. Für die Bedürfnisse der Männer, so schien es, wurde gesorgt, für die der Frauen nicht.

Meine Mutter hatte immer für meinen Vater gesorgt, dafür, daß seine Anzüge in die Reinigung kamen, hatte seine Hemden und seine Unterwäsche durchgesehen, ob sie ausgebessert werden mußten, hatte seine Bettwäsche gewechselt, ebenso – dem Wetter entsprechend – seine Garderobe, hatte eingemottet und fortgeräumt und zusammengelegt und auseinandergefaltet, so daß er zu allen Jahreszeiten richtig und gut angezogen war. Meine Mutter hielt die Dinge sauber und ordentlich und glatt nach einem reibungslosen, gleichbleibenden Stundenplan in Gang, so daß mein Vater frei war für seine Arbeit, seine Lektüre, sein Denken. Für meine Mutter waren die Musik und die Kurse in Geschichte, die sie belegte, um ihren Bachelor fertig zu machen, als ich zur High-School ging, in irgendwelche Freizeit eingezwängt, die sie für sich herausschinden konnte.

Ich war noch ziemlich jung, als ich zum erstenmal Momente des Jammers erlebte beim Gedanken an meine Mutter und ihr Los. Ja, ich glaube, selbst damals hatte ich diese Vorstellung, wenn schon nicht die Worte. Als ich sieben Jahre alt war, kaufte ich ihr zu Weihnachten einen Satz Pyrex-Schüsseln in Gelb und Blau und Grün und Rot. Ich schleppte sie selbst vom Haushaltswarengeschäft nach Hause, glücklich hatte ich den Plan geschmiedet, sie bis zum Weihnachtsabend bei einem Nachbarn zu verstecken. Als ich elf oder zwölf Jahre alt war, überredete ich meinen jüngeren Bruder, sich an einem elektrischen Mixer für sie zu beteiligen, der, so meinte ich, ihr eine Menge Arbeit sparen würde. Damals wie heute schien es dem Volksempfinden zu entsprechen, daß es die äußerste Freundlichkeit sei, die man einer Frau und Mutter zollen konnte: ihr ein arbeitssparendes Haushaltsgerät zu schenken. Irgendwie hatte ich das Gefühl, in das Leben meiner Mutter und seine besondere Eigenart miteingeschlossen zu sein, und ich war wütend darüber. Es schien, daß sie für so wenig so viel arbeitete – gelegentlich ein Kinobesuch, ein paar steife Partys jedes Jahr, bei denen Dozenten von Hopkins herumstanden und mit lauter Stimme miteinander konkurrierten, einmal im Jahr ein Nachmittagstee für die Ehefrauen der Fakultätsangehörigen und keine intimen Freunde – jedenfalls nicht, ehe ich herangewachsen war und das Haus verlassen hatte. Lebte sie ihr Leben dafür, daß sie jeden Abend um 11 Uhr schlafen ging? Ohne es zu wissen, hielt sie mich im Schoß ihrer Unzufriedenheit gefangen.

Ich wurde nicht dazu erzogen, ein Leben wie meine Mutter zu leben. Wenn ich bestimmte Hausarbeiten erledigte wie das Abwaschen des Mittagsgeschirrs oder hin und wieder Badezimmer-Saubermachen oder Bettenmachen, hatte ich nicht die Vorstellung, daß ich mich auf meine Zukunft vorbereitete, nur die, daß ich meiner Mutter half. Daß ich Tag für Tag die stoische Existenz meiner Mutter zu leben hätte, war jenseits meiner Vorstellung.

Mein Vater dagegen erschien meistens heiter. Er schlief tagsüber nicht oft, während meine Mutter fast jeden Tag ihren Schlaf zu brauchen schien. Meines Vaters Einstellung zu seiner Arbeit, sein Engagement in der Welt draußen und vor allem seine Begeisterung zogen mich an. Wenn meine Mutter am Backen war, war die Küche mit dem warmen, tröstlichen Geruch von Kardamom erfüllt, aber es barg für mich nichts von dem Geheimnis und der Erregung des Labors meines Vaters im Kellergeschoß der Universität oder des trokkenen, kreidigen Geruchs des Unterrichtsraumes, in dem er lehrte. Ich glaube, als Jugendliche erwartete ich, daß mein Leben nach dem meines Vaters zugeschnitten würde. Mädchen oder nicht, ich war das erstgeborene Kind, stolze Trägerin des intellektuellen Erbes meines Vaters, begabt, ehrgeizig, zu Außerordentlichem bestimmt.

So schleppte ich mich nun mit einiger Ambivalenz mit einem Sack voll verpißter Windeln zum Selbstbedienungswaschsalon. Das Spülbecken, das sich mit schmutzigem Geschirr füllte, wie sich das Meer mit Salz füllt, das Wischen und Saugen und Schrubben von Fußböden, die zerfressene Oberfläche der Badewanne, der lecke Wasserbehälter an der Wand über der Toilette – das alles und das Baby verschlangen unglaublich viel Zeit, und wenn ich einen Augenblick lang nichts weiter zu tun hatte, fühlte ich mich wie ein Arbeitstier.

Ich begann, wann immer ich konnte, Arbeit einzusparen und mich pflichtvergessen zu fühlen. Nicht lange, und ich brachte viel Zeit damit hin, der Hausarbeit aus dem Weg zu gehen. Sobald das Baby eingeschlummert war, setzte ich eine Kanne Kaffee an und sank in einen Stuhl mit einem Stapel Zeitungen und Illustrierten an der Seite. Ich las und rauchte Zigaretten und ergab mich Tagträumen. Wenn es allzu lässig wurde, vor allem im Küchenbereich, beklagte sich Ed und sagte, der Kühlschrank – mit den verdorrten Stengeln von gelblichem Sellerie, den Büscheln schlecht gewordener Petersilie, all den Quentchen von Essensresten, vergammelnd, weggepackt, in ordentlichen kleinen Schüsseln und Plastiktüten – würde ihn an einen Friedhof erinnern. Das machte mir zugleich Wut und Schuldgefühle. Ed grummelte etwas über die Geistlosigkeit des Fernsehbetriebs, die Dummheit seiner Kollegen und das Ersticken seines künstlerischen Empfindungsvermögens, aber ich wußte sehr gut, daß er derjenige war, der allen Spaß hatte. Ich sah, wie sein Gesicht jeden Morgen leuchtete, wenn er zur Tür hinausging.

Diese ersten Schimmer von Unzufriedenheit wurden plötzlich durch ein einfaches, geschlechtsbezogenes Phänomen unterbrochen. Ich war wieder schwanger. Nun würde sich mein Lebensgefüge verändern, es würde mir ein neues, langsameres Tempo zuweisen, ein von außen auferlegter Stundenplan, ein vom Schicksal bestimmtes Ziel würden mich passiv machen. Die Kompliziertheit von Konflikten, die Notwendigkeit, sie zu analysieren und zu definieren, würden wieder entschwinden, und es würde mir, weil ich eine Frau bin, erlaubt sein, schuldlos mein Bewußtsein aufzugeben und mich nur noch auf jene Veränderungen und Wandlungen in meinem Körper zu konzentrieren, die unabwendbar zur Hervorbringung von Leben führen würden. Welch edlere Anstrengung könnte es geben?

Es war genau acht Monate her, daß Gabrielle geboren wurde. Die alte Rhythmus-Methode, die Konzession des Katholizismus an die Selbstbestimmung, hatte wieder nicht hingehauen, trotz der Bemühungen all der guten Doktoren von der St. Vincent Hospital Rhythm Clinic. Dort hatten sie Tabellen für mich angelegt und mir gesagt, ich solle jeden Tag meine Temperatur messen und die Kurve eintragen. Tief im Innern hatte ich natürlich nie erwartet, daß es funktionieren würde. Mit dem Rhythmus war es wie mit dem Beten.

In der Schule hatten uns die Nonnen versichert, daß Frauen mit einem wirklich guten Grund die Größe ihrer Familie unter Kontrolle halten könnten, indem sie ihr Geschlechtsleben auf ihre Menses beschränkten. Ein wirklich guter Grund bedeutete etwas ziemlich Katastrophales wie Geisteskrankheit oder nachweisliche Armut. Diejenigen, deren Leben weniger mittellos war, waren gehalten, Gottes Willen zu erfüllen, wohl oder übel zu empfangen und ihre Babys mit Edelmut und Würde auszutragen.

Einmal hielt ich auf dem College eine leidenschaftliche Rede vor einer Schar von Kommilitoninnen über die Zukunft von Frauen wie uns, die mit der liberalen Kunsterziehung eines katholischen Instituts gesegnet waren. Mit zunehmendem Eifer spann ich meine eigene kleine Variante der Parabel von den Talenten. Jede von uns, so sagte ich voraus, würde sich, dem Maß an Energie entsprechend, das sie von Gott erhalten hatte, ins Werk setzen. Manche würden feststellen, daß sie zwölf Kinder aufziehen und eine Farm bewirtschaften und nachts Romane schreiben können. Andere würden nur genug Energie für ein normales Leben haben. Es machte keinen Unterschied, welchem Lager man zufiel, denn solange man lebte und nach seinem Vermögen arbeitete, konnte man die dornigen Freuden der Zuneigung Gottes genießen.

Die Selbstgefälligkeit all dessen entging mir zu jener Zeit. Ich rechnete mich selbst dem ersten Lager zu, den besonders Begabten, den Überdurchschnittlichen. Ich bezweifelte nie, daß ich, was immer ich wollte, auch tun könnte. Mit Anstrengung, sicher, aber ohne Einbrüche würde mein Leben reibungslos wie das meines Vaters vorangehen, welche Richtung ich auch einschlagen würde.

Es ist interessant, heute zu spekulieren, wie es kommt, daß jemand ein elitäres Gefühl entwickelt. Für eine Frau, die nicht leben will, wie andere Frauen gelebt haben, ist es vielleicht die einzige Art, den vermessenen Phantasiesprung zu machen, der es ihr erlaubt zu glauben, sie könne tun, was sie will. Ich war sehr jung, als ich mir mich selbst als Mitglied oder potentielles Mitglied einer Ingroup vorzu-

stellen begann, die über die für den Rest der Menschheit geltenden Grenzen hinausgeht oder glaubt, es sei möglich, über sie hinauszugehen.
Der Katholizismus spielte dabei sicher eine Rolle. Gott war einzig auf unserer Seite, gab uns den Rang und die sich daraus ergebenden Privilegien, vor allem jene geistig-seelische Spritze, die man Gnade nennt. Solange wir eine weiße Weste behielten und unsere Sünden beichteten und bereuten, wie sie kamen, konnten wir es uns leisten, hinsichtlich unserer Fähigkeit, mit den kleinen Ecken und Kanten des Lebens fertig zu werden, optimistisch zu sein. Katholiken werden mit einem Trumpf in der Hand geboren. Wenn du ihn in dieser Welt nicht ausspielst, gibt es immer noch die nächste, auf die du dich freuen kannst.
Damals kam es mir nicht besonders bedenklich vor, daß ich so schnell wieder schwanger geworden war. Wenigstens nicht gleich. Ich war immer noch praktizierende Katholikin, Empfängerin der Gnade Gottes, machtvoll in meiner moralischen Gewißheit. Außerdem neigte ich dazu, das, was mir geschehen war, für einen körperlichen Glücksfall zu halten, einen Zufall der Natur, einen kleinen Wink von seiten der Dreifaltigkeit. Es würde sicher nicht so weitergehen mit den Schwangerschaften. Ich meine, eine Frau, die in ihrer gebärfähigen Zeit jedes Jahr schwanger würde, könnte schließlich fünfzehn, sechzehn Kinder kriegen. Mein Gott! Meine Großmutter hatte sechzehn Kinder.
Meine Mutter war das fünfzehnte von sechzehn Kindern in einer presbyterianischen Familie von Weizenbauern in Nebraska. Einen großen Teil meines Verständnisses für meine Mutter stammte aus Geschichten über ihre Kindheit. Ich glaubte, daß sie in verzweiflungsvoller Armut aufgewachsen war. Später erfuhr ich, daß wirkliche Armut die Familie erst mit der Depression ereilte, aber kleine Geschichten, die ich gehört hatte, setzten sich lebhaft in meiner Vorstellung fest.
Horden von Kindern, meine Mutter und die fast endlose Reihe von Schwestern und Brüdern, die vor ihr gekommen waren, besuchten die aus einem Klassenzimmer bestehende Schule und wurden von ihrem ältesten Bruder und später von einem sechzehnjährigen Mädchen unterrichtet, das seine Frau werden sollte. Die Kinder nahmen jeden Tag mit Rührei belegte Brote als Mittagessen mit. In einem Jahr war die Ernte so schlecht, daß die Kinder nur ein Geschenk zu

Weihnachten bekamen, und jedes Mädchen erhielt das gleiche, eine Tante-Jemima-Puppe, genäht und ausgestopft von ihrer Mutter, meiner Großmutter, die starb, bevor ich auf die Welt kam.

Als ich erwachsen war, war meine Mutter überrascht zu erfahren, wie verzerrt meine Vorstellungen von ihrer Kindheit waren, und doch hat sie etwas, irgend etwas in ihrem Selbstbild, das dies Mitleid nährte. Sie hatte so eine Art, sich selbst herabzusetzen. Sie war nicht mürrisch, aber sie war auch nicht sehr oft fröhlich oder energiegeladen. Ich glaube, sie war deprimiert. Selbst heute schwanke ich noch zwischen Mitleid für meine Mutter und Wut über das Bedürfnis nach diesem Mitleid. Die Depressiven nehmen alles auf sich, verinnerlichen, absorbieren. Die Depressiven schnauzen nicht zurück. Aber sie haben ihre besondere Art. Am Ende tun sie dir leid.

Manchmal, wenn ich mich wegen irgend etwas schlecht fühlte und mich zum Weinen bringen wollte, dachte ich an meine Mutter und die mitleiderregenden Tante-Jemima-Puppen. Ich stellte mir vor, daß es keinen Weihnachtsbaum gegeben hatte und daß die Puppen am Weihnachtsmorgen einfach am Frühstückstisch ausgehändigt worden waren. Ich stellte mir das Land ausgedörrt und erbarmungslos vor, ich stellte mir die armen Eltern meiner Mutter vor, wie sie im Morgengrauen aufstanden und bis zum Einbruch der Dunkelheit arbeiteten, alles vergeblich. Ich stellte mir alle sechzehn Kinder (in Wirklichkeit starben drei von ihnen noch als Kleinkinder) vor, kauernd, mit weit aufgerissenen Augen, um den ärmlichen Frühstückstisch versammelt. Ach, welch köstliches Mitleid ich aus dieser unerträglichen Szene gewann.

Ich war nicht sehr viel älter, als ich auf einmal von der Erkenntnis in Erstaunen versetzt wurde, daß meine Großmutter all diese Kinder bekommen hatte und nicht einmal katholisch gewesen war. War es dann aus Ignoranz geschehen, aus einer stumpfsinnigen Art bäuerlicher Mentalität heraus? Jetzt kommt mir der Gedanke, daß es vielleicht gar nicht das Ergebnis von Ignoranz gewesen war, sondern einfach das Ergebnis einer verblüffenden Passivität.

Diese Vorstellung erschreckte mich. Meine Mutter mußte sich in der Anfangszeit ihrer Ehe einen Eierstock entfernen lassen, was ihre Chancen, schwanger zu werden, auf die Hälfte reduzierte. In der Tat kostete es meine Mutter Mühe, schwanger zu werden. Aber angenommen, das Merkmal der Fruchtbarkeit hatte einfach eine Generation übersprungen?

Der Gedanke, daß die totale Macht über mein Leben von irgendeiner äußeren Kraft ausgeübt wurde, von irgendeinem unerreichbaren Anderen, das ich nicht einmal verstand, war zu überwältigend, um in Betracht gezogen zu werden. Mein Körper würde mit den Jahreszeiten an- und abschwellen, so unerbittlich wie die Gezeiten, so gewiß wie die Phasen des Mondes, er würde nach seinem eigenen unwandelbaren, natürlichen Gesetz arbeiten und mich schließlich nutzlos wie einen alten, platten, am Strand fortgeworfenen Reifenschlauch zurücklassen.

Finster. Gräßliche, verdrehte Träume von Machtlosigkeit, von totgeborenen Föten, von unkrauterstickten Blumen, von bei der Frühjahrsschlachtung blutig geschlagenen Lämmern. Ich dachte nicht an diese Dinge. Ich verbannte sie aus meinen Gedanken. Ja, ich romantisierte die Schwangerschaft mit diesem Baby, erfand falsche Mythen, um mich zu trösten, flickte eine andere, freundlichere Wirklichkeit zusammen, wie Frauen es immer tun, wenn sie an ihren Freiheitsträumen weben und häkeln und sticheln.

Ich dachte, daß ich mir gern ein paar neue Umstandskleider nähen würde, und das tat ich, leuchtendere, frischere, bunte Mohnblumen auf weißem Grund. Gabrielles Zimmer war mit einem gebrauchten Kinderbett und der alten Korbwiege ausgestattet, die für das neue Baby wieder hervorgeholt worden war. Ich wollte einen langen Volant, der vom Rand des Korbes herabhängen sollte, eine seidige Tagesdecke, ein kleines Kissen für seinen Kopf. Ja. Ich wollte einen Jungen. Noch ein Mädchen würde bedeuten, daß ich mich wiederholte, und ich suchte keine Wiederholung. Ich brauchte wenigstens die Illusion von Bewegung.

Diesmal war ich Patientin der Gynäkologischen Klinik im New York Hospital. Einmal im Monat fuhr ich mit der U-Bahn in den Außenbezirk und ging dann ostwärts bis zum Eingang der Entbindungsklinik nicht weit vom Fluß, wo ich mit 40 oder 50 anderen Frauen, meistens Schwarzen oder Spanierinnen, von denen manche hysterisch, manche freundlich, manche still und resigniert waren, auf meine Untersuchung wartete. Es war meine erste Krankenhauserfahrung, und ich fühlte mich wie eine Betrügerin, als ob ich nicht dorthin gehörte, weil ich vielleicht eine andere Frau verdrängte, die weniger Ansprüche auf medizinische Versorgung hatte als ich. Es war mir noch nicht in den Sinn gekommen, daß, solange ich an den Werten, mit denen ich aufgewachsen war, festhielt, ich nicht mehr

Ansprüche hatte als irgendeine der anderen Frauen, die in diesem großen, kahlen Warteraum saßen.
Das Kind sollte im Juni kommen. Als der Frühling kam und im Central Park die Forsythien blühten, wurde ich dick und träumerisch. Ich freute mich, daß ich mein Kind im Sommer bekommen würde. Ich würde neue Musselinvorhänge aufhängen. Ich stellte mir vor, wie ich aussehen würde, wie auf einem Bild in einer Anzeige für Babyartikel im *Ladies' Home Journal*. Es würde ein milder, warmer Abend sein, in den Scheinakazien unten in der Allee würden die Zikaden zirpen, und ich würde in einem Schaukelstuhl am Kinderzimmerfenster sitzen, in ein langes, fließendes Gewand gekleidet, das Baby an der Brust, ein Lufthauch würde über die Feuertreppe ins Zimmer strömen und die Vorhänge bauschen, mein langes, unschuldiges Haar aufwehen und sanft über meinen feuchten Nacken streichen, ach, es würde ein so hübsches Bild sein.

In der Nacht, bevor Conor geboren wurde, geschah etwas. Natürlich wußte ich damals nicht, daß es die Nacht vor Conors Geburt war, deshalb erscheint es nur im Rückblick dramatisch, aber Ed und ich hatten wegen irgend etwas gestritten, ich kann mich nicht erinnern, was es war, und mich packte das Verlangen, mich zu rächen, irgendeine schreckliche, endgültige Verlautbarung der Wut von mir zu geben. Verzweifelt suchte ich nach etwas, das ich tun könnte, nach einer Möglichkeit zuzuschlagen, auszuholen, denn eigentlich hätte ich ihm gern einen körperlichen Hieb verpaßt, einen schmerzhaften Schlag auf den Solarplexus, aber das wäre natürlich zu gefährlich gewesen. Eds mächtiger Zorn kannte sowieso schon allzu wenige Grenzen, und so fühlte ich mich hilflos, bis ich auf dem Herd einen großen Suppentopf voll leise vor sich hin kochender Bohnen erspähte, die Ed acht Stunden lang zärtlich gehegt hatte, er hatte sie gewaschen und gespült und den Schaum abgeschöpft, hatte sie während der langen Kochzeit gewürzt und nachgewürzt, hatte die Flamme über den Tag immer wieder neu reguliert, so daß die Bohnen weder aufplatzen oder breiig werden noch einen harten, frustrierenden Kern in der Mitte behalten würden, und nun, da sie schließlich das Stadium äußerster Vollkommenheit erreicht hatten, schnappte ich mir eine Dose Scheuerpulver von der Spüle und leerte sie in die Bohnen, schüttete wie eine Verrückte das abscheuliche grüne Pulver über sie und verdarb sie.

Ed war zu verblüfft, um es zu vergelten. Ich nutzte diesen unbewachten Augenblick und trieb das Spiel auf die Spitze: »Ich gehe!« Ich warf den Kopf in den Nacken, als ich aus der Tür marschierte, falls Ed die Botschaft nicht verstanden haben sollte, und watschelte, stolz und gewaltig in meinem alten braunen Umstandskleid, die Beine wegen der Krampfadern mit Bandagen umwickelt und durch mein Gewicht leicht gekrümmt, wie ein matriarchaler Quasimodo zum Fahrstuhl, drückte den Knopf und fragte mich, wohin, zum Teufel, ich gehen sollte.

Wohin geht eine Frau, wenn sie eigentlich nur ihrem Mann ein paar Ohrfeigen verpassen möchte, bis er nicht mehr weiß, wo ihm der Kopf steht, aber es nicht kann, und die keine Freunde hat, die das verstehen würden, eine Frau, die noch nie eine solche Drohung ausgeführt hat und nicht an Drohungen glaubt, Drohungen lösen überhaupt nichts, schon gar nicht seichte Drohungen, leere Drohungen?

Ich ging in den Drugstore an der Ecke und bestellte ein Black-and-White-Soda. Ich saß an der Theke, las Zeitschriften und versuchte, die Zeit meiner Abwesenheit so lange wie möglich auszudehnen, in der Hoffnung, daß das arme Schwein vor Scham vergehen würde.

Nach einer dreiviertel Stunde fühlte ich mich albern und ging nach Hause. Es stellte sich heraus, daß mein Triumph noch kümmerlicher war, als ich es erwartet hatte. Da mein Vater wußte, daß ich jederzeit fällig fürs Krankenhaus sein konnte, hatte er angerufen, um zu hören, wie es mir ging. Ed hatte ihm erzählt, daß ich weggegangen war und daß er nicht wußte, wohin.

»Dein Vater macht sich Sorgen um dich«, sagte Ed, als ich wiegenden Schrittes in die Wohnung zurückkehrte. Wutentbrannt stellte ich mir vor, wie die beiden ihre Besorgnis um mich austauschten, als wäre ich ein durchgebrannter Teenager. Mein erster Versuch, mich selbst zu behaupten, so schwach, wie er war, war ein Eigentor.

Ich mußte meinen Vater zurückrufen und Erklärungen abgeben. Ja, wir hatten Streit gehabt. Es sei nichts Wichtiges. Ich sei einfach weggegangen, um ein Soda zu trinken und mich abzukühlen. Ja, jetzt sei alles in Ordnung. Auf Wiedersehen!

Melodramen erzeugen Erschöpfung, und Erschöpfung kann den Anschein von Frieden erzeugen. Ich hielt einen kleinen Brocken

Befriedigung an die Brust gedrückt, als ich an jenem Abend zu Bett ging, denn es war mir wenigstens gelungen, Ed zu entnerven, und das war immerhin etwas.

Um sechs Uhr spürte ich, wie die Dämmerung über die geteerten Dachgiebel kam und mich frühzeitig drängte aufzuwachen. Meine Wehen hatten begonnen.

V

Kleine Fortschritte

Als Conor geboren wurde, sank ich wieder in jenen wohligen, schläfrigen Zustand früher Mutterschaft. Die Sonne schien strahlend über dem East River, und auf ihm fuhren, sauber und langsam, Boote, sogar Segelboote, als wäre die Welt in Ordnung. Ich konnte die Mütter und ihre Babys sehen. Wieder war in jenem Raum so ein Gefühl, fast eine summende Heiterkeit, als wenn ein Kreis von Meditierenden den letzten Hauch des »Om« ausstößt und man einen Augenblick lang nicht genau weiß, ob dieser Ton noch in der Luft hängt.

In der Vorstellung, eine Familie zu produzieren, kann etwas so Tröstliches liegen. Es ist ein bißchen wie die Wiedererschaffung eines Schoßes, deine eigene dichte Einheit von gegenseitig abhängigen Personen, die einander lieben und hegen und beschützen werden, Mutter und Sohn, Bruder und Schwester, Mann und Frau. Wie wir uns abrackern, um den Wahn des Immer aufrechtzuerhalten, wo doch selbst die Jüngsten unter uns wissen, daß es falsch ist. Die Zeit hilft, da sie jene frühen Risse im Sicherheitsgefühl eines Kindes zusammenflickt, wie sie auch die Erinnerung einer Frau an die Schmerzen der Geburt zudeckt. Manchmal jedoch, wenn wir geschwächt oder erschöpft sind, drängen die Dinge an die Oberfläche und beharren darauf, daß wir uns zu ihnen bekennen.

Am Ende meines Krankenhausaufenthalts hatte ich einen Alptraum, der mich nachhaltig und heftig ins Schwitzen brachte. Ich träumte, daß Gabrielle, die siebzehn Monate alt war, gekommen sei, um mich zu suchen, daß sie durch die dunklen Krankenhausflure wanderte und ihre Mutter suchte. Irgendwie wußte ich es, und ich stieg aus dem Bett, um mitten in der Nacht nach ihr zu schauen. Da! Man konnte sie sehen, ein kleines Kind mit einer Haube von leuchtendem blondem Haar am Ende des dunklen Flurs. Gerade, als ich ihr näher kam, ging sie um die Ecke und verschwand. Sie entging mir immer wieder, Flur für Flur, Ecke für Ecke. Ich rief, ohne einen Ton von mir zu geben, lief, ohne Boden zu gewinnen,

und in meinem Herzen sehnte ich mich nach meinem tapsigen kleinen Mädchen, leuchtende teuflische Augen, die vor Verlorenheit trüb geworden waren.
Wir waren allein in dem Labyrinth schwach erleuchteter Gänge, und außer mir war niemand da, um sie zu retten. Ich fing gerade an zu verzweifeln, als ich die Tür zu einem kleinen Toilettenraum öffnete, wahrscheinlich eine Hausmeistertoilette, dachte ich, und da war sie, gerade dabei, im Abfluß zu verschwinden wie Alice. Ich schnappte ihre Füße, gerade rechtzeitig, um zu verhindern, daß sie entschwand. Ich stellte mir vor, wenn ich sie nicht erwischt hätte, daß sie nicht tot, noch bei Bewußtsein, aber teilnahmslos vor Verlassenheit in irgendeinem unbekannten Fluß gefunden worden wäre. Ich fühlte ihre Verlassenheit.
Ich hatte dem Traum jahrelang die einfachsten Bedeutungen entnommen, ich meinte, daß er lediglich meine Traurigkeit darüber widerspiegelte, daß ich Gabrielle zu Hause lassen mußte, als ich ins Krankenhaus ging, um ihren Bruder zur Welt zu bringen. Heute, da ich weiß, daß sich ganze Bedeutungswelten in den Zwischenräumen der dichtesten Zeichenstrukturen verbergen können, sehe ich Träume anders. Jene Frau auf der Suche nach ihrem Kind war vor lauter Schuldgefühlen außer Gefecht gesetzt, wie gelähmt. Aber warum sollte ich mich schuldig fühlen in einem Traum, der mich doch ohnehin mit soviel Entsetzen über den Verlust meines Kindes bestrafte? Selbstbestrafung sühnt die Schuld. Nur wenn wir jemand anderen bestrafen, brauchen wir uns schuldig zu fühlen.
Elf Jahre später ging mir auf, daß der Traum etwas mit mir und meiner Mutter, mit meinem Beinahe-Ertrinken zu tun hatte und mit dem, was mit mir geschah, als meine Mutter mich verließ, um meinen Bruder zur Welt zu bringen.

Wir lebten in einem schnuckeligen kleinen Cape-Cod-Haus, das in einer Sackgasse lag. Die eine Seite des Hauses war durch einen kleinen, mit Bäumen bestandenen Platz abgeschirmt. Der Mann, der Vater, ging jeden Morgen zur Arbeit, fuhr mit dem Fahrrad zum Bahnhof, wenn es noch dunkel war, und kam erst zum Abendessen wieder nach Hause oder oft auch viel später, nachdem das Kind schon schlafen gegangen war, weil er jeden Abend zur Schule ging. Das Kind blieb den ganzen Tag mit seiner Mutter zu Hause, die ihm das Haar kämmte und mit Bändern zusammenband, die es spazierenführte, die ihm so oft vorlas, daß es selbst schon in ganz jungen Jahren lesen lernte, die es abends in den Schlaf sang. Traurige, melancholische Lieder waren es – ein Soldat, der von seiner Liebsten verlassen wird, ein Kind, dessen Schneemann mitten in der Nacht verschwindet. Und wenn das Kind krank war, was recht oft geschah, saß die Mutter da und wachte über es wie über eine Kerze, die in der Nacht von selbst erlöschen könnte.

Jahrelang war ich das einzige Kind in dem Haus. Ich erinnere mich, wie im Winter der Schnee bis an die Fenstersimse ging und ich mit meiner Mutter drinnen in Sicherheit war. Dann verließ mich meine Mutter eines Tages, um sich an einen Ort, den sie Krankenhaus nannten, zu begeben und noch ein Kind zur Welt zu bringen. Sie blieb zehn Tage fort, aber mir erschien es wie eine Ewigkeit.

Mein Vater arbeitete jeden Tag in der Stadt und ging fast jeden Abend zur Graduate School, also wurde ich in das Haus zweier Fremder gesteckt, eines großen, dicken Mannes und einer großen, dicken Frau, die sich wenig um mich kümmerten. Wenn sie auch nicht unfreundlich waren, so waren sie Kinder doch nicht gewöhnt und standen nie vor 11 Uhr vormittags auf. Dann klopften sie an meine Zimmertür und luden mich ein, an ihrem aus sirupgetränkten Pfannkuchen bestehenden Frühstück teilzunehmen, die ich nicht essen konnte, weil ich schon seit 7 Uhr allein auf und zu lange hungrig gewesen war.

Ich erinnere mich nur an ein einziges Mal, daß mein Vater mich in jener Zeit aufsuchte. Es war Sonntag, und wir gingen meine Mutter im Krankenhaus besuchen. Wie ich mich darauf freute, denn ich hatte angefangen, den Verdacht zu hegen, daß meine Mutter nicht mehr existierte. Sie war nicht krank gewesen, deshalb glaubte ich nicht, sie sei tot; es war, als hätte sie sich in dünne Luft aufgelöst. Oh, ich hatte die Geschichte über das neue Baby, das wir kriegen sollten, gehört. Ich bin sicher, daß ich reichlich mit Gründen für das Fortgehen meiner Mutter versorgt worden war. Aber jetzt, angesichts dessen, was ich erlebte, hielt keiner von ihnen stand, nicht die Wortlisten und Diagramme, nicht die sorgfältigen Erklärungen, hart und unnachgiebig wie Kohle. In Wahrheit gibt es keinen Grund, ein Kind allein zu lassen, noch dazu allein im Haus von Fremden. Ich wußte, daß ich verlassen worden war.

Warten. Auf einer Verandastufe sitzen, Grashalme kauen, Ameisen zugucken und auf die Schritte meines Vaters lauschen. Endlich kam

er, groß wie eine Gottesanbeterin, in den Hof und nahm mich bei der Hand. Wir gingen zusammen zu Fuß, daran erinnere ich mich, obwohl wir vielleicht auch mit irgendeinem öffentlichen Verkehrsmittel fuhren, und als wir uns dem Krankenhaus näherten, zeigte er auf den oberen Teil des Gebäudes und sagte: »Siehst du die Frau mit dem gepunkteten blauen Band im Haar dort oben am Fenster sitzen. Das ist deine Mutter.«
Ich sah hinauf zum Himmel und suchte nach dem gepunkteten blauen Haarband. Ich richtete meinen Blick fest nach oben und versuchte mit aller Kraft, sie zu finden, aber es gelang mir nicht.
»Ich kann das gepunktete Band nicht sehen«, sagte ich zu ihm.
»Doch, doch«, sagte er. »Schau da hinauf, links. Kannst du nicht sehen, wie sie zu dir herunterlächelt?«
»Oh, ja«, sagte ich zu meinem Vater. »Jetzt sehe ich sie.« Es schien letztlich notwendig, ihn zu beruhigen. Angenommen, er war der einzige, der mir von meinen Eltern blieb?
Im Krankenhaus erfuhren wir, daß Kinder nicht eingelassen wurden, also mußte ich in der Eingangshalle warten, während mein Vater mit dem Fahrstuhl hinauffuhr, um meine Mutter zu sehen. Er kam ziemlich schnell zurück und brachte mir eine Nachricht von ihr, aber ich ging über sie hinweg, bestimmt hatte er sie erfunden, wie die Geschichte mit dem Haarband. Um mich mit der Wahrheit zu verschonen, tat er so, als ob er meine Mutter besuchte, die sich nicht einmal in jenem Krankenhaus befand, die nicht mehr existierte. Irgendwie, auf irrationale Weise, war ich zu einem Kind ohne Mutter geworden.

Später, als ich ein bißchen älter war, entschied ich, daß mein Vater die Geschichte über meine Mutter erfunden hatte, weil er wußte, daß ich sie an jenem Tag nicht würde sehen können, und weil er wollte, daß ich etwas von ihr hätte, woran ich mich halten konnte, wenn es auch nur ein Stück eines bunten Bandes war, das am Himmel schwebte. Es ist derselbe Trick, den ich für mich selbst oft anwende, indem ich hübsche Geschichten spinne – das heißt mich selbst mit erdichteten Fragmenten füttere. Natürlich bin ich immer am Boden zerstört, wenn ich mir schließlich eingestehe, daß sie nicht wahr sind, aber in einer bestimmten Art und Weise genieße ich den Sturz zu Boden ebenso wie die Geschichte selbst.
Bestimmte Ereignisse im Leben setzen Erinnerungen frei, die jahre-

lang in der Seele gemodert haben. Jener böse mütterliche Alptraum, der durch die Geburt meines Sohnes ausgelöst worden war, handelte nicht von mir und meiner Tochter; er handelte von mir und meiner Mutter. In dem Traum war ich sowohl das ertrinkende Kind wie die schlechte Mutter, die das Unglück beinahe geschehen ließ, das verlassene kleine Mädchen und die Mutter, die es verließ, um noch ein Baby zu kriegen. Um die schlechte Mutter zu bestrafen, ließ ich sie ohne Hoffnung sich nach der Rückkehr ihrer Tochter sehnen. Ich versetzte sie in Schrecken. Um das Kind zu trösten, sehnte ich mich nach mir selbst, armes, tapsiges, blondes kleines Mädchen, leuchtende teuflische Augen, die vor Verlorenheit trüb geworden waren.

Jener Alptraum beeinträchtigte meine Streitbarkeit nur kurz, denn ich fegte ihn beiseite, wie man es leicht mit etwas tut, das unbegreiflich ist. Das Tageslicht hatte freundlichere Dinge zu bieten. Ich hatte eine Art Gleichgewicht geschaffen, einen Ausgleich, da ich einen Sohn zur Welt gebracht hatte. Ich hatte meine Familie neu erschaffen.

Die Geburt eines weiteren Kindes brachte Ed nicht die gleiche heitere Gelassenheit wie mir. Er war noch mehr durcheinander als nach Gabrielles Geburt und sagte, die Verantwortung, seinem Sohn ein Vater zu sein, fühle er schärfer. Wahrscheinlich fragte er sich auch, wo das alles enden würde. Ed hatte mehrere Freunde, irische Freunde, die, schuldbewußt, nicht mehr katholisch, Familien mit fünf Kindern hervorgebracht hatten. Zog Ed die gleiche freudlose Vergessenheit in Betracht: die Frau zu Hause, heruntergekommen durch die Arbeit mit so vielen Kindern, der Mann krank von der Verschanzung, in die er sich in dem Bemühen, die Ausgaben zu dekken, eingegraben hat, Gedichte verloren, Vitalität ausgebrannt, ein Boot mit leckem Boden als Möglichkeit zum Entkommen?

Eines Nachts, als ich noch im Krankenhaus war, hatte Ed sich so betrunken, daß er ins Wohnzimmer wanderte, wo meine Mutter schlief, die da war, um auf Gabrielle aufzupassen, und er versuchte, sich zu ihr auf die Couch schlafen zu legen. Er mochte nach mir gesucht haben. Er mochte nach seiner eigenen Mutter gesucht haben. Jedenfalls reagierte meine Mutter nicht allzu freundlich darauf. Als ihr Besuch zu Ende war, begleitete Ed sie zum Zug, und sie las ihm den ganzen Weg bis zur Penn Station die Leviten und die ganze Zeit so lautstark, daß der Zug mitsamt Ed losfuhr. So war er die ganze Strecke bis nach Newark mit ihrer Entrüstung gefangen.

Meine Mutter war von der Einführung in die Wirklichkeit meines Ehelebens schockiert, beschloß aber, es für sich zu behalten. Viele Jahre lang sprach sie nicht über ihre wirklichen Gefühle hinsichtlich meiner Ehe, nicht bevor Ed und ich uns getrennt hatten. Vielleicht hatte sie Angst, sie könnte mich mit ihrer Abneigung anstecken. Aber wahrscheinlicher war, daß sie das Gefühl hatte, sie sei Zeugin gewesen, wo sie es nicht hätte sein sollen. Mütter und Töchter halten sich an einen alten Pakt, einander die Wahrheiten ihres Ehelebens nicht zu enthüllen aus Angst, ihre Männer zu verraten. Außerdem glaube ich, daß sie das Bedürfnis haben, die Wahl, die sie getroffen haben, als gut hinzustellen.

Dementsprechend strahlten die Briefe, die ich nach Hause schrieb, vor Erfolg. Ich hielt die kleinen Fortschritte im Leben der Kinder fest. Ich sprach von den Trittsteinen in Eds Karriere, dem Aufstieg in Stellungen mit etwas höherem Gehalt und geringfügig höherem Status. Ich erwähnte Mahlzeiten, kleine Dinnerpartys, Ausflüge mit einem Anflug von Kultur. Ich log durch Auslassung und erzählte ihnen die Dinge, von denen ich meinte, sie wollten sie hören, Dinge, die auch ein Teil von mir hören wollte, weil ich es nötig hatte zu glauben, daß mein Leben normal und lohnend sei. Wenn ich angefangen hätte, die Risse im Lack zu sehen, hätte ich die Zerbrechlichkeit meiner gesamten Existenz erkennen müssen.

Einstweilen versuchte ich angestrengt, mich auf Eds Alkoholsucht einzustellen, indem ich sie aus meinen Gedanken ausmerzte, so gut ich es vermochte; ich ignorierte sie zwischen den Anfällen, verstaute sie unterhalb der Bewußtseinsebene, bis der nächste Regen alles nach oben spülte und ins schreckliche Sonnenlicht brachte. Dann machte ich mich blindlings mit beiden Händen an die Arbeit, wühlte nach den Wurzeln und stellte mir vor, daß ich sie finden und abhacken würde, wenn ich nur angestrengt genug und tief genug grub. Spürte er den Untergang wegen der Trunksucht seines Vaters? Konnte er fühlen, wie die Dinge sich kritisch zuspitzten und zum Ausbruch drängten? Gab es Anhaltspunkte, an denen er sich festhalten konnte, um das alles abzuwehren? Oh, ich war eine wilde Gärtnerin in Eds Seele.

Nach einer seiner großen Sauftouren schlug Ed sich dann einige Tage lang mit mir herum, weil seine Schuldgefühle ihn beinahe dazu bewegten, das Problem für so ernst zu halten, wie ich es tat, und etwas dagegen zu unternehmen. Aber binnen kurzem verlief sein Bemühen wieder auf altem, hoffnungslosem Terrain, er versuchte, mir und sich selbst zu beweisen, daß das Trinken keine Sucht bei ihm sei, daß er den Geschmack von Whisky immer wieder genieße, ein gutes Glas Wein zum Abendessen, einen gelegentlichen Cognac am späten Abend, und er habe es satt, sich selbst mit Schande zu überhäufen, er werde jetzt anfangen, mit Anstand, Höflichkeit und Maß zu trinken. Immer ließ ich mich von seiner Aufrichtigkeit betören.

An dem Abend, als etwas in mir eine Wandlung durchmachte, muß Ed im Wohnzimmer bewußtlos geworden sein, denn ich erinnere mich, daß ich Conor in unserem Bett stillte, und das Bett war leer und sicher für mich und Conor. Er war erst einen Monat alt, und als er seine Mitternachtsmahlzeit beendet hatte und wieder eingeschlafen war, gab ich dem Impuls zu schreiben nach. Ich hatte das Bedürfnis – es war der Anfang eines langanhaltenden und anwachsenden Bedürfnisses –, jemandem etwas, irgend etwas von der Wahrheit über mein Leben mitzuteilen. Ich schrieb über den Schmutz in meiner Wohnung. Die Geschichte nahm mich völlig ein, und ich schrieb immer noch, als Conor um 3 Uhr wieder aufwachte. Ich hatte ein hektisches kleines Werk hervorgebracht, das im Stil teilweise von Peg Bracken und teilweise von Jean Kerr abgeguckt war, ein weiterer kleiner Beitrag zum Genre der verrückten Hausfrau.

Am nächsten Tag arbeitete ich weiter daran, sobald die Kinder ruhten. Ich war fasziniert von meinen bitteren kleinen Ausbrüchen von Komik und wollte sie ausfeilen, bis sie wie Stilette waren. Am Ende schickte ich das Werk an *McCall's*. Irgend jemand bei denen mußte den hysterischen Ton in meiner Schreibweise erfaßt und beschlossen haben, eine Rettungsleine auszuwerfen, denn kurz darauf erhielt ich mit der Post einen Scheck über 500 Dollar. Sie veröffentlichten das Stück unter dem Titel »Ein glückliches Leben in Rußhausen«.

In gewisser Weise war es eine Rettungsleine. Meine eigenen Worte in tiefschwarzem Druck auf glänzendem weißem Papier zu sehen, hieß, mir ein ganz anderes Leben vorzustellen, weite weiße Strände, in der Sonne bräunende Knie, träge am Mittagshimmel kreisende Möwen, und in der Stadt würde ich auf einer roten Honda herumfahren, mit einem Wildlederminirock und hohen schwarzen Stiefeln angetan, meine Manuskripte bei diesem und jenem Verleger abgeben und mich im »Algonquin« mit jemandem zum Mittagessen treffen. Ich war schließlich noch jung, und die Jugend erhielt in jenen Tagen viel Raum in der Presse. Da war Baby Jane Holzer mit ihrer blonden Löwenmähne, die den Jetset auf die heiße Spur von irren jungen Künstlertypen wie Andy Warhol und Paul Morissey lenkte. Tom Wolfe hatte einen Aufmacher nach dem anderen im *Esquire*, und Galerien machten Ausstellungen von seinen Skizzen auf Lunchtüten aus braunem Papier. Wo man hinsah, gab es schöne junge Leute, die bedeutungslose Clownerien machten und jede Art von Aufmerksamkeit dafür bekamen. Ich wollte auch etwas von dieser Aufmerksamkeit haben. Ich hatte keine Bedenken, mich zu verkaufen. Für eine rote Honda und ein Mittagessen im *Algonquin* hätte ich mich innerhalb von Sekunden verkauft.

Nun, ich habe nie eine rote Honda bekommen, aber ich habe im *Algonquin* zu Mittag gegessen. Es war ein Glück, daß die Anforderungen meines Lebens keinen Exhibitionismus zuließen. Ich konnte mir nicht oft genug einen Babysitter leisten, um raus auf die Straße zu kommen und mich selbst zum Narren zu machen. Ähnlich wie beim Sträfling, der nur schreiben lernt, weil man ihm die Freiheit genommen hat, kam meine Motivation aus dem Innern der Not. Um von dort, wo ich war, fortzukommen, würde ich langsam und sorgfältig lernen müssen, wie Leute es zuwege bringen, die Dinge, die sie sagen wollen, in einer Weise auszusprechen, die ihnen Freude macht.

Was immer jenen nicht bestellten Energieanfall in der Nacht, als ich zu schreiben begann, hervorgerufen hatte, bewirkte nun weitere Veränderungen in meinem Leben. Genau zwei Wochen später ging ich zu einer nachgeburtlichen Untersuchung wieder ins Krankenhaus und nahm dort ein Rezept für Anti-Baby-Pillen entgegen. Dieser Entscheidung gingen keine Höllenqualen voraus. Die Ärzte wußten, was sie taten. Meine Gesundheit stand auf dem Spiel. Die Krampfadern an meinen Beinen wurden schlimmer; große knotige Klumpen waren an meinen Waden hervorgetreten und würden, so sagten die Ärzte, mit jeder Schwangerschaft schlimmer werden. Außerdem war ich sauer auf die Kirche. Sie half mir überhaupt nicht. Tatsächlich half mir gar niemand, und ich war gekränkt und wütend, aber es war leichter, meine Enttäuschung an der Kirche festzumachen. Was wußte die Kirche schon vom wirklichen Leben und von den wirklichen Menschen? Was wußte die Kirche von mir?

Ich wählte einen besonderen Punkt, um meinen Zorn gegenüber

dieser monströsen Einrichtung, die mich im Stich gelassen hatte, zu rechtfertigen. Es hatte mit den im Katholizismus geforderten sexuellen Restriktionen für Eheleute zu tun.
In einem drei Tage dauernden Ehekursus, der in meinem letzten Studienjahr von einem Pfarrer und einem katholischen Psychiater gehalten wurde, erfuhren wir, daß jede vergnügliche sexuelle Aktivität zwischen Mann und Frau eine Todsünde war, wenn diese Aktivität nicht zur Abgabe des Spermas in der Vagina führte. Zunächst war das vollkommen vernünftig erschienen. Vaginaler Geschlechtsverkehr war die große Sache, auf die wir alle irgendwie warteten, da die meisten von uns bis dahin das weitaus größere Spektrum anderer Möglichkeiten erforscht hatten. Aus Unwissenheit verbanden wir mit dem Wort »Geschlechtsverkehr« ein Ausmaß an Geheimnis, das der Phantasie von Zehnjährigen angemessen war. Es ließ einem nicht sanfte Begegnungen schwellenden Fleisches einfallen, sondern Bilder, die seltsam mechanisch waren, Muttern und Bolzen, Kolben und Zylinder.
Am Ende dieses intensiven, dogmengetränkten Minikurses wurden wir von Pfarrer und Psychiater aufgefordert, jegliche Fragen, die wir hätten und die laut zu fragen uns vielleicht peinlich wäre, in einen Kasten zu tun. Pater Campion, ein großer, vierschrötiger Ochse von einem Iren, ein kluger Mann, der lieber in Harvard als an diesem Mädchen-College gelehrt hätte, schien selbst reichlich verlegen, als er in den gefährlichen Kasten griff, Frage um Frage herauszog und sie mit seiner ziemlich gekünstelt kultivierten Stentorstimme vorlas. »Ist es möglich, ahem, durch einen dünnen Nylonschlüpfer hindurch schwanger zu werden?«
Pater Campion wartete, bis die Welle gedämpften Kicherns wieder abebbte, und übergab die Frage dann der größeren Sachkenntnis des Psychiaters. »Ich würde sagen, das ist Ihr Ressort, Doktor«, sagte er, während wir, neugierig, wer wohl die Frage gestellt hatte, uns die Hälse verdrehten.
Also, das war das Niveau unserer Weltklugheit, als wir 20, 21 Jahre alt waren; wir wußten mit Sicherheit nichts von so etwas wie medizinischen Regeln in bezug auf den Geschlechtsverkehr vor und nach der Geburt eines Babys. Jetzt, als verheiratete und angeblich reife Frau, stand ich vor einem Dilemma. Wenn ich medizinische *und* religiöse Verbote ernst nehmen sollte, bedeutete das, daß Ed und ich über eine Zeit von zwei oder drei Monaten nach jeder Geburt

keinen richtigen Sex irgendwelcher Art haben konnten, Zeiten, in denen wir unsere gegenseitige Nähe sehr brauchten. Für mich war es keine Frage körperlicher Frustration, denn ich bezog wenig wirkliches Vergnügen aus dem Sex, aber ich meinte, die Regeln seien unfair für Ed. Männer fühlten sich ausgeschlossen genug, wenn ihre Frauen sich in den Kokon der Mutterschaft zurückzogen.

Außerdem fürchtete ich, daß Ed, wenn seine sexuelle Versorgung abgeschnitten würde, verrückt würde oder so. Er hatte mich dazu gebracht zu glauben, daß Sex ein stabilisierendes Element in seinem Leben sei, etwas, ohne das er Schwierigkeiten hatte zu funktionieren. Von Zeit zu Zeit erwähnte er einen »blue balls« genannten gräßlichen Zustand. Ich wußte nicht genau, was diese »blue balls« (»blaue Eier«) waren, aber es klang schrecklich, wie ein furchtbarer Verfärbungsprozeß bei einer Atrophie, die einsetzt, wenn die Hoden nicht regelmäßig leergepumpt werden. Ich fragte mich, was mit zölibatären Männern geschah – Priestern und Missionaren, Pater Damien in seiner Lepra-Kolonie, Männern, die zu Einzelhaft verurteilt worden waren –, wahrscheinlich verdorrten ihre Hoden einfach und starben ab. Aber diese Männer waren nicht mein Problem. Ed war es. Ich fühlte mich für seine potentiellen »blue balls« verantwortlich – wenn ich auch in Wirklichkeit nie einen solchen Fall zu Gesicht bekam –, denn schließlich zog ich mich jeden Abend aus und ging mit ihm ins Bett. Meine Klosterschulerziehung hatte mich glauben lassen, daß der Anblick eines nackten Frauenkörpers alles sei, was nötig ist, um einen Mann in Paroxysmen der Lust zu versetzen, das Blut mit der Gewalt von explodierenden Kometen in seine Nervenenden schießen zu lassen, und daß er, der arme Kerl, keine Kontrolle über den Stand der Dinge habe, wenn es erst einmal angefangen hatte. Nur die Frau konnte die Kontrolle behalten oder, genauer gesagt, sie konnte durch zurückhaltende Kleidung und asexuelles Betragen vorbeugen.

Und so war ich in einem schrecklichen Dilemma gefangen. Die Kirche sagte, Geschlechtsverkehr müsse der Endpunkt jeglicher sexueller Aktivität sein, der Arzt sagte, kein Geschlechtsverkehr über Monate, und Ed sagte »blue balls«. Was, um Himmels willen, würde er tun, wenn ich ihm diesen qualvollen Zustand zumuten müßte? In den entferntesten, kaum bewußten Reichweiten meines Denkens stellte ich mir vor, daß er mich dann für eine gefälligere Frau verlassen würde.

Es ging also um die Entscheidung zwischen den Forderungen der Kirche und denen Eds, und um meiner eigenen Sicherheit willen entschied ich mich für Eds. Tatsächlich intrigierte ich auch ein bißchen gegen die Forderungen des Arztes, um der Kirche gegenüber nicht völlig unfair zu sein. Mit jeder Schwangerschaft vögelte ich in kürzerem Abstand vor und nach der Geburt. Auf diese Weise konnte keiner – Gott, die Wissenschaft oder Ed – sagen, ich hätte es nicht versucht.
Es machte mich nervös, dies Jonglieren und Sich-Abstrampeln bei dem Versuch, es jedem recht zu machen – und das möglicherweise auf Kosten meiner Gesundheit. Diese Art Druck kann einen gewaltig erzürnen. Ich mußte etwas sausenlassen, also ließ ich die Kirche sausen. Der Gottesdienst war ohnehin eine von meinem übrigen Leben immer entferntere Angelegenheit geworden, so kann ich nicht sagen, daß ich jene leeren Sonntagmorgenbesuche vermißte, bei denen ich, nachdem ich aufgestanden war, mich angezogen und aus dem Haus begeben hatte, einfältig in einer hölzernen Bank saß, nicht um zu huldigen, nicht um anzubeten, nicht um an der Opferung von Christi Fleisch und Blut teilzunehmen, sondern nur, um jene lebhaften jesuitischen Beschreibungen der Hölle blaß und unwahrscheinlich werden zu lassen. Vielleicht ist die Hölle für Menschen, die in diesem Leben glücklich sind und die Kehrseite fürchten, eine größere Attraktion. Für mich war das kein Problem.

VI

Keine große Auswahl

Es gibt bestimmte blasse Gegenden in Manhattan, wo man leben kann, ohne gewahr zu sein, daß New York das Zentrum der Modeindustrie ist oder, aus diesem Grund, das Zentrum von allem anderen. Chelsea, nördlich von Greenwich Village, ist so eine Gegend. Im Osten von einer öden Ansammlung von Fabriken auf der unteren Fifth Avenue begrenzt und im Westen von einem häßlichen Abschnitt des Hudson River, wo Hafenarbeiter und ihre Familien, puertoricanische Fabrikarbeiter, eine Anzahl Junkies und ein kleiner Prozentsatz displazierter Mittelschichtfamilien lebten, war Chelsea eine der am wenigsten interessanten Gegenden in New York, und nach allem, was ich weiß, ist es immer noch so.

Es gab nur wenige Orte, die ich aufsuchte, aber die häufig: einen engen, überfüllten Selbstbedienungswaschsalon, den Key Food Market in der Eighth Avenue, die Bank in der Fifth Avenue und den trostlosen Asphaltspielplatz, der inmitten eines der Internationalen Damenbekleidungsgewerkschaft gehörenden Wohnkomplexes für Leute mit mittlerem Einkommen begraben war. Umgeben von hohen Gebäuden in trübstem Design, hatte er einen Sandkasten und zwei Betonpferde, die in einer Haltung von erstarrter Bewegung fest im Boden verankert waren.

Der Spielplatz war von Parkbänken umgeben, auf denen alte Männer und Frauen saßen und sich sonnten und gelegentlich ein Kind anschrien, das die Verwegenheit besaß, den Asphalt zu verlassen und den Rasen zu betreten. Wenn es zufällig mein Kind war, blieb ich hinter meiner *Village Voice* verschanzt und dachte, wenn die alten Leute so sehr um ihren Rasen besorgt waren, durften sie auch die Überwachung ohne meine Hilfe durchführen.

Jeden Morgen und jeden Nachmittag brachte ich die Kinder zu jenem Spielplatz, da es in Chelsea keinen anderen gab. Besuche im Lebensmittelgeschäft und im Waschsalon waren die einzigen Zerstreuungen in meinem täglichen Leben. Alle paar Wochen oder so gingen Ed und ich im Village ins Kino und danach ein paar Biere trinken, und dann stritten wir uns über unsere unterschiedlichen Auffassungen von dem Film, den wir gerade gesehen hatten. Ed konnte es nicht ertragen, wenn ich ihm nicht zustimmte, und ich konnte es nicht ertragen, ihm zuzustimmen. Ich erinnere mich, daß ich meistens froh war, wenn wir wieder zu Hause waren. Ohne es zu merken, hatte ich mich mit den Einschränkungen meines Lebens mehr und mehr eingerichtet.

Gelegentlich rief Ed mich nachmittags vom Büro aus an und lud mich zu einem Pressefest ein. Verglichen mit meinem übrigen Leben zeichneten sich Pressefeste durch Gala-Künstlichkeit aus, und ich bereitete mich mit Beklommenheit auf sie vor, suchte nervös etwas zum Anziehen, engagierte die alte Dame vom anderen Ende des Flurs als Babysitter und dachte daran, daß ich bald in Gesellschaft all jener anderen New Yorker Frauen sein würde, Frauen mit Garderobe und gestyltem Haar und falschen Wimpern, glitzernde, selbstbewußte Frauen mit tiefen, gebieterischen Stimmen oder mädchenhaften, verführerischen Stimmen, Frauen, die anwandten, was immer sie an Tricks aufbieten konnten, um in der grellen, konkurrenten Welt von Public Relation, Werbung und Fernsehen zu bestehen. Es half, wenn ich an die Frauen aus den Vororten dachte, die per Bahn oder Bus kamen, klobige Absätze und altmodische lange Röcke trugen und ihre sauberen Vorstadtkinder zurückließen, um mit ihren Ehemännern diese Business-Partys zu besuchen, aber trotzdem fühlte ich mich weltabgeschieden, eine einfache Hausfrau, die für einen Abend aus ihrem Versteck auftaucht, um die wirkliche Welt zu erleben.

Allein 15 Minuten für ein Bad und für mein Make-up zu sichern, erforderte gekonnte Planung. Meistens fiel mein Aufbruch zu solchen Partys mit dem Abendessen der Kinder zusammen, einer Angelegenheit, die ein solches Chaos und Durcheinander war, daß ich es haßte, sie dem Babysitter zu überlassen. Bis es endlich so weit war, daß ich mich an die lästige Sache des Augenschminkens machen konnte, war ich nervös und gereizt, fühlte mich schuldig, weil ich die Kinder allein ließ, und verärgert, weil ich es so selten tat, daß es immer wie ein Drama erschien, und ich war besorgt, ob ich in den Augen der Leute, mit denen ich bald sprechen und trinken würde, akzeptabel sein würde; ich hatte Angst, die U-Bahn-Fahrt während der Stoßzeit könnte mich ins Schwitzen bringen und die Armausschnitte meines Kleides fleckig machen, noch ehe ich die kühlen, feudalen Nischen irgendeines dämmerigen Restaurants oder Clubs betreten hatte, wo die Leute von Geld und Konten und Wochenendrefugien in Häusern auf dem Land sprachen. Das Augen-Make-up wurde zum Symbol dieser Sorge. Es schien wichtig, es richtig hinzukriegen, nicht so viel, daß man mich fälschlich für eine alleinstehende Frau auf der Suche nach einem Abenteuer hielt, nicht so wenig, daß ich blaß und verschüchtert, hausfrauenmäßig aussah.

Es war kaum zu glauben, daß ich fünf Jahre lang jeden Tag mit der U-Bahn zur Arbeit gefahren war, unbekümmert geschehen lassend, daß ich in der 86. Straße in den Zug hineingespült und 4½ Minuten später wieder hinausgespült wurde. Jetzt stellte ich fest, daß der Abstieg in die dunkle, übelriechende U-Bahn-Station mich in Verwirrung stürzte. Menschen, Menschenmassen bewegten sich so schnell und sicher, brachen so ungebremst aus Bürogebäuden hervor und ergossen sich Rolltreppen hinunter und durch U-Bahn-Türen hindurch wie Lava aus einem Vulkan. Die grelle unterirdische Beleuchtung machte sie aufdringlich und unmenschlich, entweder übertrieben gefühlvoll wie Clowns oder feindselig und spöttisch. *Was machst du denn hier und was glaubst du, wohin du gehst?* schienen ihre stumm beweglichen Körper mir zuzukreischen, wenn sie vorbeibrandeten.

Das waren die Übergangspassagen, formlose, angsterfüllte Augenblicke, in denen ich keinen Namen hatte und weder die Mutter der Kinder noch Eds Frau war. Ich drückte mich dicht an die schmutzigen Wände der U-Bahn und atmete flach, bis ich Eds Büro erreicht hatte oder den Ort, wo wir uns treffen sollten. Dann gab es bestimmte zuverlässige Rituale, auf die man zurückgreifen konnte, Zigaretten anzünden, Getränke holen, die Verpflichtung, einfach zu lächeln und interessiert auszusehen, aber nicht viel zu sagen. Mr. Katz, machen Sie sich mit Ed Dowlings Frau bekannt. Mrs. Dowling, Mr. Katz. Guten Tag, wie geht es Ihnen. Lächeln, leichte Verneigung. Die anschließende Unterhaltung wogte lose um mich herum und ließ sich irgendwo über meinem Kopf nieder. Geschäfte wurden diskutiert, und man nahm zwar an, daß du am Geschäft des Ehemannes interessiert seist, aber man nahm nicht an, daß du irgend etwas Nützliches zur Diskussion beizutragen hättest. Einen Gedanken einwerfen hieß die Rangordnung stören, was eine kurze nervöse Unruhe auslöste, während der die Männer versuchten, sich wieder zurechtzurücken und die Unterhaltung wieder in die richtigen Bahnen zu lenken. Es war leichter, die Situation so zu akzeptie-

ren. Deine Referenzen waren in Ordnung, wenn deine Strumpfnaht gerade saß und deine Absätze die richtige Höhe hatten, wenn dein Rocksaum gerade und in der richtigen Höhe war.
Zu Anfang machte es mir nichts aus. In gewisser Weise war es eine Erleichterung. Wenn die gehetzten Vorbereitungen und die Fahrt mit der U-Bahn überstanden waren, war es leicht, im Schatten zu stehen, Scotch zu nippen und in dem belebten Raum herumzuschauen auf Trauben von Menschen, die den Eindruck machten, zugleich steif und angeregt zu sein. Strahlende, lächelnde Gesichter, blitzende Gebisse, geputzte Schuhe, Aufmachungen mit sorgfältig ausgewählten Accessoires, Parfüm, das den whisky- und nikotingetränkten Atem fast überdeckte. Es mochte eine Party in *Toots Shor's* zu Ehren von ABCs *Wide World of Sports* gewesen sein. Es mochte ein mexikanisches Abendessen gewesen sein, das Metromedia in der »Tavern on the Green« gab, oder ein Tanzdiner mit kaltem gestreiftem Barsch und feinem Chablis in einer neuen Diskothek in einem Park-Avenue-Hotel. Ed und ich pflegten über das alles zu lachen, aber wir ließen uns auch verführen. Diese aufgesetzt glanzvollen Ereignisse erreichten genau das, was ihre Veranstalter beabsichtigten – sie verliehen unserem Leben für kurze Zeit eine Aura von Wichtigkeit, für die wir ihnen im tiefsten Innern dankbar waren.
Es ist etwas furchtbar Ersatzmäßiges im Leben eines Reporters, etwas aus zweiter Hand. Du wohnst einem Ereignis bei und berichtest darüber, und irgendwie glaubst du am Ende, du seist wirklich für das Ereignis verantwortlich. Oder wenn du in jener besonderen Unterart des Journalismus arbeitest, die Wirtschaftsjournalismus genannt wird, stellst du das Ereignis oft selbst her und glaubst dann, daß es stattgefunden hat und daß du daran teilgenommen hast.
Es ist schwer, in den Wirtschaftsjournalismus seine Seele hineinzulegen. In den Jahren, als Ed dieser Arbeit nachging, hatte er ein paar prima Erfolge – einer, an den ich mich erinnere, war ein Artikel über die Bierindustrie –, aber im allgemeinen hatte er das Gefühl, sich selbst und sein Talent zu prostituieren. Wenn es Lob gab, dann war es dafür, daß er ein Nichts wie ein Etwas hatte aussehen lassen. Ed wußte das und haßte sich selbst dafür, daß er dies Lob brauchte, um weitermachen zu können. Manche können sich mit Pressefesten und Verfasserangaben in Gang halten. Ed konnte es nicht. Für eine Weile aber, acht Jahre lang, gelang es ihm. Indem er seinen Zynis-

mus vertiefte, konnte er weiterarbeiten und die fürs Überleben seiner Integrität notwendige Distanz aufrechterhalten. Aber ein solcher Trick ist hinsichtlich der weiteren Folgen schizophren. Es bedeutet, daß du dir selbst sagst: »Ich bin ein Wirtschaftsreporter, aber ich bin es nicht wirklich. Ich bin ein Dichter, ein Mann der Sprache und des Denkens, und eines Tages werden meine wahren Talente obsiegen. Ich mach das hier nur wegen des Geldes.« Da Ed für eine Radio- und Fernsehzeitung arbeitete, die täglich erschien, was bedeutete, daß er nicht nur die Illusion von Neuigkeiten und Ereignissen erschaffen mußte, sondern daß er sie auch schnell erschaffen mußte, bekam er hohen Blutdruck und Darmblutungen.

Die Frustrationen in Eds Leben wurden durch die Tatsache meines Schreibens zweifellos verstärkt. Nicht lange nachdem mein erster Text in *McCall's* erschienen war, arbeiteten eine Freundin und ich zusammen an einem Artikel für den *Esquire*, der eine gewisse Aufmerksamkeit auf sich zog. Der Arbeitstitel war »Die Forderung nach dem Qualitätsorgasmus«. Das war 1966, kurz vor der Veröffentlichung des ersten Buches von Masters und Johnson, und die Jungs vom *Esquire* waren ganz aus dem Häuschen wegen ihrer Kühnheit, diesen Artikel zu publizieren, dessen Titel sie in »Sex und Kalkül« änderten, der aber dort im Büro von jedem »The Big O.« genannt wurde. Helen Lawrenson, die das Buch *Latins Are Lousy Lovers* verfaßt hatte, soll aus Europa angefragt haben: »Wer sind die zwei Weiber, die dies irre Stück geschrieben haben?« Das war Anerkennung, wenn auch vorfeministischer Art.

Ich glaube, ich sollte erwähnen, daß das Schreiben über dies Thema – die Präokkupation von Frauen in bezug auf die Qualität ihres Geschlechtslebens – kein selbstverständlicher Schritt in meiner Entwicklung als Schreiberin war, aber es war einer, der ein angespanntes Aufwallen rebellischer Energie mit sich brachte. Am meisten besorgt war ich wegen meines Vaters. Was würde er nun von seinem kleinen Mädchen denken – einer Mutter von zwei Kindern einerseits, einer Dienerin der Jungfrau Maria andererseits? Meine Phantasie, das, was mich beständig würgen ließ, während ich den Artikel schrieb, war die Vision meines Vaters in einem schwarzen Regenmantel, wie er in seiner kleinen Universitätsstadt von einem Zeitungsstand zum anderen geht und alle verfügbaren Exemplare des *Esquire* vom Mai 1966 aufkauft, damit seine Kollegen ihn nicht lesen können.

Als die Zeitschrift erschien, war mein Vater nicht gerade begeistert, aber auch nicht mißbilligend. Neutral ist wahrscheinlich eine treffende Bezeichnung seiner Reaktion, wenn er auch die professionelle Bedeutung des Erscheinens im *Esquire* würdigte.
Auf einmal gab es Mittagessen im *Chateau Richelieu*, Martinis und reichhaltige Sahnesaucen und frische Stachelbeeren mit Zabaglione. Aber während ich weiterhin meine Ideen für Artikel hatte, hatte der Herausgeber dauernd das Gefühl, sie seien »nicht ganz das richtige«, und schließlich schrieb er meiner Agentin: »Colette Dowling schreibt gut, aber wir würden uns wünschen, daß sie mit etwas Originellem wie ›The Big O.‹ herauskommt.« So. Es reichte also nicht, gut zu schreiben. Sie hatten sich gedacht, daß wir Mädels, wie sie sich uns vorstellten, weiter unter der Gürtellinie der Kultur herumschnüffeln und mit etwas, nun, nicht gerade Geilem, aber unterhaltsam Anrüchigem herauskommen würden. Ich sah die Implikationen dessen, auf eine Richtung festgelegt worden und in eine andere ausgerichtet zu sein. Zu der Zeit war meine Freundin Joan Redakteurin von *Playbill* und dem Programm für das New-York-City-Staatstheater und -ballett, und sie gab mir eine Menge Arbeit. Diese Veröffentlichungen brachten zwar nicht so glänzendes Renommee wie der *Esquire*, aber es machte Spaß, für Joan zu arbeiten, und ich lernte. Ich schrieb über professionelle Kinder und Backstage-Mütter, über einen Seifenopernstar namens Mary Stuart, über Melina Mercouri zur Schlußvorstellung von *Illya Darling*, Woody Allen über sich selbst, darüber, wie es sich anfühlt, bei einer Vorstellung des New York City Ballet in den Seitenkulissen zu stehen, über die Beziehung zwischen Balanchine und Strawinski. Ich gewann Kraft als Schreiberin; das Wichtigste aber: ich entwickelte einen eigenen Standpunkt.
Eds Reaktionen auf das alles waren gemischt. Ich glaube, es freute ihn, daß seine Frau sich zu etwas anderem als einer Hausfrau entwickelte. Aber er behielt eine kritische Einstellung gegenüber meinem Schreiben und verglich es mit Joyce und Hemingway, nehme ich an. Er ritt auf Syntax und Diktion herum und zerrte Nachschlagewerke hervor, um zu beweisen, daß mein Sprachgebrauch falsch war. Wenn ich – aus Dickköpfigkeit – nicht zustimmte, wurde er wütend. Ich war natürlich sauer, weil Ed mir nur selten und widerstrebend Anerkennung zollte für das, was ich tat.
Wenn dein Identitätsgefühl durch einen anderen bedroht ist, dann

ist das der Zeitpunkt, wo man Urteile fällt. Ed hielt mich für zweitklassig. Ich hielt ihn für aufgeblasen. Unsere Verteidigungspositionen verhärteten sich im Lauf der Zeit. Ich ging dazu über, Meinungen über Ed zu bilden. Ed ist eine hochpotente Persönlichkeit, wie man sie traditionell mit Männlichkeit in Verbindung bringt – aggressiv, anspruchsvoll, defensiven, ziemlich theatralischen Monologen hingegeben, oft und leicht verärgert, mit einem großen Quell des Zorns in seinem Innern lebend, als wäre ihm irgendein furchtbares Unrecht angetan worden, als wäre schon seine Geburt ein Unrecht gewesen. Außerdem hielt ich ihn für einen, der das Leben leidenschaftlich liebte, das Leben, Kunstprodukte, Details an Schlußsteinen, Streben unter Brücken, mandelduftende Aprikosenkerne, eine bestimmte Eigenart des Lichts am späten Nachmittag, die ihn an Paris erinnerte, und, ja, Worte, Worte und Töne und Rhythmen und ihre Fähigkeit, Bedeutung auszudrücken. Ed ist auffällig respektvoll gegenüber der Sprache, besessen von ihr, als enthielten Worte in ihrer richtigen Syntax den Schlüssel zum Heil. Für ihn ist es vielleicht so. Vielleicht ist es für uns alle so.

Ich versuchte, ihm seinen Zorn zu nehmen. Ich versuchte, seiner Selbstbezogenheit das Kreuz zu brechen. Ich wollte, daß sein Interesse am Wissen zweckbezogener wäre, weniger konfus. Wenn seine Freunde weniger konkurrente, selbstzerstörerische Typen wären, wäre er besser dran. Wenn seine Einstellung gegenüber seiner Arbeit eher kühl-professionell wäre, hätte er mehr Kraft zum Schreiben. Wenn er tatsächlich schreiben würde, statt nur davon zu reden, wäre er ein Schriftsteller. Meine Einsichten und Lösungen für seine Probleme waren ohne Ende. Ich dachte, ich könnte ihn mit meiner praktischen Art zähmen, was kaum mehr war als nachlässig getarnte Geringschätzung. Das Leben wäre so viel leichter, dachte ich, wenn Ed so wäre wie ich.

Das war mehr oder weniger der Stand unserer Beziehung, als wir in Gruppentherapie gingen. Oh, nicht, daß wir das vorgehabt hätten, ganz sicher nicht; gewiß nahmen wir uns selbst nicht als hilfsbedürftig wahr. Es geschah zufällig.

Ich erinnere mich, daß es eine massive Abneigung gegen die Psychoanalyse gegeben hatte, die in künstlerischer Hinsicht in Lillian Ross' Dr. Blauberman-Geschichten kulminierte. Diese Geschichten wurden eine Zeitlang wöchentlich im *New Yorker* veröffentlicht und von den In-Leuten und Literaten verschlungen. Im Fahrwasser der

Psychoanalyse avancierte die Gruppentherapie zum neuen Heilmittel für die Massen. Ich wollte einen Artikel darüber schreiben und hatte vor, an einigen Therapiesitzungen teilzunehmen, was ein Teil meiner Recherchen sein sollte. Die bloße Idee beunruhigte Ed zutiefst – er stellte sich vor, daß ich an Sexorgien teilnehmen würde –, und so beschloß er, die Geschichte selbst zu untersuchen, bevor er es zuließ, daß ich von den unheilvollen Fluten jenes Einflusses davongespült würde. An jenem Abend, als Ed zu seiner ersten Gruppensitzung ging, saß ich mit Magenschmerzen im Bett, voller Schrecken vor dem, was in meiner Abwesenheit mit ihm geschehen könnte. Ich stellte mir Lobotomie durch Suggestion vor. Ich dachte, er könnte als eine völlig andere Person zu mir zurückkehren, eine, mit deren Umgang ich keinerlei Erfahrung hatte. So sehr ich über die Schwierigkeiten mit Eds Persönlichkeit klagte, so sehr hatte ich mich an sie gewöhnt.

Als er an jenem Abend endlich nach Hause kam, sagte er, es sei eine interessante Erfahrung gewesen und er gehe nächste Woche wieder hin. Wir gingen beide getrennt zu ein paar Gruppensitzungen, und ehe wir es bemerkten, waren wir geködert. Dr. Clug schlug uns vor, an seiner Freitagabend-Gruppe für Ehepaare teilzunehmen.

Man stelle sich fünf verklemmte Mittelschichtpaare in einem großen Raum mit Klimaanlage vor, der Fußboden mit zimtfarbenem Teppichboden ausgelegt und die großen Couchen und Armstühle mit Leder- und Wollstoffpolstern ausgestattet. Wir saßen im Kreis, tranken Kaffee aus Pappbechern und plauderten, bis Dr. Clug eintraf. »Tag, Bill«, sagten wir, superfreundlich und wie von gleich zu gleich, als er schließlich erschien und sich daranmachte, sein großes Tonbandgerät anzuschließen.

Die Hypothese – nicht furchtbar weit daneben, aber insofern begrenzt, als sie praktisch die einzige Prämisse war – lautete, daß der Prozeß des Heranwachsens und der Sozialisation uns unseren Gefühlen gegenüber taub gemacht habe, so daß wir nicht mehr wußten, was wir fühlten. Hier würden wir einander emotional begegnen, wobei wir Techniken anwenden würden, die von Drogenabhängigen in Synanon, Kalifornien, entwickelt worden waren, wo Dr. Clug sich einige Zeit aufgehalten hatte und sehr beeindruckt gewesen war. Er glaubte, daß das, was er bei Alkohol- und Drogenabhängigkeit hatte funktionieren sehen, auch in bezug auf unsere Feld-, Wald-

und Wiesenneurosen funktionieren würde. So waren wir alle hier, bereit, einen Versuch zu wagen. Es ist immer aufregend, zur Vorhut zu gehören.

Eine Frau versuchte zum Beispiel in der üblichen Weise – das heißt mit Worten –, ihrem Mann etwas zu erklären. »Ich finde, du klingst wütend, Miriam«, sagte Dr. Clug dann milde. »Warum versuchst du nicht, wütend zu werden?«

Das war das Stichwort. »Ich bin wütend«, schrie sie dann. »Ich bin wütend, wütend, wütend«, wieder und wieder. Es wurde erwartet, daß du immer so lange schriest, bis du mit dem Gefühl in Berührung kamst. Das war der große Durchbruch, wenn du tatsächlich anfingst, dich wütend zu fühlen. Man hatte uns beigebracht, daß Wut eine schlechte Sache sei. Man hatte uns systematisch beigebracht, sie herunterzuwürgen. Jetzt mußten wir lernen, sie hochzuwürgen und sie auszuspucken, uns in ihr zu suhlen, sie als Teil unseres menschlichen Seins zu akzeptieren.

In der Gruppe mußtest du dich nicht nur wegen der Angst vor dem Wütendwerden sorgen, du mußtest dich auch wegen des Scheiterns sorgen, wenn du nicht wütend wurdest. Für die meisten von uns reichte die Angst vor dem Scheitern angesichts dieses Gruppenzwangs aus, um uns über die Hürde der Angst vor dem Wütendwerden zu tragen. Mama oder Papa oder wer immer es war, der diese Emotion verhindert hatte, als du ein kleines Kind warst, war nur mehr eine blasse, blutleere Erinnerung im Vergleich zu der gegenwärtigen Konfrontation mit dieser aufreizenden, siedenden, grimassierenden Gruppe.

»Na los, werd wütend, verdammt noch mal. Ich will die Wut *hören*«, schrien die anderen. Und so machtest du weiter wie eine kaputte Schallplatte, immer weiter, bis deine Stimme heiser wurde und die Adern an deinem Hals hervortraten und du vor Sauerstoffmangel fast ohnmächtig wurdest. Dann, oh, dann, wenn du Glück hattest und die Sterne an jenem Abend günstig für dich standen, wenn deine Zeit gekommen war, wurdest du plötzlich böse wie der Teufel auf all diese Hurensöhne, die dich aufstachelten, und du schriest: »Ich bin wütend, verdammt noch mal, ich bin scheißwütend.« Und du stampfst mit dem Fuß auf oder haust auf ein Kissen oder nimmst deinen Gürtel ab und peitschst auf Teufel komm raus auf die Couch ein, und das alles zur hinterfotzigen Freude der Gruppe.

Wir begannen Ausdrücke zu benutzen, mit denen wir nicht aufgewachsen waren, oder wenigstens hatte man uns beigebracht, es sei unschicklich, sie zu benutzen. Nun mußten wir auch unsere Einstellungen zur Sprache neu lernen. Gossensprache, so sagte man uns, sei emotional direkter als das verfeinerte Gequatsche der Mittelschicht. Wenn wir unsere Konflikte herausschreien könnten wie Seeleute in einer Bar, wären wir schon ein Stück weiter.
Wenn ich zurückdenke, staune ich über die Fügsamkeit, die wir an den Tag legten. Es war 1965, und wir waren ein Häufchen weißer Eheleute aus der Mittelschicht, Leute mit Schuldgefühlen, die nichts Rechtes gemacht hatten im Leben, die aber nun dazu privilegiert waren, auf den einen, den wahren Weg geführt zu werden. Wir würden lernen, zu lachen, zu weinen, zu streiten, der Liebe Ausdruck zu geben. Ja, das waren die traurigsten Zeiten von allen, als man uns die Tiefe unserer Unzulänglichkeit im Ausdrücken von Liebe lehrte.
Martha hat Angst, daß ihr Mann, Arnold, sie nicht liebt. Vielleicht ist Arnold sich nicht sicher, daß er sie wirklich liebt, aber diese unsicheren Seinszustände wurden in der Gruppe selten erforscht. Wenn du dich selbst dazu bringen kannst, wütend zu sein, kannst du dich bestimmt auch dazu bringen zu lieben.
»Ich würde gern hören, wie du Martha sagst, daß du sie liebst«, sagte Dr. Clug etwa.
»Ich liebe dich, Martha«, sagte Arnold.
»Sag es, wie du es meinst«, tadelte Dr. Clug.
»Es klingt nicht so, als ob du es wirklich meinst«, pflichtete Martha gereizt bei.
Sich auf Marthas Seite schlagend, rief dann jemand aus der Gruppe: »Sag ihr, daß du sie liebst, zeig ihr, daß du es wirklich meinst, verdammt noch mal.«
Dann beugte Arnold sich in seinem Stuhl vor, holte tief Luft und sagte: »Ich liebe dich, Martha«, und dann, mit einem leichten Kopfnicken: »Ich meine es wirklich.«
»Ich weiß nicht, Arnold«, sagte Martha, während sich eine Träne in ihrem Augenwinkel bildete, denn die anderen hatten sicher die Wahrheit gesehen. »Irgendwie *fühle* ich es nicht wirklich.«
»Jesus, ich weiß nicht, wie ich es noch sagen soll, Martha.«
»Sag es mit Überzeugung, du Pussy!« rief dann ein anderer aus der Gruppe.

»Das nehme ich übel, Bill. Ich nehme es dir übel, daß du mich Pussy nennst.«
»O Jesus. Du Pussy.«
Mittlerweile ist Martha in Tränen ausgebrochen. Dr. Clug beschließt einzugreifen. »Arnold«, sagt er, »meinst du, dein Problem ist vielleicht, daß du dich für die Gruppe produzierst?«
»Ich glaube, das ist es, Doktor«, sagt Arnold. »Ich glaube, mich für die Gruppe zu produzieren, wird ein Problem für mich bleiben.«
Dr. Clug nickt, zufrieden mit der Lösung dieses »Zusammenstoßes«, und schnippt sich noch ein Bonbon mit Kaffeegeschmack in den Mund, und der kleine kahle Fleck auf seinem Schädel scheint vor Freude und Erfolg zu glänzen.
Jetzt sehe ich das alles, kann sogar die Komik darin sehen, aber damals schien das Zusammensein mit der Gruppe wirklicher als das Leben selbst. Schließlich weinten wir wirkliche Tränen. Wir schrien und schluchzten und machten uns daran, einander zu lieben, bis unser Blut in den Adern summte und unsere Herzen hämmerten, was uns davon überzeugte, daß wir die Antwort auf Krieg, Armut und Homosexualität besaßen.
Die Ehepaargruppe arbeitete ein Jahr lang mit Dr. Clug, dann wurden wir abtrünnig und beschlossen, unserer eigenen Wege zu gehen. Einige Jahre lang trafen wir uns jede Woche in jemandes Fotostudio an der Lower East Side. Wir waren auf vier Paare zusammengeschrumpft – der ziemlich wohlhabende Orthopäde aus New Jersey und seine Frau kamen nicht mit uns –, und wir bestaunten unsere Beständigkeit und die Tatsache, daß wir ohne einen, der uns leitete, weiter funktionieren konnten. Niemand bat uns zu kommen; niemand gab uns Anweisungen. Wir widerlegten eindeutig den Zusammenhang, den das psychotherapeutische Establishment zwischen der Bereitschaft, sich zu ändern, und der Bereitschaft, dafür zu zahlen, herstellte. Oder wenigstens glaubten wir das. Für Ed und mich war die Gruppe zum Sicherheitsventil geworden, einer Möglichkeit, unseren Frustrationen freien Lauf zu lassen, ohne uns zu schwer auf das brüchige Gespinst unserer Beziehung zu stützen. Alle in der Gruppe waren verheiratet, und niemand von uns wollte die Möglichkeit zur Debatte stellen, daß es irgendeinem von uns unverheiratet vielleicht besser gehen könnte.
Nach einem Jahr beschlossen wir, unsere eigene Marathonsitzung zu machen, wobei wir uns auf die Erfahrungen stützten, die wir bei

Dr. Clug gemacht hatten. Als weitere Therapieform, die von ehemaligen Drogenabhängigen erfunden worden war, erstreckt sich die Marathonsitzung über den größten Teil des Wochenendes. Wir begannen freitags abends um 8 Uhr, hielten 18 oder 20 Stunden lang durch, unterbrachen für vier Stunden Schlaf und machten noch einmal zehn Stunden lang weiter. Wir waren besorgt, ob wir uns ohne einen Leiter, der uns anspornte und manipulierte, so lange würden halten können, aber wir würden unser Bestes geben.

Die Idee beim Marathon ist natürlich, daß es eine Situation ohne Ausweg herstellt. Essen und Kaffee und Soda werden zu Beginn der Sitzung rausgebracht und für deren Dauer draußen gelassen. Du verbringst die Nacht, gegen Wellen von Müdigkeit anschaudernd, und weckst jeden, der versehentlich eindöst. Der Prozeß in einer Marathonsitzung ist der gleiche wie in einer Gruppensitzung, aber das Erleben hat eine andere Qualität. Im Lauf der Stunden läßt die Abwehr nach. Die Zeit reicht aus, um mit jedem Anwesenden mehrere Stunden zu verbringen, und so existiert für jedes Gruppenmitglied die Möglichkeit, einen emotionalen Durchbruch irgendeiner Art zu erleben. Diejenigen, die dies Erlebnis im frühen Stadium der Marathonsitzung haben, werden mit Wahrscheinlichkeit immer wieder Phasen starken Fühlens haben. Manchmal lag sich die ganze Gruppe wehklagend in den Armen, als wenn sie auf eine Hauptader menschlichen Elends gestoßen wäre.

Am schwierigsten sind jene langen Durststrecken, wo nichts zu passieren scheint. Die Augen beginnen zu jucken, die Körper riechen, und alles erscheint alt und ranzig und leblos. Das elektrische Licht um 5 Uhr morgens stört. Es mag noch so gedämpft sein, es wirft scharfe Schatten und enthüllt den Riß im Tischbein, den Staub unter der Couch. Die Haut der Äpfel ist gelb und stumpf geworden, die belegten Brote schal.

Jemand versucht zu sprechen. Er formt die Worte automatisch, hohle Töne im verdunkelten Raum, als wäre er verpflichtet zu sprechen, einfach weil er damit angefangen hat. Es gibt Momente des Schweigens, Lücken. Die anderen stellen Fragen, um ihn wachzurütteln, aber nichts geschieht. Der Mann ist Ed. Ich beobachte ihn quer durch das Zimmer. Ich sehe ihn ganz und fremd, sein Körper steif, das Gesicht unter dem rötlichen Haar grau vor Müdigkeit. Er sagt uns, daß nichts ihn wird bewegen können. Er sagt, mit so vielen Worten, daß er sich selbst nicht finden könne. Nicht, daß er nicht geweint hätte, nicht, daß er nicht wütend gewesen wäre, aber er sei außerstande, sich selbst zu lieben.

Die Muskeln im Mittelpunkt meines Körpers zogen sich plötzlich zusammen und wurden hart, verursachten mir Übelkeit. Es war meine erste Erfahrung des Grauens, und ich behielt sie für mich.

VII

Schatten über der Sandkiste

Man sagt, es sei nicht ungewöhnlich in Paartherapiegruppen, daß das Thema Sexualität gemieden werde. Unsere mied es wie den Tod persönlich. Alle sechs Monate mochte eine mutige Frau auf sexuelle Probleme mit ihrem Mann zu sprechen kommen, manchmal weinte sie sogar deswegen, aber die Gruppe verharmloste das alles mit der tröstlichen Annahme, daß Sex lediglich symptomatisch für die wirklichen, handfesten Sachen sei, die wir schon in der Mache hatten, und so würde sich dies Problem letztlich von selbst erledigen.

Lange Zeit war Sex für mich eine separate, funktionelle Aktivität gewesen, etwas, das unabhängig von Stimmung, körperlichem Wohlbefinden oder der Lage der Nation vonstatten ging. Wie der Kontoausgleich einmal im Monat war Sex ein Teil des Erwachsenseins. Es war möglich, die Bewegungen so automatisch auszuführen, wie man zum Kühlschrank geht und Eier und Speck für ein Sonntagabendessen herausnimmt, an dem man nicht sonderlich interessiert ist, das man aber nichtsdestotrotz für die Kinder zubereiten muß. Gewiß war die Kühlschranktür kalt bei der Berührung, die Eier glatt, der Geruch des in der Pfanne brutzelnden Specks stark genug, um einem, der Hunger hatte, das Wasser im Mund zusammenlaufen zu lassen. Aber wie viele solcher Mahlzeiten bereitete ich zu und verzehrte sie ohne Hunger und infolgedessen ohne besondere Aufmerksamkeit, der Empfindung meines Körpers nur schwach bewußt, der harten Kante des Kühlschranks, des Gewichts der Eier in meiner Hand.

Es war zu jener Zeit nicht leicht für Frauen, die Sex gegenüber gleichgültig waren, ihre Situation zu ignorieren. Sexualität erhielt sehr viel öffentliche Aufmerksamkeit. Eine Revolution war im Kommen. Hatte ich nicht selbst darüber geschrieben mit der falschen Weltklugheit jemandes, der vorgab, über den Dingen zu stehen? Nun hatte ein Gefühl der Unzulänglichkeit an mir hochzukriechen begonnen. Ich behandelte es so, daß ich versuchte, meine Empfindlichkeit mit Willenskraft zu bezwingen. Im Bett konzentrierte ich mich heftig auf Empfindung, und natürlich gelang es mir nur, sie abzuschalten. Entspann dich! riefen die Sexratgeber. Nimm's leicht! rieten Masters und Johnson. Selbst der gute alte Buddha hätte abgewinkt. Er wußte Bescheid. Ich versuchte, aus meinem Verstand eine Waffe zu machen, die meinen Körper zur Empfänglichkeit zwingen sollte.

Die Zeitungen gaben weiter Kunde von Untersuchungen, die bewiesen, daß das sexuelle Leben der Gebildeten befriedigender sei als das der Armen und Unbelesenen. Ich war sicher, daß ich mich selbst lehren könnte, Sex zu genießen, so wie ich aus eigener Kraft gelernt hatte, zu schreiben, einen Haushalt zu führen, zu kochen, für die Kinder zu sorgen, sogar, eine verheiratete Frau zu sein. Ich dachte, es würde vielleicht einige Zeit dauern, aber ich sagte mir, es sei nicht wirklich ein Problem. Nur die Träume beunruhigten mich. Anfangs tauchten sie unter, huschten unter der Oberfläche vor dem Sonnenlicht verborgen herum und waren vergessen, ehe ich erwachte.

In Gedanken etikettierte ich das, was ich da erlebte, als »verheirateten Sex«. War es nicht bei allen so? Es lag ein gewisser Trost in der Körperwärme meines Mannes und in der Art, wie wir uns liebten. Wir pflegten mit einander zugewandten Gesichtern anzufangen, dann drehte einer von uns sich um, und wir blieben lange Zeit in dieser Position, ich glaube, weil nie viel dabei herauszukommen schien, für mich war es, als würde ich geistesabwesend an einem Allerweltslolli lutschen, und dann begaben wir uns wieder in die alte Missionarsposition, um die Dinge zu Ende zu bringen. Ich hatte für Eds Körper nicht mehr Zuneigung als für meinen eigenen. Beim Sex war ich immer von mir selbst getrennt, beobachtete uns mit neugieriger Teilnahmslosigkeit und wartete.

Ed meinte, daß Soixante-neuf, wie er es zu nennen beliebte, ein Zeichen von Aufklärung sei. Die Mehrheit der Menschen in diesem Land hielt es immer noch für pervers, sagte er. Wir gehörten natürlich nicht zur Mehrheit, hatten nie dazugehört, würden nie dazugehören. In der Sexualität wie in allem anderen gehörten wir zur Avantgarde.

Ich erinnere mich, daß ich es für bemerkenswert hielt, daß irgend jemand Soixante-neuf für pervers halten könnte. Was war schon dabei? Ab und zu ergab sich meine Klitoris und reagierte auf die langdauernde Stimulation, aber ich erlebte den Orgasmus als kurzes, lokales Zittern, das mit dem Rest von mir nichts zu tun hatte. Ich glaube tatsächlich, daß ich es gegen meinen Willen erlebte. Beim Lieben all den Wogen und Schauern von Empfindungen nachzugeben, hätte eine körperliche Abhängigkeit von Ed in mir geschaffen. Da war es besser, frigide zu sein.

Nun, ich war nicht frigide. Nicht wirklich. Frigidität war eine soziale Schande, ein Zeichen des Scheiterns. Es war nicht so, daß ich nichts fühlte. Es war nicht so, daß ich nie kam. Aber mit Sicherheit freute ich mich nie auf die Liebe, dachte während des Tages nie daran, kannte kein heißes Aufwallen von Geilheit, wenn ich Zwiebeln für die Suppe schnitt in Gedanken daran, was in der Nacht zuvor geschehen war oder was in der kommenden Nacht geschehen mochte.

Als Teenager hatte ich geglaubt, die Möglichkeit, mich beständig meiner Lust hinzugeben, ohne daß es eine Sünde wäre, würde die große Auszahlung der Ehe sein. Ich stellte mir vor, daß ich es Tag und Nacht tun würde. Es war schwer zu verstehen, wie Erwachsene je etwas fertigbringen konnten, wenn es ihnen doch erlaubt war, es zu jeder beliebigen Zeit zu tun. Wieso liefen sie nicht vor lauter Ermattung vom dauernden Vögeln mit Säcken unter den Augen herum? Jetzt fragte ich mich manchmal, was mit den drängenden Gefühlen geschehen war, die meinen Körper das erstemal erfüllt hatten, als ich elf Jahre alt war, und die sich mit schmerzhafter Konstanz über die High-School- und Collegezeit fortsetzten und mich zwangen, so weit zu gehen, aber nicht weiter, die mich auf Sofas in fremden Wohnzimmern und auf Autorücksitzen die Beine spreizen ließen, während ich jedesmal hoffte, ich würde die Stärke besitzen, meine Sinne beisammenzuhalten und zu kontrollieren. Manchmal fragte ich mich, ob Sex nicht nur eine billige jugendliche Verlockung war, die dich bis zur Ehe führte und dich dann allein ließ, so daß du dich auf die komplexeren Anforderungen des Erwachsenenlebens konzentrieren konntest.

Einmal, im vierten Jahr meiner Ehe, gab es eine plötzliche Veränderung. Eine Frau, die wir kannten, besuchte uns, und sie und ich begannen, über Masturbation zu sprechen und darüber, wie schuldig wir uns als Kinder deswegen gefühlt hatten. Ed war auch dabei und hatte eigene Horrorgeschichten zu erzählen. Wir drei lachten zusammen. Es war das erste Mal, daß ich je ein sexuelles Bedürfnis eingestanden hatte.

In jener Nacht war es, als wenn eine andere Person in mich eingedrungen wäre, irgendeine dunkle, erdhafte, verlangende, sexuelle Frau. Ich erinnere mich, daß ich auf Ed ritt, bis mein Körper meinem Geist davonflog und nichts mehr zählte, er nicht, ich nicht, nur der überraschende Ansturm meines Blutes gegen meine Nervenenden.
Es war keine spirituelle Vereinigung. Es gab keinen Zärtlichkeitsrausch, nicht das Gefühl, unsere alltäglichen Differenzen zu transzendieren und uns auf einer höheren Ebene zu vereinigen; es gab nur Sex, niedrig und schmutzig, und ich fand es wunderbar. Eines jedoch erschreckte mich gleichwohl und hemmte jenen lustvollen Drang, so daß er jede Nacht ein bißchen weniger wurde und nach einer Woche ganz verschwunden war: die schmerzliche Entdekkung, daß meine Fähigkeit, Sex zu genießen, nicht im geringsten etwas mit Ed zu tun hatte.
Ein Jahr später dachte ich nur noch gelegentlich an diese Nacht und fragte mich, ob es sich überhaupt und tatsächlich so zugetragen hatte, ob jenes machtvolle, hemmungslose Selbstgefühl, das die sexuelle Empfindung zum Höhepunkt bringt, nicht vielleicht eine List des Geistes war. Ein Jahr später flohen meine Träume nicht mehr bei Tageslicht, sondern blieben, um mich wie ein Spuk zu verfolgen. Schändliche, ehebrecherische Träume waren es, Träume, die mich zum Orgasmus brachten, mich weckten und mich ausgelaugt mitten in der Nacht zurückließen.
Wir neigen dazu, Situationen, in denen wir uns unbehaglich fühlen, zu meiden, und ich glaube, es wäre mir recht gewesen, wenn ich Sex ganz und gar hätte meiden können; nur wäre solch ein Eingeständnis verheerend erschienen. Das konnte man sich nicht mehr erlauben. Als einer guten Ehefrau in den sechziger Jahren oblag es mir, meinem Mann das Vergnügen zu bereiten, mir Vergnügen zu bereiten. Das aber konnte ich offenbar nicht zulassen.
»Du benutzt den Sex, um mich zu bestrafen!« sagte Ed manchmal und sprang voller Zorn aus dem Bett, während ich liegenblieb, ganz ruhig, weit entfernt von seinen kindischen Mätzchen und über sie erhaben. Außerdem fühlte ich mich dessen, was er mir vorwarf, nicht schuldig. Meine eigene Wut war so tief verborgen, daß ich sie kaum fühlte und ich mir irgendein Bedürfnis, ihn zu bestrafen, kaum vorstellen konnte. Ich war wütend auf ihn, daß er kein Vertrauen oder Bedürfnis in mir erweckte, wobei, so schien mir, das eine sicher das andere brauchte, um existieren zu können. Sein Kör-

per, mit den festen Muskeln und der weichen Haut, war eine Lüge. Er benutzte ihn nicht, um mich zu beschützen, sondern um mich zu bedrohen. Und ich zog eine gute Schau ab. »Du versuchst mich einzuschüchtern«, schrie ich ihn einmal an, nachdem er mich rückwärts bis zum Kühlschrank gedrängt hatte, seinen Bauch gegen meinen gedrückt, »und ich lasse mich nicht einschüchtern!« Aber ich war natürlich eingeschüchtert. Welche Frau würde sich so einem Mann nicht sexuell hingeben?

Die schlichte Oberfläche unseres Lebens war einer Beziehung gewichen, die komplizierter war, als ich dachte. Neben allem anderen hatte meine Entwicklung als Schriftstellerin ein stabiles Niveau erreicht. Meine Artikel, die in Theaterprogrammen oder gelegentlich auf der letzten Seite einer Zeitschrift erschienen, zeigten eine gewisse Gleichförmigkeit, eine kompetente, gleichmäßige Qualität, einen Mangel an Wagemut. Das Geld, das sie brachten, reichte aus, um von Zeit zu Zeit ein Secondhand-Möbelstück zu finanzieren oder einen kurzen Urlaub außerhalb der Saison auf Fire Island. Einstweilen war meine Karriere als Schriftstellerin hinter meinen Träumen von Hondas und witzigen Treffen mit wichtigen Leuten zurückgeblieben. Ich schickte nur noch selten irgendwelche Ideen an Zeitschriften, da ich lieber mit Joan zusammensteckte, die mir, damit ich im Geschäft blieb, oft genug *Playbill*-Aufträge gab. Ich wollte, daß jemand kam und mir einen fetzigen, aufregenden Auftrag gab, ein Interview mit einer wichtigen Persönlichkeit. Ich hielt ein eifersüchtiges Auge auf Gloria Steinem gerichtet und haßte sie, weil sie immerzu die Art von Arbeit bekam, die ich haben wollte, wo sie doch, wie mir schien, auch nicht kompetenter war als ich. Wann würden »sie« mich entdecken, wann würde ich nicht immer hinter »ihnen« herlaufen müssen?

Um diese Zeit beschloß Ed, dem *Atlantic Monthly* eine Idee vorzulegen. Er hatte immer interessante und zeitgemäße Ideen für Zeitschriften, aber dies war das erste Mal, daß er etwas dafür unternommen hatte, und der *Atlantic* war interessiert. Die Nation war über den plötzlichen Anstieg der Nahrungsmittelpreise beunruhigt, und Präsident Johnson hatte einen Ausschuß ernannt, der das Problem untersuchen sollte. Ed, der durch seine Arbeit gezwungen war, mit den gierigen Machenschaften der Werbeindustrie Schritt zu halten, hatte seine eigenen Theorien. Er war dabei, einen Artikel zu schreiben, in dem er die Nahrungsmittelpreise mit dem Geld in Beziehung setzte, das die Hersteller für die Werbung und die Entwicklung neuer, teurerer Produkte wie die sechsseitige Pommes frites ausgaben.

Die neue Wendung der Ereignisse erregte mich. Ich stellte mir vor, daß, wenn der Artikel erst einmal veröffentlicht war, es nur noch eine Sache von Monaten sein würde, bis Ed seine Arbeit bei *Media World* aufgeben und ein eindrucksvoller Enthüllungsjournalist werden würde. Mich freute die Aussicht, daß Ed die Art von Arbeit übernehmen und ausführen würde, die, wie ich meinte, wenigstens einer von uns tun mußte, wenn wir als Paar irgendeinen gesellschaftlichen oder intellektuellen Kurswert in New York haben sollten. In der Tat war Ed dafür besser ausgestattet als ich, und außerdem war ich wieder schwanger.

Wie selbstverständlich es jedesmal für mich war, mir vorzustellen, daß ich von einer außerhalb befindlichen Kraft kontrolliert würde, mein Körper als das schlichte Werkzeug von Gottes Willen. Ich hatte Schaum benutzt, bis ich wieder zum Krankenhaus kommen würde, um mir ein neues Pillenrezept zu besorgen. Natürlich muß ich gewußt haben, daß eine winzige, jeden Tag eingenommene Pille sicherer war als jenes merkwürdig parfümierte Zeug in der Sprühdose, aber ich freundete mich leichter mit der Allmacht Gottes an, als eigene Verantwortung zuzugestehen. Natürlich konnten hier keine von Menschen gemachten Chemikalien dazwischenfunken. Was waren Hormone und Spermizide angesichts unseres himmlischen Schöpfers? Es schien mein Los zu sein, eine beliebige, unvorhersehbare Zahl von Kindern zu gebären, einem göttlichen, unwiderruflichen Auftrag entsprechend. Wer weiß? Eines Tages würde vielleicht ganz Chelsea von der Nachkommenschaft aus meinem Schoß bevölkert sein.

Unter dieser unechten Überzeugung von meiner Machtlosigkeit lag das Wissen, daß ich meine Macht bereitwillig aufgegeben hatte. Eine Erweichung meines Willens war eingetreten, ich hatte mich ergeben, denn an die Macht des Göttlichen glaubte ich nicht mehr als daran, daß Frauen, die keine Kinder haben wollten, keine Kinder hatten. Freud hatte es erklärt, oder? Am dunkelsten und unheimlichsten waren die unterirdischen Kräfte des Unbewußten. Gegen jede Vernunft siegen diese Kräfte, und der Wille läuft zum Feind über und gibt dich einer Situation preis, deren Ursprung sich deiner Kenntnis entzieht. Ich wurde ganz schön geschickt im Zudek-

ken der Fundamente. Entweder tat ich Gottes Willen oder, ohne es zu wissen, meinen eigenen. So oder so konnte ich mich hilflos nennen.
Immer wieder von den harten Klippen des Lebens fortschlüpfen und hinab und hinein in die Rhythmen des eigenen Körpers, in die tröstliche Dominanz der Häuslichkeit. Jenen ganzen langen Sommer hindurch spielte ich Hausfrau und Sekretärin. Es machte mir Spaß, mit Washington zu telefonieren, um für Ed Verabredungen mit Senatoren und Abgeordneten zu treffen, und ich bündelte sie zu einem kompakten kleinen Terminplan, damit Ed seinem Büro nicht länger als ein paar Tage fernbleiben mußte. Jede Verabredung, die ich sicherte, war ein strahlendes Juwel auf der Schnur von Erfolgen, die Ed nun, mit meiner Hilfe, einheimsen würde. Ich pflegte ihn stolz in seinem Büro anzurufen, um zu verkünden: »Magnussen trifft dich Dienstag früh um zehn.«
Zuerst war Ed überrascht, daß die Männer von Johnsons Komitee bereit waren, ihn zu treffen.
»Natürlich werden sie mit dir sprechen«, sagte ich; ich wollte, daß er seine Macht in dieser Situation spürte; ich hoffte, daß Macht ihn dazu verführen würde, aus dem engen Pfad der Selbstvernichtung auszubrechen, den er sich selbst furchte, seit er sein NROTC-Stipendium für Brown verloren und sich nach Süden aufgemacht hatte, um Krabbenfischer in Key West zu werden, dann verhaftet worden war, weil er sich auf dem Rücksitz von jemandes Lastwagen schlafen gelegt hatte, eine Nacht im Gefängnis verbracht hatte, in dem Augenblick, als er gehört hatte, daß das Einberufungsamt hinter ihm her war, zu den Marines gegangen war, später an der Sorbonne studiert hatte, ohne je einen Abschluß zu machen, in die USA zurückgekehrt war, als sein Geld von der GI-Auszahlung alle war, als Barmann und für kurze Zeit in Werbeagenturen arbeitend, herumgeflogen war, bis er, müde geworden, geheiratet und seine schwerfällige, unbefriedigende Karriere als Wirtschaftsjournalist begonnen hatte.
Es ist immer leichter, die Macht hinter den Kulissen zu spielen. In jenem Sommer wurde mein Leben von Eds Projekt bestimmt. Ed ging nach Washington und kehrte zurück, entzückt, die verblüffende Ignoranz der politischen Führer unseres Landes bestätigen zu können. Er hatte nun ein Vorausexemplar des langen, ausführlichen Berichts des Nahrungsmittelausschusses für den Präsidenten und

lange, konterkarierende Berichte von der Herstellerlobby und Zitate der großen Tiere in unterschiedlichen Graden von Idiotie. Er hatte sich seine Arbeit gesichert. Und ich mir meine.
In gewisser Weise war dieser Sommer die harmonischste Zeit unserer Ehe. Jeden Abend hatte ich Eds Essen pünktlich, wenn er vom Büro nach Hause kam, fertig, und danach ging ich bis zum Einbruch der Dunkelheit mit den Kindern nach draußen, so daß Ed sich gleich an die Arbeit machen konnte. Gegen 9 Uhr kam ich mit ihnen zurück, badete ihre heißen, klebrigen Körper und brachte sie zu Bett. Dann setzte ich mich zu Ed an den runden Tisch in unserem hell erleuchteten Eßzimmer. Es schien plötzlich, daß unser Leben ernsthaft, produktiv und regelmäßig in seinen Abläufen geworden war, die von Eds Arbeit und meiner Kooperation bestimmt wurden. Es schien plötzlich, daß ich wie meine Mutter geworden war. Ich bohnerte die Böden, schälte das Obst und spitzte die Bleistifte. Nacht für Nacht, wahrscheinlich 40 Sommernächte alles in allem, machte ich »klar Schiff« für Eds Arbeit, wie er es ausdrückte.
Aber klar Schiff zu machen war nicht meine einzige Arbeit. Anders als meine Mutter, die von meinem Vater nie für seine Arbeit beansprucht wurde außer für gelegentliches Tippen, wurde ich von Ed ständig als Resonanzboden für seine Ideen und als Redakteurin für ihre Formulierung gebraucht. Er pflegte mir die Seiten oder Absätze zu zeigen, die er geschrieben hatte, und ich las sie dann auf Klarheit und Genauigkeit, verwies auf die Teile, die wirr waren oder nicht lebendig herauskamen, und diejenigen, die gelungen waren, lobte ich. Ich hatte allmählich das Gefühl, daß alles von meiner Fähigkeit abhing, Ed zu unterstützen und auf nicht bedrohliche Weise das bißchen mitzuteilen, was ich darüber, wie man einen Artikel lebendig und klar verfaßt, wußte. Als der Sommer vorrückte, entwickelte ich das ungute Gefühl, daß meine Art zu sprechen, mein Tonfall, mein Gefühl dafür, wann ich Lob abzuhaspeln und wann ich kritische Einwände zu erheben hatte, meine bloße physische Anwesenheit im Zimmer – daß all das notwendig sei, wenn Ed diesen Artikel fertigkriegen sollte. Es fiel mir nie ein, abzuhauen und ins Kino zu gehen oder Freunde zu besuchen. Ich fühlte, daß Ed und ich zum erstenmal zusammen funktionierten, und die Freude, die mir dadurch bereitet wurde, vertrieb den gelegentlichen Gedanken – der wie ein schneller Pfeil ins Bewußtsein schoß –, daß mit dem Arrangement etwas nicht stimmte.

Später, viel später, nachdem *The Atlantic* den Text abgelehnt und *The New Republic* entschieden hatte, ihn praktisch unverändert zu publizieren, nachdem Ed den Kitzel erlebt hatte, seinen Namen und seinen langen, sorgfältig ausgearbeiteten Text auf den Seiten eines sehr renommierten Blattes zu sehen, wandte er sich voller Zorn gegen mich. Es kam etwa ein Jahr später an den Tag. Weil ich die ganze Zeit seine Hand gehalten hätte, habe er nie das Gefühl gehabt, daß der Artikel und die Leistung ganz ihm gehörten. Er sagte, es gebe ihm das Gefühl, ein Krüppel zu sein.

Ich konnte wenig darauf erwidern, denn ich wußte, daß er in gewisser Weise recht hatte, und trotzdem hielt ich ihn für unfair. Er hatte schließlich um Hilfe gebeten. Er hat mit jeder Geste und mit jeder Grimasse gezeigt, daß er mein Engagement in diesem Projekt brauchte. Mit Ed war ich immer im selben Dilemma. Mir fehlte der Mut, zu ihm zu sagen: *Laß mich in Ruhe. Es ist deine Sache. Mach es oder mach es nicht, aber halt mich da raus.* Ich glaubte, daß alles zerbröckeln würde, wenn ich mich heraushielte. Das war der Fall bei Eds Versuchen, Entscheidungen hinsichtlich seiner Arbeit zu treffen, hinsichtlich seiner Probleme mit dem Trinken, der Extraarbeit, die er angenommen hatte wie jetzt eine Fernsehkritik für *The New Republic*. Da ich keine wirkliche Kontrolle über mein eigenes Leben hatte, versuchte ich zu überleben, indem ich Eds in die Hand nahm, und das war ein Geschäft mit dem Teufel.

Eines Nachts, nicht lange, nachdem er sein Manuskript abgegeben hatte, kam der Teufel nicht nach Hause. Die ganze Nacht machte ich mir Sorgen um sein Befinden, stellte mir vor, er sei von einem Auto angefahren oder von Straßenräubern überfallen worden; ich stellte mir vor, er wäre tot. Ich stellte mir nicht vor, daß er bei einer anderen Frau wäre. Er hatte gegen 9 Uhr betrunken von »Toots Shor's« aus angerufen, und ich wußte, welche Auswirkung das für jedes amouröse Abenteuer haben würde. Heute frage ich mich, ob ich nicht wußte, daß es sicherer war, mit einem Trinker verheiratet zu sein als mit einem Schürzenjäger. Seine Versuche mit der Flasche waren kurz, wenn auch regelmäßig, und wenn sie vorbei waren, konnte ich mich immer auf eine Phase der Nüchternheit verlassen, in der Ed freundlich und versöhnlich mit mir umging. Anders als bei einer Frau wurde Ed mir durch die Flasche nur vorübergehend genommen, und so gewöhnte ich mich an seine Sauftouren, wenn ich mich auch jedesmal wieder überrascht und beleidigt fühlte, wenn es geschah, so wie manche kindische Frauen auf die sexuellen Avancen von Männern reagieren.

Es gibt Menschen, die Betrunkenheit auf die Stufe einer Kunstform erheben, indem sie mit Witz und Worten spielen, wie andere Trinker mit Emotionen spielen. In der Tat ist dies eine Form mit Tradition, der Tradition der literarischen Trinker, der Ein-Mann-Show zur Verherrlichung der eigenen Person, eine Form mit so glänzenden Stars wie Dylan Thomas und Brendan Behan, die mittlerweile tot sind, da sie für ihre Kunst ihr Leben gelassen haben.

Wenn die Leute in einer Nacht in bestimmten Village-Künstlertreffs einen Mann wie Ed sehen, halten sie seine Intelligenz irrtümlich für das Proszenium, das sie von seiner Inszenierung trennt, das ihnen Sicherheit gewährt, das es ihnen ermöglicht, ersatzweise seinen Stolz, seine Aggression, seine witzigen, zornigen, kindischen Ausbrüche gegen die Autorität zu erleben. Oh, es ist ein erregender Kitzel, so einen Mann zu sehen, mit wildem Haar und funkelnden Augen, wie er mit der Faust auf den Tresen hämmert, wie er seine Ware marktschreierisch feilbietet, herumstolziert und sich vor aller Augen aufplustert. *Seht mich an!* scheint er zu schreien. *Ich bin der Mittelpunkt der Welt!* Und ach, wenn wir nicht erwachsen wären, wie würden wir es genießen, es ihm gleichzutun; aber er tut es für uns, nimmt das Risiko öffentlicher Lächerlichkeit und privater Verurteilung auf sich, das Kind, das am Gitter seines Bettchens rüttelt und schreit: *Laßt mich raus!*

Oh, freigelassen werden, schreien und lachen und weinen, dreckige Flüche ausstoßen und schimpfen und all die Demütigungen tilgen, letztlich sich weigern, erwachsen zu werden, weil Erwachsenwerden solch ein Kompromiß ist.

Ich spreche natürlich nur als eine aus Eds Publikum in der Vorstellung, daß andere empfinden, was ich empfinde. Da ich nicht den Nerv habe, meine Kleider abzustreifen und mich auf eine Seifenkiste zu stellen, um mich der Welt zu verkünden, bleibe ich sitzen, die Beine übereinandergeschlagen, und präsentiere die von der Zivilisation geforderte glatte Oberfläche. Ich spiele das Spiel des Erwachsenseins, obwohl ich mir ziemlich sicher bin, daß seine Belohnungen die verlorenen Freuden der Kindheit nicht aufwiegen. Das ist der Mythos der Zivilisation. Die meisten von uns verbringen ihr Leben in dem Versuch, erwachsene Freuden zu erschaffen, die diesen Mythos nähren. Einige von uns tun es nicht. Die nennen wir dann geistig verirrt.

Das Drama in der Bar geht weiter bis über die Grenzen des Erträglichen. Dieser Mann mit den zu Berge stehenden Haaren ist zu weit gegangen. Er richtet sein Geschütz nicht mehr auf »sie«, die Institutionen, die Chefs, die anderen. Er hat das Feuer auf *uns* eröffnet, er geifert, knurrt und spuckt uns an, bis unsere Gesichter mit dem Schleim seiner Verachtung bedeckt sind.

In dem Augenblick, da er die Unterscheidung zwischen uns und »ihnen« verwischt, beschließen wir, daß er außer Kontrolle ist. Man hat uns irgendeinen schrecklichen Betrug aufgetischt. Wir wollen unser Geld zurück. Er hat uns nicht gebracht, was wir erwartet haben, nein, stattdessen hat er uns eine platte Wahrheit präsentiert, häßlich und enttäuschend. Das Kind hinter den Gitterstäben seines Bettchens stellt sich gegen die ganze Welt. Das Kind hinter den Gitterstäben seines Bettchens wird immer allein sein.

»Ha! Sie wehleidiger Päderast, Sie Zauderer, Sucher von Lügen und bürgerlichen Mythen! Sie, mein Herr, sind der königlichen Gegenwart von Ed Dowling nicht würdig!«

Jetzt muß das Publikum über dieselbe Schwülstigkeit, die eben noch seinen Zwecken diente, lachen, aber der Päderast lacht natürlich nicht, und die Kunden zu beleidigen ist jenseits der Grenzen, also kommt der Barmann um den Tresen herum nach vorn, die Vorstellung ist aus, Leute! packt Ed am Kragen und beginnt die langwierige Plackerei des Rausschmeißens. Das Publikum buht und zischt, es nimmt Rache. Das Drama ist vollendet. Man hat den Protagonisten geschmäht.

Ed hatte zwei Arten zu trinken. Zu Hause trank er genug, um eine leichte Bierseligkeit oder eine sanfte Weinglut zu spüren. Draußen trank er alle paar Wochen kontinuierlich und effektvoll, bis er ein schwarzes hirnloses Loch geschaffen hatte, in dem er sich niederlegte. Er brauchte nicht lange, um diesen Zustand zu erreichen. Normalerweise kam er gegen 9 oder 10 Uhr abends nach Hause, um, ohne sich auszuziehen, ins Bett zu stürzen. »Zieh mir die Schuhe aus«, murmelte er dann, und ich tat es. Und obwohl ich seinen Geruch haßte, der bald den ganzen Raum durchdrang, legte ich mich neben ihn, wenn es Zeit für mich war schlafen zu gehen. Es hätte

unloyal ausgesehen, wenn ich auf der Couch im Wohnzimmer geschlafen hätte.
So intensiv der empfundene Zorn und Widerwille auch sein mochten, sie waren von kurzer Dauer, denn bald hatte ich wieder die Kontrolle über meine Welt, ich war ruhig, machte meine Pläne, träumte meine Träume. Es war fast wie eine Belohnung dafür, daß ich die Angst ertragen hatte, keine Kontrolle mehr zu haben und krankhaften Phantasien ausgeliefert zu sein, wenn Ed fort war und irgendwo trank, von der Außenwelt abgeschnitten.
So hatte unsere Routine vier Jahre lang ausgesehen, bis Ed sie in jener Nacht zerstörte, indem er nicht nach Hause kam. Als die Uhr Mitternacht zeigte, machte ich mir Sorgen. Um 1 Uhr überlegte ich, ob ich die Krankenhäuser anrufen sollte, aber ich tat es nicht. Die Krankenhäuser anrufen hätte bedeutet, den Ernst der Lage einzugestehen, einen Bruch in der Gewohnheit.
Um 3 oder 4 Uhr fiel ich in einen Schlaf, der von Sirenen, dem Klang von Stimmen in Treppenhäusern, Türklingeln, die nie erklangen, Visionen von Kindern und Flammen und Chaos durchlöchert war. Um 5 Uhr wachte ich auf und warf einen Blick auf die Uhr, der mir sagte, daß die Bars schon zu lange geschlossen waren, als daß ich annehmen konnte, daß Ed auf dem Heimweg sei. Er war irgendwo draußen. Er war verschwunden.
Um halb 8 klingelte es wirklich an der Tür. Gott sei Dank schlafen die Kinder noch, dachte ich, da ich nicht wußte, welches Schauspiel sich bieten mochte.
Obwohl ich mit dem Schlimmsten rechnete, war ich auf Eds Anblick nicht vorbereitet, als er zur Tür hereinstolperte, seine Kleider formlos vom Regen, der ihn überrascht hatte, als er in einem Hauseingang geschlafen hatte, sein Gesicht blau und aufgeschürft von einem Kampf, an den er sich nicht erinnern konnte – war es ein Kampf gewesen, oder war er gefallen, fragte er sich immer wieder –, seine Augen rotgerändert, verzweifelt. Zitternd zog er sich aus und entdeckte Schnitte in seinen Oberschenkeln. Die Hosentaschen waren zerfetzt. Er erinnerte sich, daß er sie mit Cognacschwenkern von »Toots Shor's« vollgestopft hatte. Der Blazer, erst vor einem Monat gekauft, war ruiniert, ein Ärmel hing nur noch lose am Armloch, auf der Vorderseite war ein klaffender Riß. Plötzlich sah dieser Blazer mit seinem Ripsfutter und seinen Metallknöpfen dünkelhaft aus. Ich haßte ihn wegen seiner Falschheit.

Ed schlief ein, und ich brachte Conor und Gabrielle zu einem kleinen Park im Village, dem Abingdon Square, wo Bäume uns Schutz vor der Spätsommersonne gaben, sie warfen Schatten auf den Sandkasten und auf die blonden Köpfe kleiner Kinder. Ich saß stumpf auf einer Bank in der würzigen Luft. Um mich herum die Zeichen normalen Familienlebens, wie man es sich vorstellt, glückliche kleine Kinder, sorglose junge Mütter, die Rezepte und Neuigkeiten über Käufe in den Antiquitätenläden in der Bleecker Street austauschten. Andere Mütter saßen, selbstzufrieden in ihrer Schwangerschaft, heiter wartend da. Auf allen Seiten des kleinen dreieckigen Spielplatzes fuhren Autos vorbei. Ladenbesitzer verkauften Obst und Delikatessen. Menschen gingen die Eighth Avenue entlang, gingen ihren Geschäften nach. Es schien alles ebenso unwirklich wie die Ereignisse, die eben vorher stattgefunden hatten. Conor war nun zwei Jahre alt, seine Locken weich und weiß in der Sonne, und Gabrielle mit ihren vier Jahren hatte einen Körper, der die weibliche Miniaturausgabe von dem ihres Vaters war. Ich dachte daran, daß ich mich wie sie nach dem Mittagessen schlafen legen würde. Das Baby in meinem Bauch war groß.

Rachel kam mit weniger Vorwarnung und weniger Schwierigkeiten herausgepurzelt als die ersten beiden. Vor der Nacht, in der sie kam, verbrachten wir den Abend mit Eds Bruder Bob und seiner Frau Marion, die um die Ecke wohnten. Wir vier hatten wenig gemeinsam, aber in den ersten Jahren spielten wir ein bißchen Familie mit Tauffesten und Muttertagsmittagessen und Thanksgiving-Abendessen. Bei diesen Gelegenheiten pflegten wir uns selbst aufzurichten, indem wir uns *comme il faut* gebärdeten, um uns den Anschein von Mittelschichtsolidität zu geben.
Ich erinnere mich besonders an einen Thanksgiving-Tag. Bob machte eine Menge Farbfotos, und ich sehe sie mir manchmal an und versuche zu glauben, daß sie die Wahrheit sagen.
Irgendwie machte unser kleines Eßzimmer einen eleganten Eindruck. Ein hübscher Tisch mit geschwungenen Beinen, von Freunden ausgeliehen, eine rote Ziegelwand und auf der einen Seite ein kleiner Baum mit glänzenden Blättern. Auf dem Tisch standen silberne Kerzenhalter, ein Hochzeitsgeschenk, und schöne Weingläser aus dünnem Kristall, die wir bei einem Gelegenheitskauf in einem Diskontladen in der Tenth Avenue erworben hatten. Ed und sein

Bruder hatten eine Menge rohe Austern gekauft, zu denen wir einen hellen trockenen Wein tranken, der teurer war, als wir es uns leisten konnten. Die ganze Familie war da, Bob und Marion und ihr Kind Kerry, Marions Mutter und Vater und jüngerer Bruder, meine Schwiegermutter. Es war ein festliches Essen. Ein Gang nach dem anderen wurde serviert, jeder mit dem passenden Wein. Als Nachtisch hatten wir »Igel«, einen deutschen Kuchen, der mit ganzen Mandeln gespickt war als Imitation der Stacheln eines Igels.
Auf dem Foto sehen wir alle aus, als seien wir ganz zufrieden mit uns selbst, als würden wir gegen alle Widrigkeiten etwas auf die Beine stellen. Da war Ed mit seinem gesunden, glühenden Gesicht, wie er eine Austernschale auslutscht. Marion und ihre Mutter mit dem gleichen dunklen, schimmernden Haar und dem scheuen Lächeln. Ich, dünner, als ich mich in Erinnerung hatte, in einem ärmellosen weißen Wollkleid und die Kinder ganz sanft und wie von einem Heiligenschein umgeben in ihren guten Kleidern. An jenem Thanksgiving hätten wir eine Norman-Rockwell-Titelseite * abgeben können mit unserem Menü und unseren Hoffnungen. Wir hätten fast jeden an der Nase herumführen können.

* Amerikanischer Illustrator (1894–1978), der vor allem für seine Titel-Illustrationen der *Saturday Evening Post* bekannt war. Anm. d. Übers.

VIII
Szenenwechsel

Unsere Wohnung war am Überquellen. Die Kinder waren in ihrem kleinen drei mal vier Meter großen Zimmer an die Wände gestapelt, ein Etagenbett an der einen Wand, Rachels Kinderbett an einer anderen. Ed schrieb jetzt als freier Publizist für *The New Republic* und hatte seine Arbeit abends oft auf dem Eßzimmertisch ausgebreitet. Ich hatte einen kleinen Schreibtisch mit meiner Schreibmaschine im selben Zimmer, denn es gab keinen anderen Platz für mich zum Arbeiten. Von Zeit zu Zeit sprachen wir davon, uns eine neue Wohnung zu suchen. Aber es schien keine Veränderung in Sicht, obwohl das Einander-auf-die-Füße-Treten mit jedem Tag bedrückender wurde.

Ich wurde gefragt, ob ich die Haushaltskolumne – ausgerechnet – für den *Cosmopolitan* schreiben wollte, und ich sagte ja, weil die 75 Dollar extra jeden Monat wie ein Vermögen erschienen. Damit konnten wir uns eine größere Wohnung leisten.

Eines Montagmorgens um 9 Uhr schaute ich in die *Times* und sah eine Anzeige für eine 6½-Zimmer-Wohnung plus Portier in der West End Avenue. Die Miete betrug 200 Dollar pro Monat, doppelt soviel, wie wir jetzt bezahlten, aber günstig für so großen Wohnraum in der Upper West Side. Ich rief das Maklerbüro an und machte einen Termin aus. Dann kleidete ich mich sorgfältig und zog den neuen Mantel mit dem Rotfuchskragen an, bereit, mich der Taxierung des Maklers auszusetzen. Ich glaubte nicht wirklich, daß wir es uns leisten könnten, die Sicherheit unserer billigen Wohnung aufzugeben, aber plötzlich und dringend mußten wir da raus. Ich wußte, wie diese Wohnungen in der West End Avenue aussahen. Ich hatte seit Jahren Geschichten darüber gehört. Um so eine zu bekommen, würde ich meine frisch besohlten Schuhe und meinen Rotfuchskragen anziehen und mich bereit machen, die Rolle einer jungen, angenehm wohlhabenden Hausmutter mit ein bißchen Karriere nebenher zu spielen. Der Makler und ich gingen von Zimmer zu Zimmer, vorsichtig über einen verblichenen grünen Teppichboden schreitend. Eine alte Dame, deren Familie 26 Jahre lang hier gewohnt hatte, zog aus. Alte Mäntel mit knopfäugigen Pelzkragen hingen in der Duschkabine eines unbenutzten Badezimmers. Ein Schlafzimmer beherbergte alte Möbel, staubbedeckte Tische, Kommoden und Stühle, die sich über die Jahre angesammelt hatten. Ob ich einen Tisch kaufen würde, eine Kommode, fragte die alte Dame. Die Vermieterin habe versprochen, einen Mieter zu finden, der kaufen würde. Ja, sagte ich, ich würde kaufen.

Als ich zum Maklerbüro zurückkam, warteten vier weitere Personen darauf, daß man ihnen die Wohnung zeigte. Keine Zeit zu verlieren. Ich log in bezug auf unser Einkommen und stellte einen Scheck über 750 Dollar aus. Nur ein knisternder neuer Scheck würde die Geier abwehren. Er deckte eine Monatsmiete, eine Monatskaution und die übliche Maklergebühr. Wir schlossen das Geschäft mit Handschlag ab, die Geier schlugen mit den Flügeln und flogen davon.

Es blieb nur ein Problem. Ich hatte auf unserem Girokonto keinen Geldbetrag in der Höhe in Aussicht. Mit merkwürdiger Selbstsicherheit suchte ich ein Münztelefon am Broadway auf und rief Joan an. Sie war an meiner Stelle aufgeregt und sagte, sie würde das Geld am nächsten Morgen von ihrem Konto abheben. Als das erledigt war, rief ich Ed an, um ihm zu sagen, was ich getan hatte.

Heute glaube ich, daß ich von einer Art Verzweiflung angetrieben wurde. Es hatte immer so ausgesehen, daß Ed mit weniger zufrieden war als ich. Ein Doppelbett mit Bettzeug und Kissen, ein mit Sägeböcken zusammengestellter Tisch, das war schon fast mehr, als er sich je erhofft hatte. Sechs Jahre lang hatte ich mit weniger gelebt, als ich mir wünschte, und die Möglichkeit umzuziehen, machte mir klar, wie sehr ich die verkrampfte, enge Wohnung gehaßt hatte, die dicken Rußplacken, die sich von den Schornsteinen der benachbarten niedrigen Dächer her ansammelten, dicke Splitter, die sich aus dem Weichholzfußboden lösten, eine winzige, fettverspritzte Küche.

Ich sollte noch Jahre später von dieser Wohnung träumen, und die Träume waren immer die gleichen. Ich war irgendwie zu etwas Geld gekommen und stattete die Wohnung neu aus, das heißt, ich räumte sie aus und installierte neue Leitungen und Fußböden, indirekte Beleuchtung, Duschen mit Glasverkleidung, einen Herd mit Dunstabzug – ich nahm diesen kleinen, hoffnungslosen Ort und verwandelte ihn in eine Musterwohnung voller Schönheit und Zweckmäßigkeit. Die Träume wurden immer von einem ungeheuren Gefühl des Sichabplagens begleitet, als sei es die größte Herausforderung meines Lebens gewesen, diese Wohnung in etwas umzuwandeln, das sie niemals sein konnte, und ich hätte es nicht geschafft. In der Welt des Schlafs hielt ich noch immer nach einer zweiten Chance Ausschau.

Ed war überrascht über mein Vorgehen, aber nicht ungehalten. Am selben Abend gingen wir zusammen durch die Wohnung und entfernten den traurigen grünen Teppichboden und die Mäntel mit den Knopfaugen und stellten uns ein neues Leben vor. Unter dem Teppichboden, durchtränkt von den modrigen Geheimnissen einer anderen Familie, anderer Leben, sah ich Hartholzfußböden, Parkett, frisch abgezogen und lackiert, schimmernd. Riesige Wandschränke, elf Fuß hohe Decken, übergroße Fenster. Was für ein Überfluß! Drei Schlafzimmer und drei Badezimmer, ein großes Eßzimmer und Wohnzimmer, eine sechs Meter lange Diele, eine Küche mit einer Speisekammer. Hier würde es ruhig sein und hell. Wir würden mit Licht und Luft leben und friedlich wachsen. Nur einen Block weiter gab es einen Park und weiter unten den Fluß. Rasen, Hügel, blühende Holzapfelbäume, Spielplätze mit Wasserberieselung. Nach Norden hin über den Fluß gespannt die große Brücke. Boote auf dem Wasser, Palisaden am Westufer und von New Jersey herüberwehend der Geruch von röstenden Kaffeebohnen. In dieser neuen Wohnung würden wir Platz haben zum Wachsen. Wir würden ein richtiges Leben haben.

Ich kann nicht sagen, daß die ganze Geschichte mich nicht in einen Taumel der Hochstimmung versetzt hätte. Es blieb nichts mehr zu tun, als den Mietvertrag zu unterschreiben. Als wir uns am nächsten Tag mit dem Vermieter trafen, sahen wir ziemlich *comme il faut* aus, ich mit meinem Rotfuchskragen, Ed mit seinem Hathaway-Hemd. Als ich mich in Bewegung setzte, um diese Wohnung zu kriegen, war das mein erster Schritt zur Selbständigkeit, ich kämpfte die erste Runde eines guten Kampfes, wenn es damals auch nicht so aussah.

Innerhalb eines Jahres, nachdem wir in die West End Avenue gezogen waren, hatte ich den Vertrag für ein Buch unterschrieben. Es ging um eine verbraucherorientierte Recherche im Schönheitsgeschäft. Lippincott gab mir eine Anzahlung von 5000 Dollar, wovon ich die Hälfte als Pauschale bei der Vertragsunterzeichnung erhielt. 2500 Dollar! Ich hatte noch nie so viel Geld auf einem kleinen Stück Papier gesehen. Das würde nicht für besseren Beaujolais vergeudet werden. Das würde so angelegt werden, daß es mich dem Ziel näher brachte, aus mir eine Frau mit eigener Würde zu machen, das heißt eine Schriftstellerin, die Zeit hat zu schreiben.

Ich stellte sofort eine junge Frau aus Jamaica als Vollzeithaushälterin ein. Fünf Tage die Woche kam sie aus Brooklyn, um Wäsche zu waschen und die Böden zu schrubben und dem Baby kleine gebügelte Kleider anzuziehen. Ich hatte noch nie ein Baby in kleinen gebügelten Kleidern gehabt. Ich hatte keine Schuldgefühle wegen dem, was die Frau für das Baby tat, das sie sehr gern hatte, aber es war schrecklich, jemanden für mich saubermachen zu lassen. In Anfällen von weißen, liberalen Schuldgefühlen schenkte ich ihr Sachen, lieh ihr meine Nähmaschine, verwies sie an Ärzte und Zahnärzte, unterschrieb Papiere, die es ihr ermöglichten, legal zu arbeiten, sagte nichts zu den Mengen Colt-45-Malzschnaps, die sie bei der Arbeit zu sich nahm, und wandte die Augen ab, wenn sie in eine Trance in der Art der »Adventisten des siebten Tages« fiel, mit den Augen rollte, sich an die Brust schlug und Psalmen herausschrie. An dem Tag, an dem Robert Kennedy ermordet wurde, kam ich von einem Interview nach Hause und fand Felicity vor dem Fernseher im Kinderzimmer zusammengesackt, die Haare mit komischen kleinen Fetzen Kleenex aufgerollt, eine Flasche Colt 45 neben sich auf dem Boden. Sie war besinnungslos betrunken. Aber ich behielt sie. War nicht die Nachricht vom Tod Robert Kennedys für uns alle erschütternd?

Eines Tages im Frühling flog ich nach Washington, um mit ein paar Leuten von der Lebensmittel- und Drogenbehörde zu sprechen. Als ich um 7 Uhr abends zurückkam, erwartete Ed mich an der Tür. »Ich möchte nicht, daß du dich aufregst«, sagte er, »aber hier ist heute eine Menge passiert.«

Felicity hatte nach einem heftigen Angstanfall, der damit zusammenhing, daß sie möglicherweise von ihrem wüsten haitianischen Freund schwanger war, die Polizei angerufen und gesagt, sie sei zu schwach, um auf die Kinder aufzupassen. Zufällig rief Joan an, als die Polizisten da waren, und sagte ihnen, sie sollten sofort Ed in seinem Büro anrufen. Anscheinend war Felicity zu schwach gewesen, um den Polizisten brauchbare Informationen zu geben. Als Ed kam, sagten die Polizisten, daß sie Felicity ins Krankenhaus bringen wollten, aber Ed ließ es nicht zu. Er gab ihr ein paar Beruhigungspillen und brachte sie im Arbeitszimmer zu Bett. Am nächsten Morgen stand er auf und machte ihr Haferbrei.

Es war klar, daß ich Felicity loswerden mußte. Zu viele Dinge waren passiert; so war im Kinderzimmer ein Fenster zu Bruch gegangen, was, wie sie schließlich bekannte, geschehen war, als sie auf Conor, damals vier Jahre alt, so wütend gewesen war, daß sie einen Besen nach dem Fenster statt nach Conor geworfen hatte. Und trotzdem entsetzte mich die Vorstellung, sie zu feuern. Ungeheure Rachephantasien blühten und gediehen in meinem Kopf. Sie war betrunken, eine Hysterikerin, sie praktizierte Hexerei und Voodoo. Ich träumte, sie sei zurückgekommen, um mich zu verfolgen, in sich eine geheime Waffe, das Gesicht aschfarben von dem Puder, den sie immer zum Aufhellen benutzte, ihr Haar auf diese kleinen Kleenex-Knoten gewickelt. Am meisten fürchtete ich ihre Verrücktheit, denn ich wußte ohne auch nur einen Schatten von Zweifel, daß sie verrückt war. Oder war ich verrückt?

Sie ging schließlich – ich sagte ihr, ich könne sie mir nicht mehr leisten –, und im Haus stellte sich wieder ein gewisser Friede ein. Wieviel besser, die gebügelten Babykleider und den Freiheitswahn aufzugeben, als meine dürftige Einsamkeit mit einem anderen belasteten Menschen zu teilen. Es lag tatsächlich mehr Freiheit darin, Dinge selbst zu tun, auch wenn das bedeutete, alles zu tun.

Obwohl die ersten Publikationen der Frauenbewegung begonnen hatten, unser Gewissen zu rühren, führten alle in meiner Bekanntschaft eine höchst traditionelle Ehe. Berufstätige Frauen führten immer noch den Haushalt und zogen zusätzlich zu ihrer Arbeit die Kinder auf. Die Dinnerpartys wurden immer noch von Frauen geplant und vorbereitet und serviert. Die Unterhaltungen wurden immer noch von Männern beherrscht; Eigentum, Kredit und das Recht auf Privatsphäre gehörten ihnen.

Meine Pläne für das Buch schmolzen zusammen. Ich hatte ursprünglich vorgehabt, einige Zeit mit Nachforschungen in Kalifornien zu verbringen, wo das Schönheitsgeschäft so überreif wie eine schwarzhäutige Avocado ist. Ich kam niemals dorthin. Ich kam nicht einmal so weit, Reservierungen in die Wege zu leiten. Einstweilen brachte ich mein Leben so weit voran, wie ich konnte. In eigener Mission zu reisen, durch die Lüfte zu segeln und Ed und die Kinder und die Wohnung hinter mir zu lassen, dazu die Rechnungen, so leicht und bedeutungslos wie Konfetti in meinem Rücken flatternd, hieß, die schrecklichste Gefahr herauszufordern. Bestimmt würde das Flugzeug abstürzen. Was konnte ich mir Geringeres als Strafe zuziehen?

Es stellte sich heraus, daß ich kein Monopol auf Trennungsängste hatte. Im Februar 1968 machte Ed eine kleine Reise. Er hatte seit eineinhalb Jahren keinen Urlaub gehabt, und ich hatte ihn gedrängt, seinen alten Freund Graham in Puerto Rico zu besuchen. Es kostete nur 90 Dollar mit dem Red Eye, dem Mitternachtsflug von JFK. Auf der Insel angekommen, konnte er mit dem *público*, dem öffentlichen Bus, zur Südwestküste fahren, wo Graham, der Meeresbiologe war, mit Frau und Kindern lebte. Ed konnte in den Bergen wandern und an der Küste schwimmen; Ed konnte in der Sonne leben.

Während der sechs Jahre unserer Ehe waren wir nie wirklich getrennt gewesen. Vor unserer Heirat war ich für *Mademoiselle* ziemlich viel gereist. Ed war bei den Marines gewesen, hatte in Japan gelebt, war drei Jahre durch Europa getingelt, mit Studiengängen zwischendurch an der Sorbonne. Nach der Heirat hatten wir ein eingeschlossenes Leben geführt. Außer auf Fire Island und auf ein paar kurzen Geschäftsreisen waren wir nirgends gewesen. Wir sahen kaum jemanden, der nicht mit unserer Arbeit oder unserer Therapiegruppe in Zusammenhang stand. Plötzlich hatte Ed die Aussicht auf sieben unverplante Tage, dichte Regenwälder, leere Bergstraßen, gelegentlich einen trillernden Vogel. Die Insel war alt. Die Insel hatte ihre Geheimnisse. Ed würde sie durchqueren, allein.

Ohne die Zeit, sich eine Vorstellung zu machen, die ihn hätte zurückhalten können, reiste er ab. Als er sieben Tage später zurückkehrte, war er desorientiert.

Es dauerte eine Weile, es dauerte fast eine Woche, bis ich die Evidenz dessen, was geschah, akzeptieren konnte. Denn es war ein befremdliches, nie dagewesenes Verhalten, nichts gleichend, was ich je zuvor gesehen hatte. Obwohl er jeden Tag ins Büro ging, schien es, als schliefe er nachts überhaupt nicht. Er lief in der Wohnung hin und her, als wäre er von einer wichtigen Mission getrieben, deren Inhalt man ihm noch nicht mitgeteilt hatte. Seine Redeweise wurde sonderbar. Worte, immer wichtig für ihn, wurden nun zu Wegweisern, bestimmte Sätze zu Schlüsseln eines Codes. Wenn mein Sprachgebrauch ungenau war oder ich in meiner üblichen lässigen Syntax sprach, wurde Ed zornig, als hätte ich ihn geschlagen. Er versenkte sich ins Neue Testament und erklärte mir fieberhaft, jetzt sehe er alles. Jesus sei ein Revolutionär gewesen. In der Tat war das in den späten sechziger Jahren für bestimmte radikale Typen eine ansprechende Idee gewesen, aber für Ed war sie irgendwie in einen Zusammenhang mit seinem eigenen Identitätsgefühl geraten. Ed Dowling und Jesus Christus gegen die Gezeiten, Ausgestoßene, mißverstanden, aber insgeheim machtvoll, wahrhaftig, visionär.

Eines Abends in jener Woche sendete CBS ein Fernsehdrama über die Beziehung zwischen einem Vater und seinem autistischen Sohn. Ed schaute es sich mit einer Art krankhafter Faszination an und konnte nicht mehr lockerlassen. Sein eigener Vater hatte die Familie verlassen, als Ed sechs Jahre alt war. Seit Jahren starb nun der alte Mann, nachdem er mehrere Schlaganfälle erlitten hatte, im Pilgrim State Hospital den langsamen Tod eines Menschen, der am Ende seiner Kräfte war. Ed erwähnte seinen Vater fast nie und hatte ihn in der ganzen Zeit, die wir verheiratet waren, nie gesehen.

Frenetisch schrieb er in der Hälfte der Zeit, die er normalerweise zum Schreiben brauchte, eine leidenschaftliche, aber lose assoziierte Kritik der Fernsehsendung und eilte in die Stadt, um sie dem New Yorker Redakteur der *New Republic* auszuhändigen. Ed flog hoch auf den Flügeln der Manie.

Bis Freitag war er ernsthaft verstört. Am späten Nachmittag rief mich sein Chef vom Dienst an, um mich zu warnen. Ed sei krank, sagte er. »Er hat alle Fahnenabzüge zerrissen und irgendwas von ›Götzenbildern‹ gemurmelt. Gegen 4 Uhr hat er seinen Mantel geschnappt und ist aus dem Büro gerannt. Ich versuchte, ihm zu folgen, ihm zu sagen, daß er krank ist, und ihn in ein Krankenhaus zu bringen, aber er ist in ein Taxi gesprungen und abgehauen.«

Manchmal ist es für jemanden, der unerfahren ist, schwierig, Verrücktheit zu erkennen. Für mich war die Reaktion eines anderen als Bestätigung notwendig und die schockierende Handlung des Zerreißens von Fahnenabzügen. Ich versuchte zu denken, als Ed von der Bar des »Big Wilt Chamberlain's« in Harlem anrief. »Mach dir keine Sorgen«, sagte er. »Ich geh' bald nach Hause. Über Grant's Tomb.«

Ich sagte ihm, ich *mache* mir Sorgen. »Brad Dereckson hat angerufen und erzählt, was heute nachmittag im Büro vorgefallen ist.«
»O ja«, sagte Ed. »Black Bat Brad. Ich hätte wissen können, daß er anrufen würde. Er jagte mich aus dem Büro und auf die Straße. Er war hysterisch. Er versuchte, den Taxifahrer zu überreden, mich zum Krankenhaus zu fahren, aber ich weiß, wie ich mit Black Brad und seinesgleichen umgehen muß. ›*Maricon!*‹ rief ich dem Taxifahrer zu, und er schoß vom Bordstein weg und ließ den alten Dereckson mit hängender Zunge zurück.«
Das Verwirrende bei der Verrücktheit ist, daß sie ihre Momente greller Klarheit hat, ihren Anflug von Hochkomik. Jetzt, nachdem ich der Aufführung dieser Szene viele Male zugeschaut habe, habe ich es begriffen. Aber damals verwirrte mich Eds komische Episode nur noch mehr. Einer, der die Fahnenabzüge der Zeitschrift, für die er arbeitet, zerreißt, nach Harlem düst, um ein Bier zu trinken, und über Grant's Tomb nach Hause läuft, ist nicht geistig gesund, oder?
Oder doch? Mit Ed war es so weit gekommen, daß er seine Arbeit haßte, und ich konnte verstehen, daß er sich auf eine Art und Weise, die irreversibel war, aus allem herausziehen wollte. In seinem unheimlichen Verhalten verschüttet, lag der Kern von etwas Realem. Und doch, am Ende all dessen, was in dieser Woche vorgefallen war, die langen, dissoziativen Gespräche, in denen er verzweifelt versuchte, mir in einer Sprache etwas mitzuteilen, die immer bildhafter wurde, wußte ich, daß Eds jüngste Handlung das Todesrasseln all dessen war, was man geistige Gesundheit nennen konnte.
Aber selbst da konnte ich nicht anders, ich mußte kichern bei dem Gedanken, wie der alte Brad auf dem Bürgersteig mit den Flügeln schlug, als das Taxi davonsauste und Ed ins schwarze Herz des *Big Apple* trug, einer Bar, die einem Basketballhelden gehörte, dorthin, wo das kuriose kulturelle Phänomen, das Soul heißt, zu Hause ist. In Harlem, dem Zuhause der Erledigten, Zuhause der meisten geistig entrechteten Menschen in der Weltgeschichte, würde Ed sitzen und sein Bier trinken und seine entsetzlichen, rasenden Gedanken denken. In Harlem würde Ed sich zu Hause fühlen.
Als Ed um 7 Uhr nach Hause kam, hatte ich beschlossen, meine Therapiegruppe diesmal ohne ihn aufzusuchen. Ein Instinkt sagte mir, daß die Kinder nicht in Gefahr waren und daß ich selbst eine Menge Hilfe brauchte, um die bevorstehende Feuertaufe durchzu-

stehen. Bevor ich ging, rief ich unseren alten Psychiater Dr. Clug an. »Ed benimmt sich sehr seltsam«, sagte ich, »ich glaube, er ist manisch.«
Dr. Clug bat mich, die Symptome zu beschreiben. Ich tat es. »Na schön, jeder kann wegen Schlafmangel ausflippen«, sagte er. »Aber kommen Sie in mein Büro, und ich gebe Ihnen etwas für ihn.«
Er verschrieb eine schwere Dosis Thorazine *. »Das wird ihn wieder auf den Boden bringen«, sagte er. »Es sollte ihn für 20 oder 30 Stunden in Schlaf versetzen.«
Es war beinahe Mitternacht, als ich nach Hause kam. Eds Manie war erheblich fortgeschritten. Er wanderte in seinen Jockey-Shorts von Zimmer zu Zimmer, ein lebender Toter, mitten in einem Anfall geistiger Störung. Die elektrische Schreibmaschine summte im Wohnzimmer. Ed hatte versucht, etwas furchtbar Wichtiges aufzuschreiben, aber er wurde immer wieder zum Schlafzimmer hingezogen, wo meine Kosmetikartikel in Töpfen und Flaschen auf einem Regal neben dem Bett sorgfältig aufgereiht waren. »Komm und sieh dir das an«, sagte er, als ich zur Tür hereinkam.
Im Schlafzimmer zeigte er auf die ordentliche Reihe von Flaschen, adstringierende und feuchtigkeitsspendende Lotionen, Deodorant, Cremes, Puder. Er hatte sie alle so gedreht, daß ihre rückwärtigen Etiketten nach vorn zeigten. »Diese Etiketten enthalten Botschaften«, sagte er. »Die Chemiker, die in den Fabriken arbeiten, versuchen uns vor den Inhaltsstoffen in diesem Zeug zu warnen.«
Wie kriegt man jemanden, der paranoid ist, dazu, eine Tablette zu nehmen? Ich wußte, daß ich ihm nicht sagen konnte, daß Clug mir das Medikament gegeben hatte. Ed haßte Clug. Ich dachte an den sanftmütigsten, am wenigsten bedrohlichen Mann in unserer Therapiegruppe. »Scott hat mir ein paar Schlaftabletten für dich gegeben«, sagte ich. »Du brauchst wirklich ein bißchen Schlaf.«
»Ja«, sagte er, »es fällt mir schwer zu schlafen. Ich glaube, es holt mich langsam ein.«
Gott sei Dank nahm er die Tabletten. Ich wartete in der Hoffnung, daß er innerhalb von 60 Sekunden umkippen würde. Es funktionierte aber nicht so. Wenn der Organismus so aufgedreht ist, wie es bei Ed der Fall war, wirkt eine gewaltige Dosis Thorazine wie ein Stück Miltown bei einem Rennpferd. Jedenfalls eine Zeitlang.

* Beruhigungsmittel. Anm. d. Übers.

Wir machten das Licht aus und legten uns hin. Ed fing an, mit mir Sex zu machen. Ich ließ ihn. Es war, als wäre er ein Fremder. Das ging lange so fort. Ich hatte ein Gefühl, als hätte ich meinen Körper der Wissenschaft vermacht, wäre aber im Innern noch lebendig. Wann würde es vorbei sein? Wann würde er einschlafen?
Eine Stunde war vergangen, seit er die Tabletten genommen hatte, eineinhalb Stunden. Ed hatte sein Liebesspiel schließlich aufgegeben, weil in seinem Kopf ein Film begonnen hatte. Er lag still auf dem Rücken und schaute sich die Ereignisse seines Lebens an, die in Technicolor vorbeifluteten wie das letzte Erlebnis beim Ertrinken. Gegen Ende sang er: »Hi ho, hi ho, it's off to work we go« und kicherte. Dann begann er leise zu weinen.
»Was ist?« fragte ich.
»Mein Vater«, sagte er. »Ich weiß nicht, warum. Ich dachte plötzlich an meinen Vater.« Und dann schlief er ein.

Vorsichtig, besorgt, er könnte die Augen öffnen und mich wieder zurückholen, erhob ich mich aus dem Bett und ging durch den Flur ins Arbeitszimmer. Ich kniete vor der Couch nieder und betete zum erstenmal seit Jahren. *Bitte, lieber Gott, laß es gut ausgehen. Laß dies nicht mit mir geschehen. Bitte laß es vorübergehen.*
Und damit empfand ich eine große, schaudernde Erleichterung, denn ich wußte, augenblicklich und für immer, daß Gebete nicht bewirken können, daß etwas vorübergeht. Ich weinte meine tiefsten Tränen, weinte, als hätte ich zum erstenmal etwas gelernt, und wünschte, ich hätte früher gelernt, daß es Dinge im Leben gibt, die außerhalb meiner Kontrolle liegen, daß es die Hölle auf Erden, den Tod im Leben gibt, daß man tut, was man kann, und im übrigen nimmt, was man kriegen kann. Ich ging wieder ins Bett, und ich schlief. Ed schlief tief und fest neben mir, so tief, daß er nirgends zu sehen war.

Am nächsten Tag telefonierte ich, während Ed weiterschlief. Ich fragte einen Nachbarn, einen klinischen Psychologen, um Rat. Er gab mir Auskunft über mögliche Krankenhausregelungen. Es war völlig unmöglich vorauszusagen, in welchem Zustand Ed sein würde, wenn er aufwachte, unmöglich zu sagen, ob ein Krankenhausaufenthalt notwendig oder auch nur eine gute Idee wäre. »Im allgemeinen«, sagte mir der Mann, »ist ein Krankenhausaufenthalt

immer eine kraftraubende Erfahrung. Am Ende muß der Patient sich vom Krankenhaus ebenso erholen wie von der Krankheit.«
Wiederum erstaunte und erleichterte es mich zu wissen, daß man unmöglich etwas wissen konnte. Meine Reaktionen standen mir frei. Ich rief einen anderen Nachbarn an, um Regelungen für die Kinder zu treffen, falls Ed immer noch verwirrt sein sollte, wenn er aufwachte. Ich fühlte mich ruhig. Ich mixte eine große Ladung Hefe und Orangensaft, um Ed zu stärken, wenn er aufwachte. Ich funktionierte.
Nach 20 Stunden wachte Ed auf, er war zitterig, aber wieder bei Verstand. Er aß, trank den Orangensaft und schlief weitere zehn Stunden. Die Krise, so schien es, war vorüber.
Man sagt, es könne heilsam sein, etwas bis zum Ende durchzustehen. R. D. Laing sagt das, und es gibt Leute, die ihn dafür segnen, daß er es sagt. In der folgenden Woche klammerte sich Ed hartnäkkig an sein Erlebnis, überzeugt von seiner Besonderheit. Er habe Dinge gesehen, die ihm sonst verborgen geblieben wären. Er würde keine Angst haben, wenn es wieder geschähe. Tatsächlich würde er es willkommen heißen. Er sagte, er habe den weißen Vogel des Paradieses gesehen.

IX
Ausstieg

Manchmal stellt es sich heraus, daß der weiße Vogel des Paradieses nichts als eine lausige Taube ist. Ed war es gelungen, etwas ganz Prosaisches aus all seinen großartigen Visionen herauszulesen, aus den Engelstönen und Unsterblichkeitswiderklängen. Er entnahm ihnen, daß es für sein emotionales Überleben notwendig sei, von seiner Arbeitsstelle loszukommen und etwas zu finden, das seine Talente stärker forderte. Er tat nichts, um das Erlebnis, das er gehabt hatte, zu erforschen. Er weigerte sich, es als psychotisch zu bezeichnen, er nannte es lieber mystisch. Was blieb, waren weniger Abwehr und Schutz, und für eine Weile packte ihn die Angst, vor allem Angst um seine Zukunft.

Trotz der zerrissenen Fahnenabzüge nahm der Herausgeber der Götzenbilder Ed wieder auf, und er arbeitete für ein weiteres Jahr bei der Zeitschrift, bis er dann beim Public Broadcast Laboratory Arbeit fand, einem Experiment im öffentlichen Fernsehen, das von der Ford Foundation getragen wurde. PBL war ein Prestigeladen mit guten Leuten und gutem Geld. Ed wurde angestellt, um Öffentlichkeitsarbeit zu machen, Sendungen mit Kritikern und Rezensenten zu arrangieren, Magazinsendungen über den Bundesgerichtshof und ganz allgemein Rundfunknachrichten über das Experiment. Der Idee des öffentlichen Fernsehens verpflichtet; entzückt, für etwas bezahlt zu werden, wofür er sich entschieden engagierte, schien Ed glücklicher zu sein, als ich ihn je gesehen hatte. Ich bin sicher, daß eine Veränderung seiner Gefühle in bezug auf sich selbst dazu beitrug, daß er sich verliebte.

Eines Abends erzählte er mir, was geschehen war. Er habe sich im Lauf der Monate einer Frau in seinem Büro mehr und mehr zugetan gefühlt. Jetzt sei er in sie verliebt. Er wolle nicht mit ihr schlafen, bevor er mit mir gesprochen habe. Er liebe mich so wie immer, sagte er. Was er wolle, sei eine Beziehung mit uns beiden.

Meine Reaktion auf diese Nachricht war direkt und unkompliziert. Ich war stocksauer. Ich fand, er war wie ein Kind zu mir gekommen, als er mich um die Erlaubnis fragte, mit einer anderen Frau zu schlafen. Es ekelte mich an. Ich sagte ihm, daß er sich zwischen uns entscheiden müsse. Meine Wut war so klar und so wirkungsvoll, daß es schwierig ist zu sagen, welche tieferen Gefühle sie vielleicht barg. Aber ich hatte keine Angst, daß er mich verlassen würde. Ich glaubte immer noch, daß Ed es sich nicht leisten konnte, Mißfallen auszulösen.

Möglicherweise war ich auch dem Punkt nahe, wo es mir nichts ausgemacht hätte, wenn Ed gegangen wäre. Mein Buch war fast fertig. Ich hatte eine Menge durchgemacht und überlebt. Die Täuschung, die ich so lange hochgehalten hatte, nämlich, daß ich ohne Eds Hilfe nicht in der Lage wäre, in der Welt zurechtzukommen, verlor langsam, aber sicher ihre Macht. Es war so vieles geschehen, was sie Lügen strafte. Zwei weitere Jahre klammerte ich mich an ein letztes Stückchen dieser Täuschung, aber ich fing an, selbständiger zu handeln.

Als das PBL in Ermangelung weiterer Finanzierung zusammenbrach, ging Ed bei der Corporation for Public Broadcasting arbeiten. Sie war kein so innovativer Laden wie PBL, sie war durch einen Kongreßbeschluß ins Leben gerufen worden, und das Personal war eher typisch bürokratisch. Fast von Anfang an war Ed dort unglücklich. Er fühlte sich seltsam, wenn er in seinem mit Fensterwänden abgeteilten Büro im 26. Stock des Burlington-Hauses saß – der azurblaue Teppichboden, die weißen Wände, die Reihen von geschlossenen weißen Aktenschränken, der weiße Konferenztisch im Saarinen-Stil, an dem nie jemand konferierte. Es war der reine Antonioni. Bei noch so angestrengter Vorstellungskraft hatte er nicht genug Arbeit, um 40 Stunden auszufüllen, und für sein Gefühl noch viel weniger, um einen Scheck von 300 Dollar pro Woche plus Zulagen zu verdienen. Er versuchte seinen Mangel an Arbeit auszugleichen, indem er sich für das engagierte, was er für die Belange des Betriebs hielt. Er machte Angebote, schrieb Memoranden, lieferte Vorschläge. Aber niemand wollte zur Kenntnis nehmen, daß man einen Mann eingestellt hatte, der es frustrierend fand, zu wenig zu tun zu haben.

Der Herbst neigte sich, und Ed trank immer heftiger. Anfang Dezember überschritt er alle bisherigen Grenzen. An einem Samstag ging er mit Gabrielle um 9 Uhr morgens zu einem Zahnarzttermin.

Ich kam um 3 Uhr nachmittags vom Einkaufen zurück und fand ihn ausgestreckt auf der Treppe neben dem Fahrstuhl liegen, stockbetrunken. Gabrielle, sieben Jahre alt, saß schräg gegenüber in der Eingangshalle auf einem großen Holzstuhl beim Fenster. Die Sonne fiel auf ihr langes, glattes Haar. Sie trug einen kleinen wollenen Poncho, den meine Mutter für sie genäht hatte. Sie hielt die Hände ruhig im Schoß gefaltet. Ich weiß nicht, wie lange sie dort gesessen hatte.
Was ich all die Jahre gefürchtet und zu verhindern versucht hatte, war passiert. Ed hatte eines der Kinder in seine Trinkerei mit hineingezogen. Gabrielle erzählte mir, daß sie nach dem Zahnarzt in jeder Bar in der Amsterdam Avenue haltgemacht hatten, von der 86. Straße bis zur 101. Sie wußte, daß ihr Daddy zuviel Bier getrunken hatte, und sie hatte ihn gebeten aufzuhören, aber er wollte nicht. Dann fing er an, kleine Gläser mit Whisky zu trinken. An einem Zeitungsstand war sie verängstigt und peinlich berührt gewesen, als der Mann, der die Zeitungen verkaufte, Ed angeschrien hatte, der mit ihm über irgend etwas gestritten hatte: »Verschwinden Sie, zum Teufel!«
Ich hörte Gabrielle ruhig und vernünftig zu. Sie sprach ruhig und vernünftig. Mir erschien das völlig normal. Es dauerte einen ganzen Monat, bis ich imstande war zu erkennen, was tatsächlich geschah.
Ich hatte mich einer Frauen-Encounter-Gruppe angeschlossen. Eines Abends sprach eine Frau darüber, wie es gewesen sei, in einer Familie aufzuwachsen mit einem Vater, der Alkoholiker war, und einer Mutter, die ihn auf Kosten der Kinder schützte. Das Bild Gabrielles kam mir immer wieder in den Sinn, wie sie an jenem Tag in der Eingangshalle gesessen hatte, so kühl, so gelassen, so... abgeschnitten. Sie hatte Ed und ihre Gefühle in bezug auf ihn genauso behandelt, wie ich es tat. Es erfüllte mich mit Scham.
Am Tag nach der Encountergruppe sagte ich Ed, daß ich ihn verlassen würde, wenn er nicht für immer aufhörte zu trinken. Ich hatte noch nie zuvor eine solche Drohung ausgesprochen, und zu wissen, daß ich es ernst meinte, machte mir angst bis zur Übelkeit. Ed fügte sich stillschweigend, da er es aber noch nie geschafft hatte, länger als für ein paar Wochen mit dem Trinken aufzuhören, stand meine Ehe auf dem Spiel.
Man sagt, die Ehepartner von Alkoholikern haben ihren Anteil an

der Krankheit. Ich habe es gelesen, und ich glaube es. Sieben Jahre lang hatte ich mich auf Eds Trunksucht eingestellt, als hätte ich keine anderen Mittel, als damit zu leben. Ich argwöhnte nie, daß dabei vielleicht auch für mich etwas heraussprang.

Nachdem Ed aufgehört hatte zu trinken, änderte sich unser Leben. Er arbeitete nicht mehr für die Fernsehgesellschaft. Es überraschte niemanden, daß sie Ed nicht aufforderten mitzukommen, als sie ihr Werbebüro nach Washington verlegten. Und es überraschte mich nicht, als Ed, der fast 39 war, verkündete, er sei fertig mit Arbeitsstellen, die weniger als nichts bedeuteten, und er werde als Möbelpacker arbeiten oder in irgendeiner Fresseria Essen ausgeben oder sonst irgend etwas tun, um Geld zu verdienen, solange es ehrliche Arbeit außerhalb des Zunftgezerres war. Ich war dafür. Um die Wahrheit zu sagen: Ich hatte immer Schuldgefühle gehabt, wenn ich sah, wie er sich jeden Morgen für die U-Bahn startklar machte, während ich ins Arbeitszimmer ging, um zu schreiben und Musik zu hören. Es war eine Ungleichheit, auf die ich nie einen allzu genauen Blick werfen mochte.

1969, ein Jahr vor unserem Ausstieg, hatte unser Einkommen 26000 Dollar betragen. Ein Jahr später 8500 Dollar. 1970 waren 8500 Dollar 1000 mehr als das, was die Stadt als Existenzminimum für eine vierköpfige Familie in New York angab. Wir waren zu fünft.

Am 1. April, seinem ersten Tag der Freiheit, sagte Ed den Inhabern einiger Village-Speditionen Bescheid, daß er als Arbeitskraft zur Verfügung stehe, wann immer sie ihn brauchten. Er hatte seine eigene Theorie über das vollkommene Leben als ein Spagat zwischen körperlicher Arbeit und Denken. Er plante Teilzeit-»Arbeit« und Teilzeit-Schreiben.

Ich würde sagen, daß er im Schnitt drei Tage pro Woche arbeitete für drei Dollar die Stunde plus Trinkgeld. Aber der Arbeitstag eines Möbelpackers dehnt sich oft auf 12 oder 14 Stunden aus. Zwei Tage, an denen man Klaviere und Waschmaschinen schleppt, und man ist für die nächsten zwei Tage am Zusammenbrechen. Aber wenn um 6 Uhr morgens ein Anruf wegen Arbeit kommt, bleibst du nicht im Bett; du arbeitest – wiederum 12 oder 14 Stunden. Das nicht gewerkschaftlich organisierte Speditionsgeschäft ist so unvorhersehbar wie der Dow-Jones-Index. Selbständige Spediteure können es sich nicht leisten, die Arbeit an einem Tag herunterzuschrauben, weil sie nie wissen, wann es wieder welche gibt.

So wurden die Lebensmittel und die Dinge des täglichen Bedarfs in jenem Sommer mit dem Schweiß von Eds Angesicht bezahlt. Der Schweiß meines Angesichts floß in die Fertigstellung meines Buches. Drei Monate lang arbeitete ich zehn Stunden am Tag an sieben Tagen in der Woche, um ein Werk zu vollenden, das eines Tages vielleicht etwas Geld bringen, im Moment aber gewiß nichts helfen würde. Mir wurde allmählich klar, daß ich es als verheiratete Schriftstellerin leicht gehabt hatte. Meine Arbeit hatte uns Extras ermöglicht, war aber nicht mit einer wirklichen finanziellen Notwendigkeit verbunden gewesen. Plötzlich war die Notwendigkeit da, und sie war entscheidend.

Mitte September bekam ich einen Scheck über 1350 Dollar, die letzte Vorschußzahlung für mein Buch und das erste Geld, das ich seit dem Frühjahr verdient hatte. Es ging am einen Tag auf der Bank ein und am nächsten wieder raus in Gestalt von Schecks an den Vermieter für zwei Monatsmieten, an die Telefongesellschaft und an die *Automated Medical Collections* für eine superspezielle Wurzelbehandlung, der ich mich *vor* der Befreiung unterzogen hatte.

Nicht, daß ich daran interessiert war, den Scheck zu horten. Er reichte nur einfach nicht aus. Er reichte nicht aus für die Rechnungen, die mittlerweile lawinenartig zunahmen, und er reichte nicht aus, um mich psychisch für die Arbeit zu entschädigen, die ich in jenen Monaten geleistet hatte. Das Kind in mir nahm das übel und schrie auf. Es war der Anfang eines viel scharfkantigeren Professionalismus.

Wenn du kein Geld hast, fängst du an, die Dinge anders zu sehen, und diese neue Ansicht des Lebensstils kann genau die Einnahmequellen, auf die du zählen zu können glaubtest, zum Versiegen bringen. Eds Schreiberei zum Beispiel. Er hatte vorgehabt, jetzt, wo er die Zeit dazu hatte, regelmäßiger für *The New Republic* zu schreiben. Er schrieb ein paar Artikel und entdeckte, daß er sich anstrengte, die Dinge so darzustellen, wie sie es taten. Bald war klar, daß seine Ansicht von ihrer völlig verschieden war. Eines heißen Sommerabends, nicht lange nach der Kambodscha-Geschichte, sah Ed ein Interview mit Bobby Seale, das er nach den Maßstäben des Fernsehens für einen ungewöhnlich humanen Gedankenaustausch hielt. Am nächsten Morgen rief er Gilbert Harrison in Washington an und sagte, er wolle einen Artikel über das Seale-Interview schreiben. Harrison fragte, warum. »Ich fand ihn bezaubernd«, sagte Ed.

»Manche Leute finden Manson bezaubernd«, erwiderte Harrison.
Ed begriff, daß er, um überhaupt etwas über das Seale-Interview zu sagen, seine Beobachtungen in einen umfassenderen und weniger bedrohlichen Artikel würde verpacken müssen. Er tat es, und der Artikel wurde publiziert, aber diese Erfahrung gab ihm das Gefühl, daß er seine Ansichten nicht mehr für *The New Republic* verwässern wollte. Nicht, daß sie eine große Einkommensquelle gewesen wäre, aber wenn man kein Gehalt bezieht, zählen jede 75 Dollar.
Ein Jahr, nachdem Ed zu trinken aufgehört hatte, fing er wieder an – ein bißchen Bier, ein bißchen Wein. Meine Einstellung hatte sich gewandelt. Ich hatte festgestellt, daß Ed und ich Probleme miteinander hatten, die nicht mit den durch sein Trinken hervorgerufenenen dramatischen Krisen zusammenhingen. Die Sauferei und ihre Auswirkungen hatten uns beide erfolgreich abgelenkt. Im trüben, gleichmäßigen Licht von Eds Nüchternheit fühlte ich mich gelangweilt und unruhig. Es gab andere Dinge als das Trinken, die ihm im Weg standen, wenn es darum ging, das zu erreichen, was er wollte. Oder vielleicht war das, was er wollte, wirklich verschieden von dem, was ich wollte. Es war das erste Mal, daß mir dieser Gedanke gekommen war.
Ed hatte eine neue Arbeit als Zimmermann gefunden, die weniger als 100 Dollar pro Woche brachte, die seine ganze Zeit beanspruchte und die er liebte. Holzwerk freizulegen und Fensterrahmen abzuschleifen ließen ihm den Kopf frei, um den höheren Dingen nachzusinnen, sagte er. Er wurde sehr ansehnlich und muskulös und ließ sich einen rostfarbenen Bart wachsen. Er stand jeden Morgen um 6 Uhr auf, um gegen 8 Uhr die Innenstadt hinter sich zu haben. Feierabend war um halb fünf, aber die Mannschaft versuchte immer, noch etwas Zeit dranzuhängen, so daß er selten vor halb sieben nach Hause kam. Sein allabendlicher Anblick, wie er in seiner Thermo-Unterwäsche auf der Couch saß, eine kleine Flasche Bier in der Hand, Zeitung lesend oder die U-Bahn beobachtend, fing an, mich rasend zu machen. Der Held der Arbeiterschicht. Ich sehnte mich nach einer gelegentlichen Einladung zum Essen, die mir die Chance bot, ihn in etwas anderem zu sehen als in seinem gestreiften Overall, den er wie eine zweite Haut zu tragen sich angewöhnt hatte. Außerdem hatte ich langsam den Verdacht, daß sein Interesse an der Politik der Neuen Linken als negatives Selbsterhaltungssy-

stem fungierte. Wie kann ich in diesem bestehenden System irgend etwas mit meinem Leben anfangen? Ich habe Glück, daß ich diese ehrliche, einfache Arbeit habe. Ich kann mich glücklich schätzen, daß ich zurechtkomme.

Eines schönen Morgens war Ed draußen im Hof des Sandsteinhauses, das sie renovierten, pfiff vor sich hin und tauchte Fensterläden in einen großen Bottich mit Lauge, als er versehentlich etwas von dem Zeug verspritzte und ins Auge bekam. Ein anderer Mann eilte herbei und schüttete ihm Unmengen kaltes Wasser ins Gesicht und rettete so sein Auge in einer Weise, die die Ärzte im Krankenhaus später als unglaublich bezeichneten. Nach ein paar Wochen war das Auge vollständig geheilt, aber Ed war inzwischen entlassen worden. Wir hatten 70 Dollar auf der Bank und keine Arbeit in Aussicht. Ed ging zum Sozialamt, das uns in ein zeitlich begrenztes Programm, das sie »Familienbeihilfe in Notfällen« nannten, aufnahm, bis die Arbeitslosenunterstützung laufen würde.

Etwas von alldem war bei mir angekommen. Mein Buch war fertig und würde am 11. Mai herauskommen. In diesem Jahr des Experimentierens hatte Ed überhaupt nichts geschrieben, nachdem er entschieden hatte, daß seine politischen Ansichten für *The New Republic* zu radikal seien. Nach einem Jahr hielten wir uns gerade so über Wasser, und es schien, als hätten wir damit nichts erreicht. Ich hatte die japanischen Buchweizennudeln und den Dienstagabendfilm satt. Ich hatte es so verstanden, daß wir nach einem Sparprogramm leben würden, um Ed die Zeit und den inneren Frieden zu verschaffen, damit er schreiben konnte. Er pfiff, wenn er arbeitete, aber er schrieb nicht, und das machte mich wütend.

Sechs Jahre waren vergangen, seit ich zum erstenmal den Drang zu schreiben gehabt hatte, angetrieben von einem Gefühl der Unterdrückung, das ich nicht verstand. Nun geschah das gleiche wieder. Die Geschichte, die ich schließlich schrieb, war eine komische Mischung aus Sentimentalismus, einer Art romantischem Versuch, unsere Situation zu idealisieren, und Zorn.

Die Redakteure vom *New York Magazine* waren skeptisch, als ich ihnen erzählte, daß ich über das Jahr unseres Ausstiegs schreiben wollte. Die Idee gefiel ihnen, bis ich zum Sozialhilfe-Teil kam. Viele Leser würden damit nicht einverstanden sein, sagten sie. Gebildete Mittelschichtleute, die Sozialhilfe beziehen? Es sei nicht so, daß sie Kontroversen vermeiden wollten. Im Gegenteil, wenn man es richtig anstellte, kamen Kontroversen der Verbreitung zugute. Ob sie meinen Artikel würden drucken können, hänge weitgehend davon ab, welchen Ton ich anschlagen würde, sagten sie. In Ordnung, sagte ich. Ich werde nach Hause gehen und ein paar Takte summen.

An jenem Abend ging ich nach Hause und begann zu schreiben. Die Worte kamen leicht wie in jener Nacht, als ich zwischen Conors Fütterungen zu schreiben begonnen hatte. Ich fing ganz von vorn an und schrieb neun Seiten, die ich am nächsten Tag einschickte. Die Redakteurin rief mich sofort an.

»Ich weiß, es ist etwas ungewöhnlich«, sagte sie, »aber meinen Sie, Sie könnten Ihren Artikel bis morgen fertigschreiben? Wir mußten gerade unsere Titelgeschichte für die Nummer der nächsten Woche fallenlassen und würden statt dessen gern Ihren Artikel bringen.«

Ich sagte ihr, ich würde den Text nicht verderben wollen, indem ich mich zwang, den Termin einzuhalten; es müsse von selbst kommen. Es kam dann tatsächlich sehr von selbst.

Es war die erste Woche im Mai. Von da an passierte alles sehr schnell. Durch einen glücklichen Zufall erschien der *New-York*-Artikel am 11. Mai an den Zeitungsständen, am selben Tag, an dem mein Buch erschien. Ein Künstler hatte für den Titel eine besondere Zeichnung anhand von Fotos gemacht, die er von mir und Ed und den Kindern gesehen hatte. Sie zeigte unsere Köpfe, die im geschmolzenen Asphalt einer Straße der New Yorker Stadtmitte versanken. Die Redakteure hatten meinen Arbeitstitel genommen, »Dropping Out in New York«, und eine nähere Bestimmung nach ihrem Verständnis hinzugefügt, gerade so, daß die Leute wußten, auf welcher Seite die Zeitschrift stand. Die Überschrift auf der Titelseite lautete: »Dropping Out in New York: An Experiment in Middle-Class Fantasy.«

Damit war die Kacke am Dampfen. Plötzlich waren Ed und ich Berühmtheiten. Im Bus und in der U-Bahn starrten die Leute uns an, sie erkannten uns nicht nach der verzerrten Titelzeichnung, sondern von Fotos, die dem Artikel beigefügt worden waren. Es ergoß sich eine Flut von Post, beglückwünschend oder empört. Ein Reporter von der *Washington Post* kam mit einem Fotografen in unsere Wohnung, um eine Story über uns zu machen. Die Universität von New York bat um einen Diskussionstermin. Fernsehproduzenten in Boston, Baltimore und Philadelphia forderten mich auf, in ihren Sendungen aufzutreten, was ich tat, und ich nutzte die Gelegenheit, um für mein Buch zu werben. Ein Soziologe schrieb wegen der Erlaubnis, den Artikel in eine Anthologie über Familienleben aufzunehmen.

Die Leute vom Sozialamt kriegten einen Rappel. Sie riefen meine Agentin an und Lippincotts Hauptbüro in Philadelphia, überzeugt, ich sei schon dabei, von den Tantiemen meines Buches reich zu werden. Wir waren zu dem Zeitpunkt schon sechs Wochen stempeln gegangen und hatten wöchentliche Schecks mit komischen Beträgen erhalten, 67 Dollar die eine Woche, 84 Dollar die nächste, genug, um uns die Buchweizennudeln zu erhalten. Sobald meine Bezahlung vom *New York Magazine* kam, 500 Dollar abzüglich der Agentenprovision, flogen wir *pronto* aus der Sozialhilfe raus.

In den zwei Wochen nach der Veröffentlichung des Artikels geschah etwas, das einstweilen unbegreiflich erschien. Mir kam die Idee, wie ein Blitz, daß ich nicht mehr verheiratet sein wollte. Offensichtlich hatte ich für mich beim Schreiben des Artikels die zunehmende Diskrepanz zwischen Eds Vorstellungen vom Leben und meinen eigenen artikuliert. Es war fast, als müßte ich meine Unabhängigkeitserklärung öffentlich abgeben, um nicht wieder davon abzurücken. Beim Vorgang des Schreibens war mir nichts davon bewußt, aber es bedeutete letzten Endes, daß ich raus wollte.

Wie wirst du einen Ehemann los? Mit Hilfe welcher Autorität brichst du einseitig einen Vertrag, der für so lange Zeit als gegenseitig betrachtet worden ist? Und mit welchen Mitteln? Ich hatte nicht einmal Haß, um mich anzuspornen. Der Punkt schien einfach der zu sein, daß mein Leben mit Ed nicht gut genug war, daß die Kompromisse, die unser Zusammenleben mit sich brachte, mich furchtbar unterdrückt hatten und daß ich weder das Gefühl hatte, geliebt zu werden, noch zu lieben.

Wir hatten den Plan, im Sommer in eine Künstlerkolonie zu gehen, wo Ed als Gegenleistung für die Kosten unseres Aufenthalts als Koch arbeiten wollte. Ich überredete ihn, die Kinder mitzunehmen und mich in der Stadt zu lassen. Wir brauchten Zeit, um voneinander getrennt zu sein. Ich mußte nachdenken und allein sein. Vielleicht, dachte ich bei mir, würde ein Sommer ausreichen. Vielleicht würden sich die Dinge wandeln, unsere Beziehung sich in irgendeiner entscheidenden Weise verändern, so daß wir im Herbst anders weitermachen könnten. Ed sagte, das sei gar keine schlechte Idee,

und fuhr los, aber eine Woche Nachdenken über meinen Sommer allein war genug, um mich wissen zu lassen, daß zwei Monate nicht ausreichen würden. Ich wollte wirklich nicht mehr mit Ed zusammensein.
Ich sagte es ihm, und er war schockiert. Bis dahin war keinem von uns die Möglichkeit einer Trennung in den Sinn gekommen. Neun Jahre sind eine lange Zeit. Neun Jahre lang hatten wir zusammengehockt wie zwei Pilze auf dem Waldboden, kaum in der Lage, das Sonnenlicht zwischen den Baumwipfeln zu erblicken. Das also kann die Ehe anrichten, Ehe und Kinder und finanzielle Verpflichtungen. Es ist leicht, ohne nachzudenken in einer Ehe zu leben. Du richtest den Blick auf den nächsten Tag, als wäre er das einzig Entscheidende. Deine Seele und dein Geist können sterben in einer Ehe; dein Körper kann zur leeren Hülle werden.
Als müßten wir uns etwas beweisen, hatten wir noch einen letzten Streit. Er fand am Ende eines langen, angenehmen Tages in Connecticut statt, wo wir mit den Kindern bei Freunden gewesen waren. Wir kamen um 1 Uhr nachts in der Grand Central Station an. Ed war ziemlich betrunken, aber ruhig. Wir hielten in der Lexington Avenue nach einem Taxi Ausschau, als Conor sagte, daß er auf die Toilette müsse. Ed ging mit ihm in eine Bar, und ich wartete draußen mit Gabrielle an meiner Seite und der schlafenden Rachel auf dem Arm. Fünf Minuten verstrichen. Zehn. Rachel war schwer auf meinem Arm. Ich packte Gabrielles Hand und marschierte in die Bar. Da war Ed und trank ein Bier, Conor auf dem Barhocker neben ihm. Nachdem ich neun Jahre lang geschworen hatte, daß ich mich nie zu einer öffentlichen Jiggs-und-Maggie-Szene herablassen würde, ließ ich mich herab, und es war wunderbar. Ich stand am Eingang und schrie: »Ed! Verdammte Scheiße, was denkst du dir eigentlich?«
Eine ganze Kneipe voll trüber, betretener Köpfe schwenkte herum, um uns anzugucken, Symbol all dessen, dem sie zu entfliehen versuchten – Mutter mit schlafendem Kind, die Abhängigen, die Verantwortung, das ganze Fließbandleben. Sie schauten mich voller Zorn und Verachtung mit zusammengekniffenen Augen an, aber sie waren mir nicht gewachsen.
Ich verließ die Bar, und Ed folgte mir sofort mit Conor. Auf dem Heimweg redeten wir nicht. Dann, im Treppenhaus, sagte Ed, er habe sich den ganzen Abend darauf gefreut, mit mir zu schlafen. Es war unglaublich. Als ich nein sagte, hielt er seine Wut zurück, bis wir

in der Wohnung waren. Er stieß mich zu Boden. Alte Bilder tauchten auf; ich mit dem Rücken zum Kühlschrank, sein Bauch gegen meinen, seine Faust, die auf Tische und gegen Türen hämmert, ein großes Fleischmesser, das er voller Ungestüm auf den Boden schleuderte. Ich war beinahe dankbar für den Schmerz in meinem Körper, der mir sagte, daß meine alte Angst davor, daß Ed mich grün und blau schlagen könnte, kein Wahn war.

Es dauerte nicht lange. Ich hatte sofort zu schreien angefangen, und Ed stand drohend über mir, erstarrt, genauso angstvoll wie ich vor dem, was er tun könnte. Meine Schreie waren zu den Fenstern hinaus und in die würzige Nachtluft gedrungen. Nach ein paar Minuten klopfte die Polizei an die Tür. Ich weinte und sagte ihnen, sie sollten wieder gehen. Sie gingen.

Wir lagen einander in den Armen und weinten, Ed und ich, eine Stunde oder länger. Wir weinten um unsere Ehe, die neun Jahre, die Kinder, die wir liebten, die hoffnungslosen, bitteren Kämpfe. Wir weinten, weil wir wußten, daß wir noch nie zuvor so geweint hatten und daß es zu spät war. Wir weinten, weil es keine Illusionen mehr gab.

Zweiter Teil

X

Lose Enden

Als meine Ehe zu Ende war, glitt ich dahin. Wie ein kleiner platter Stein, der flach übers Wasser geworfen wird, sprang ich nur für einen Augenblick nieder, um wieder weiterzufliegen. Ich flog nach Kalifornien, um jemanden für einen Zeitschriftenartikel zu interviewen, dann nach Georgia, um für einen Film, den eine Freundin von mir machte, über Country Music zu recherchieren. Es gefiel mir, gerade genug Geld zu verdienen, um uns vier zu versorgen. Wenn ich verreisen mußte, nahmen Freunde sich der Kinder an, während ich fort war, oder Eds Mutter kam, um bei ihnen zu bleiben.

Das Leben erschien auf einmal so leicht, als wäre ein Gewicht von mir abgefallen, um mich auf der Oberfläche des Wassers tanzen zu lassen, ohne daß ich unterging. Ich trug jetzt Kleider und fleischfarbene Strumpfhosen. Ein warmer Wind fuhr unter meinen Rock und streichelte meine Beine. Ich erlebte eine Art Schwerelosigkeit. Nichts schien unüberwindlich; nichts bedrängte mich. Ohne einen Mann, der ihr wie schwerer Schmuck am Hals hängt, kann eine Frau alles. Eine Frau allein kann singen und lieben und voller Power sein.

Dieser Stand der Dinge dauerte etwa ein Jahr. Ich hatte einen Liebhaber, Jeff, den ich zwei Abende pro Woche sah. Ich arbeitete, und das Schreiben ging besser. Ich säuberte die Wohnung von Eds Sachen, ging spät schlafen und stand spät auf, glücklich über die glatte Weite meines Bettes. Die Kinder waren wunderbar, mein Kopf klar. Dann, ohne Vorwarnung, als kämen sie von draußen, als hätten sie nichts mit mir zu tun, wieder diese seltsamen Symptome, nur schlimmer diesmal, Schwitzen und Entsetzen, Schwindel, Weinkrämpfe. Ich ruderte mit den Armen und trat Wasser, um nicht unterzugehen. Ich versuchte zu denken und stellte fest, daß ich es nicht mehr gewöhnt war.

Es waren lange Nächte voller Panik, Tage voll düsterer Träume. Ich schien zum Leiden bestimmt, ich hatte das sorglose Kind in mir verloren, die leichtherzige, unverbesserliche Frau-Mutter. Ich hatte geglaubt, daß ich unter all dem eine Persönlichkeit hätte. Ich hatte geglaubt, ich bräuchte nur das warme, klebrige Seegras der Ehe abzuwerfen, um frei zu sein. Aber nackt hatte ich vergessen, wer ich war. Ängste hielten mich gefangen.

Ein Mann mit Aktentasche bleibt auf der Straße stehen, um gegen einen Briefkasten zu treten. Er tritt langsam, methodisch, mit einer entleerten Wut. Ich fahre im Taxi vorbei. Ich starre ihn an und schaudere.

Auf dem Bürgersteig neben der *Bodega* lebt ein alter Mann mit schwarzen Schuppen auf dem kahlen Kopf. Meistens schläft er, und die Sonne knallt auf seinen haarlosen Schädel. Er ist schon seit mehreren Monaten dort.

Ein Mann, ein Penner in einem blauen Oxfordhemd, der auf einem umgedrehten Milchkasten an der Ecke 96. Straße/Broadway sitzt, sieht aus wie der Zwillingsbruder meines Liebhabers, der gleiche Körperbau, der gleiche graugesprenkelte Bart, das gleiche hübsche irische Gesicht mit dem düster nach innen gekehrten Ausdruck. Mein Mann wurde, nachdem ich ihn verlassen hatte, eine Zeitlang verrückt und letzten Winter wieder. Werden alle meine Männer verrückt?

Als forderten die Symptome mich zu etwas Bestimmtem auf, beendete ich die Affäre mit Jeff. Er, ein älterer Mann, war beständig gewesen, kaum mehr. Vor langer Zeit hatte er sich wegen seines Herzens strenge Grenzen auferlegt, und so war seine Liebe zu mir, wenn man es so nennen konnte, sparsam. Einmal, als sein Vater starb, weinte er. Näher als da fühlte ich mich ihm nie. Plötzlich (die Dinge kamen jetzt immer plötzlich) war es nicht mehr genug.

So begann für mich eine lange Phase, in der ich ohne Liebe lebte. Ich dachte, das müßte möglich sein, und kasteite mich selbst dafür, daß ich es so schwierig fand, während Enge und Einschränkung in mein Leben einzogen. Wie konnte ich jemals erwarten zu lieben, wenn ich nicht ruhig oder gar heiter allein leben konnte? Ich hatte einige Freunde, stellte aber fest, daß sie mir nicht das enge Steckkissen der Liebe geben konnten, die Wickelbänder, die ich brauchte, um mich sicher zu fühlen. Angst überfiel mich im Supermarkt und in der U-Bahn, eine scharfe, schwirrende Benommenheit, ein Fluoreszieren des Geistes. Die Beständigkeit, auf die ich mir etwas zugute gehalten hatte, meine Beständigkeit war verschwunden. Es gab Zeiten, wo ich mich nicht dazu bringen konnte, die Wohnung zu verlassen. Gefahr lauerte in den Straßen, in den Gesichtern und Mänteln, Gefahr, die sich in den Schaufenstern verdoppelte. Da die Gefahr keinen Namen hatte, wußte ich, daß sie irrational war.

Die Decke in unserer Wohnung war nicht mehr glatt wie vor sechs Jahren, als wir eingezogen waren. Große, wellige Farbplacken lösten sich und kamen schließlich herunter. Nachts, wenn es still war, konnte ich hören, wie sie auf den Boden fielen. Der Anstrich war seit drei Monaten fällig, aber ich war zu müde, um für die Maler die Möbel umzuräumen.

Es war beinahe August; seltsamer Gedanke, daß ich seit Oktober keinen Liebhaber hatte. Zum erstenmal in 35 Jahren war ich ganz allein. Selbst die Kinder waren jetzt fort, mit ihrem Vater in den Ausläufern der Berkshire Mountains. Im Sommer gingen sie mit ihm und lauerten im Farn auf Schmetterlinge. Ich drehte mich in meinem verschwitzten Bett hin und her, fremde Stimmen flüsterten mir ins Ohr.

Im Restaurant wurde ich jetzt oft von dem Bedürfnis überwältigt, meine Serviette auf den Tisch zu legen und zu gehen. Ich kämpfte dagegen an. Nie war es so, daß ich tatsächlich aufstand und ging. Ich hatte Angst, die Person, die von mir erwartete, daß ich bis zum Ende der Mahlzeit blieb, zu enttäuschen oder zu verärgern oder zu beleidigen. Manchmal bekam ich nicht mit, was die Leute sagten, weil ich mich so sehr darauf konzentrieren mußte, das Bedürfnis zu gehen niederzukämpfen. Ich glaubte, daß ich nie wieder ein Restaurant betreten würde, wenn ich einmal ging. In New York erledigen Schriftsteller einen großen Teil ihrer Geschäfte in Restaurants.

Ich schämte mich wegen dieser Zustände. Ich war zu alt, um mich so hilflos zu fühlen, aber nicht alt genug, um meine Phobien als charmante Exzentrik zur Schau zu stellen. Mein Leben war an einen toten Punkt gelangt, und ich konnte mich weder vorwärts noch rückwärts bewegen. Meine Wahlmöglichkeiten gingen verloren, dahingerafft von Ängsten, die irrational waren.

Ein Schnellzug raste in den Bahnhof an der 34. Straße, Schwindel überflutete mich, und mir wurde schwarz vor Augen. Ich saß auf

einer Münzwaage, die dir für einen Nickel auch dein Horoskop gab. »Wir können diesen Zug nicht nehmen«, sagte ich zu meiner Tochter. »Er ist zu voll.«
Ich schaute in mein Portemonnaie, aber da war nicht genug Geld für ein Taxi. Der Nahverkehrszug war nicht so überfüllt, und es gelang uns, einen Sitzplatz zu bekommen. Ich zog Gabrielle auf meinen Schoß und lehnte meinen Kopf gegen ihren Rücken.
Dasselbe Gefühl überfiel mich, als ich im Supermarkt in der Schlange wartete. Ich wollte den überquellenden Einkaufswagen stehenlassen und aus dem Laden laufen, aber was würden wir dann essen? Ich sah mich nach Conor um und hoffte, mich in irgendeiner Art von Wirklichkeit zu verankern, hoffte, mich zu überzeugen, daß, weil ich ihn auf die Welt gebracht und diese acht Jahre lang großgezogen hatte, ich sicher gesund sei. Ich hatte zwei Ziele: lange genug in der Schlange zu warten, um meine Einkäufe zu bezahlen, und nicht ohnmächtig zu werden.
Danach kaufte ich nur noch in dem kleinen Tante-Emma-Laden um die Ecke ein. Selbst da begann mein Kopf zu schwimmen, sobald ich durch die Tür war oder noch früher in der Vorwegnahme, wenn ein Schub erst einmal angefangen hatte. Mein einziger Gedanke war, rein- und so schnell wie möglich wieder rauszugehen. Ich schnappte Sachen aus den Regalen und achtete kaum darauf, ob es das Richtige war oder wieviel sie kosteten, armselige Getreideflocken in großen Schachteln, die lange reichen würden, luftige Packungen mit Fertiggerichten, weil ich nicht mehr den Nerv hatte, für anständiges Essen vorauszuplanen und einzukaufen und es zuzubereiten.
Die Benommenheit nahm zu, je länger ich im Laden blieb. Ich warf die Sachen wie besessen in den Korb, Schmelzkäsepackungen und Thunfischdosen, große Mengen Bier und Diätsprudel, abgepacktes Obst noch und noch und schließlich an der Theke noch ein Zehnerpack Lipton's Instant-Eisteepulver, in Alutüten abgepackt. Ich gab meine Adresse an für den Lieferzettel und rannte aus dem Laden. Wieder schaffte ich es, nicht ohnmächtig zu werden. Ich verwandte viel Energie darauf, nicht ohnmächtig zu werden. Bis jetzt war ich noch nie ohnmächtig geworden. Ich hatte Angst, daß, wenn es geschähe, niemand da sein würde, um mich aufzuheben.

Es löst Entsetzen aus, wenn du vernunftlos wirst, besonders wenn andere von dir abhängig sind, wenn du für ihren Lebensunterhalt verantwortlich bist. Ed war seit unserer Trennung schon zweimal verrückt geworden. Einmal war er ins Krankenhaus gekommen, und einmal tobte er auf der Straße, betrieb seine eigene Präsidentschaftskampagne und schrieb sein Programm an Scheißhauswände. Es ging nicht, daß die Kinder noch ein Elternteil durch Verrücktsein verloren, und es war Verrücktsein, was ich fürchtete. Ich hatte gesehen, wie es einen anderen überfiel, hatte beobachtet, wie es so mächtig und plötzlich wie ein Wirbelsturm am Himmel erschien und in seinem Kielwasser die toten, zerborstenen Trümmer eines Lebens zurückließ. Geisteskrankheit konnte aus dem Nichts kommen, konnte jeden treffen. Wer wußte um die furchtbaren inneren Wirkungsweisen des Geistes?

Ich begann mir Sorgen zu machen, daß ich vielleicht nicht imstande sein würde, die Kinder weiter zu ernähren. Auf die fundamentalen Aspekte meiner Aufgabe als Versorgerin zurückgeworfen, wußte ich, daß ich scheitern könnte, wenn die Dinge so wie bisher weiterliefen.

Eine Freundin versuchte, mir zu helfen, den Dingen auf den Grund zu gehen. »Was ist das Schlimmste, was passieren könnte, wenn du nicht mehr für den täglichen Bedarf einkaufen gehen könntest?« fragte sie. »Kümmere dich nicht darum, ob es vielleicht absurd klingt.«

Sofort kam mir ein Bild vor Augen. Oh, es war ein törichtes Bild, gewiß, aber es tauchte so klar und lebhaft wie ein Dokumentarfilm im Fernsehen vor mir auf. Die Kinder und ich schmachteten auf dem Teppich im Wohnzimmer, unterernährt, zu matt, um uns zu bewegen, die Knochen der Kinder zerbrechlich wie die von Vögeln, ihre Bäuche gebläht wie die von Kindern aus Biafra. Das Bild erschien so wirklich, daß ich weinte.

Eine Geschichte entfaltete sich. Meine Freunde würden an die Tür kommen, um nach uns zu schauen, aber wenn sie unseren Zustand sehen würden, würden sie sagen: »Sieh doch, wie du durch unsere frühere Hilfe geschwächt worden bist. Wenn wir dir jetzt helfen, wirst du nie wieder auf die Beine kommen.« Und dann würden sie fortgehen. Die Kinder, die alt genug waren, um einkaufen zu gehen, würden sich aus ähnlichen Gründen weigern. »Mami«, würden sie sagen, »das ist *deine* Sache!« Und so würden wir schließlich sterben.

Meine Freundin fragte, ob ich meinen Kopf in ihren Schoß legen möchte. Die Vorstellung machte mir angst, aber ich tat es. Ich rollte mich auf der Couch zusammen, den Kopf in ihrem Schoß, und ich weinte. Ich weinte nicht um die Kinder in Biafra oder um meine Kinder, ich weinte um mich. Ich weinte, weil ich mir nicht vorstellen konnte, daß ich bei meiner eigenen Mutter den Kopf in den Schoß legte und sie mir ruhig das Haar streichelte. Ich bin 35 Jahre alt, und es ist nicht richtig, daß ich das immer noch brauche. Einmal im Jahr, zu Weihnachten, besuche ich meine Mutter und meinen Vater in South Carolina und erzähle ihnen, wie gut alles läuft.
Diesmal beschloß ich, die Wahrheit zu sagen. Wir telefonierten miteinander, und ich war zu erledigt, um zu lügen.
»Ich glaube, ich bin phobisch«, sagte ich. »Ich habe immer wieder Schwindelanfälle, und ich habe Angst, auf die Straße zu gehen.«
Am nächsten Tag, als sie ihre Gedanken geordnet hatte, schrieb meine Mutter mir einen Brief. »Meinst du nicht, du solltest etwas Diät halten?« fragte sie. Dann tippte sie für mich die Adele-David-Anti-Streß-Formel ab, eine Mixtur, die aus Eiern, Joghurt, Calcium, Magnesium, Bierhefe und tiefgekühltem Orangensaft bestand.
»Ich nehme konzentrierten Papayasaft statt Orangensaft«, sagte sie. »Ich finde, er verdeckt den Geschmack der Hefe besser.«
Später in derselben Woche schrieb mir auch mein Vater. »Ich höre, daß Deine Mutter Dir etwas über Diät geschrieben hat. Ich unterstütze diesen Plan aus ganzem Herzen«, sagte er. »Dies ist keine bloße LAUNE. Außerdem hoffe ich, wenn Du auch nicht mehr zur Kirche gehst (aus welchen Gründen auch immer), daß BETEN Dir nicht heuchlerisch vorkommt. Nachdem ich so viel über die Evolution nachgedacht habe, bin ich zu dem Schluß gekommen, daß das HÖCHSTE WESEN die einzige Quelle der Kraft und Hilfe ist, auf die wir uns verlassen können. Das HW ist der Ursprung evolutiver Richtungsanweisung, und ER wird uns retten. Er (?) hat es versprochen, und Er (?) soll es halten.«

Ich mußte für eine Weile raus aus der Stadt. Meine Nerven waren so empfindlich geworden, daß Lärm mich fertigmachte, die heulenden Sirenen, die Unfälle, die sich mehrmals am Tag auf der West End Avenue unter meinem Schlafzimmerfenster ereigneten, die Streitereien von Fremden und Liebespaaren in betrunkenen Sommernäch-

ten. Mit Karen, einer Frau, die auch ihre Ehe beendet hatte, aber diesen Wechsel in ihrem Leben besser zu verkraften schien als ich, mietete ich ein Haus in einem ruhigen Ort auf Fire Island.
Morgens saß ich auf der Veranda vor unserem kleinen Haus an der Bucht und arbeitete für die Erziehungsbehörde an einem Skript zur Aufhebung der Rassentrennung an Schulen. Im übrigen wollte ich mich meinem Alleinsein stellen, wollte es akzeptieren, mich davon ausfüllen lassen.
Wenn Karen wegen ihrer Werbeaufnahmen zurück in die Stadt mußte, lernte ich, meine ungeteilten Erlebnisse am Strand zu genießen. In den Dünen grub ich Pflanzen aus und steckte sie in kleine Töpfe mit nassem Sand, die ich im Haus aufstellte. Ich ging hinaus auf die Landzunge, die man zum Schutzgebiet für Küstenvögel erklärt hatte, und beobachtete die Seeschwalben und Strandläufer. Ich grub nach Muscheln, watete 30 Meter hinaus und hockte mich auf den Grund der Great South Bay, zwischen Kammuscheln und Einsiedlerkrebsen, den langen, dünnen Bohrmuscheln. Und abends saß ich auf meiner Veranda und beobachtete, wie das Leben in der Bucht langsam zur Ruhe kam, wie die Jungen und Mädchen ihre Riesenhaie in den Sand betteten, beobachtete, wie die letzte Fähre zum Festland abfuhr. Und dann war ich allein. Und in mir war so etwas wie Frieden. Als das Broadway Central Hotel in die darunter liegende U-Bahnstation stürzte, las ich die Nachricht mit distanziertem Interesse.

XI
Gespräche mit einem ertrinkenden Kind

Allein, und die Augen in meinem Spiegel wurden leblos. Tiefe Ringe, Hautsäcke, tiefe Furchen über der Nasenwurzel. Schließlich zischte der Schmerz einer kaputten Ehe in mir auf, aber ich konnte nicht loslassen.

Es ist schockierend zu entdecken, daß die Fähigkeit zurechtzukommen nichts mit Reife zu tun hat. Als Ed psychotisch wurde und seine Kampagne für die Präsidentschaft plante, selbst als er Böses in den »Botschaften« auf den Etiketten meiner Kosmetikflaschen las, konnte ich für ihn sorgen. Als er nach unserer Trennung wieder krank wurde, arrangierte ich alles Notwendige für Krankenhaus und Ambulanz. Ich weinte erst, als sie mir von der Zwangsjacke erzählten. Es schien wichtig, nicht zu weinen.

Einige Tage nach dem ersten Angstanfall rief ich in einem Krankenhaus in der Nähe an und suchte einen rotbärtigen Psychiater auf. Er sagte wenig und sah mich mit einer schrecklichen, stummen Freundlichkeit an. Er arbeitete in einem winzigen Sprechzimmer mit Kinderzeichnungen an den Wänden. Die meisten seiner Patienten sprachen spanisch. Ich mochte ihn sofort wegen seiner Sanftheit und wegen der Art, sein Leben zu leben, für die er sich entschieden hatte.

»Fühlen Sie sich überwältigt?« fragte er.

Ich weinte, und er saß da und schaute mich an. Die Symptome waren ernst und die Probleme, so schien es, kompliziert. Mein *Leben* war kompliziert, so kompliziert, und ich begann zu erkennen, daß ich sehr wenig über mich wußte.

Wir kamen überein, daß möglicherweise eine Psychoanalyse gut für mich wäre. Seine Klinik, sagte er, sei für diese Art Behandlung nicht eingerichtet. Ich dachte an die abgerissenen Männer und Frauen, die jeden Tag zur groben Behandlung ihrer schweren Probleme in die Klinik strömten, und ich fragte mich, ob in diesem Land je eine arme Person psychoanalysiert worden sei.

Ich andererseits konnte mich an die Klinik eines bekannten psychoanalytischen Ausbildungsinstituts wenden und warten. Phobisch, gewiß, aber wenigstens gelang es mir, die Miete aufzubringen.
Sechs Monate wartete ich, ob sie mich annehmen würden. 3 Uhr morgens; trinken, denselben einsamen Schallplatten lauschen. 3 Uhr nachmittags; wenn die Kinder aus der Schule kamen, konnte ich mich nicht aufraffen, aufzustehen und sie zu begrüßen.
»Bist du krank, Mami?«
»Nein, Liebes, nur müde.«
»Wann stehst du auf, Mami?«
»Bald, Liebes, bald.«
Abends kuschelte ich mich unter eine Steppdecke und sah mit den Kindern fern und weinte bei den meisten Sendungen über Gesundheit und ärztliche Behandlung und bei den meisten Sendungen mit jungen Polizisten.
»Wein doch nicht, Mami«, sagte Conor dann. Ich sagte ihm, er solle sich keine Sorgen machen, weinen könne gut für einen sein, aber er schaute ungläubig. Man weint, wenn einem etwas weh tut, und was ist das für eine Medizin?
Der Mann mit dem roten Bart sah mich weiterhin einmal pro Woche, aber es war nicht genug. Die Anfälle kamen wieder, und oft mit Wut im Gefolge. Einmal stellte ich mir vor, daß ich Steine in die Fenster des kunstvollen Gebäudes aus weißen Steinen warf, in dem das Institut untergebracht war. In dem Maß, wie ich das Institut brauchte, haßte ich es mit seinem roten Plüschteppichboden, seinen hohen schweren Türen und den stillen Gängen. Es gab Interviews, psychologische Tests und dazwischen lange, stumpfe Zeitspannen. Es mußten Überlegungen angestellt werden. Du kommst nicht an so einen Ort, weil du krank bist und eine Dekompensation begonnen hat. Du kommst dorthin, weil du von besonderem psychiatrischem Interesse bist, weil dein Fall in ein noch nicht durchgesetztes Forschungsprojekt paßt, weil jemand, dem du noch nie begegnet bist, weil ein Gremium von Leuten, denen du noch nie begegnet bist, entscheidet, daß du »einer Behandlung zugänglich« bist.
Angenommen, ich werde nach alldem nicht genommen? Mir waren fünf solche Kliniken in der Stadt bekannt. Würde ich mich bei jeder derselben Prozedur unterziehen müssen, nur um drei Jahre später herauszufinden, daß mein Fall für keine von ihnen passend war?
»Bestimmt nehmen sie dich am Ende«, sagte eine Freundin beruhi-

gend. »Ich habe im *New York Magazine* gelesen, daß dies Jahr die geschiedene Frau um die Dreißig mit Kindern als Anwärterin für die psychoanalytischen Kliniken an erster Stelle steht.«

Die wächserne Sozialarbeiterin im Institut schien nicht geneigt, dem zuzustimmen. »Ihre Zeit ist schon so sehr beansprucht«, sagte sie am Ende unseres zweiten Interviews. »Ihre Arbeit. Drei Kinder. Die Tatsache, daß Sie sie versorgen müssen. Psychoanalyse stellt hohe Anforderungen, wissen Sie. Es sind nicht nur die drei Sitzungen pro Woche. Emotional wird viel mehr gefordert als nur das.«

Schockierend! Würden sie mich streichen? Würde diese Frau mit dem glatten, ungerührten Gesicht und dem Haar, das das Gesicht wie eine Haube einrahmte, Ablehnung empfehlen? Was wußte sie von Anforderungen? Welch kühler, fehlerloser Beurteilung bediente sie sich, welchen Genies, welcher Sicherheit?

Krank an der Seele, aber stark genug sein, um zu kämpfen – das war offensichtlich das Kriterium. Ich würde es mit dieser Sozialarbeiterin aufnehmen müssen, deren förmliches, verschlossenes Gesicht und kühler, puritanischer Verstand die Tore des Instituts für immer schließen konnten.

Ja, ansprüchlich, das Hinterherhecheln im Kopf, Schattenboxen in den Straßen und Geschäften und U-Bahnen, das Brüllen des Zuges, die Kinder, die Arbeit, der Hund, der auf den Teppich pinkelt, damit es nicht auffällt. Ja, meine Brustwarzen, meine Milch, mein Blut, meine Seele, mein Leben – ein Anspruch seit dem Tag, an dem ich geboren wurde. Ja, du frigide Schlampe. Ansprüchlich!

Eine hochgezogene Augenbraue, ein leichtes Klopfen mit der Bleistiftspitze. Kurz darauf war ich angenommen.

Sie würden mich zu einem Mann schicken, sagten sie. Gut. Ich hatte darum gebeten. Einige meiner Freundinnen waren voller Abscheu. Zwei Frauen riefen sogar aus Kalifornien an über ein Telefon mit zwei Anschlüssen, um unisono auszurufen: *Gestalttherapie!* sagten sie. *Mit einer Frau!* sagten sie.

Nein!

Sein Sprechzimmer war nicht in dem pompösen Gebäude aus weißem Stein, sondern in einem Residenzhotel im Außenbezirk in der East 86th Street. Sein großes leeres Zimmer mit dem frisch lackierten Fußboden und zwei passenden Armstühlen mit weißen Wollstoffbezügen, die einander gegenüberstanden wie der Standesbeamte und die frisch Vermählten, mißfiel mir auf Anhieb. Eine

Woche oder mehr verging, bevor ich andere Dinge in dem Zimmer wahrnahm, Bücherregale, ein Tonband, eine Couch. Eines Tages sah ich Usambaraveilchen und wußte, daß sie immer da gewesen waren.

Langsam, ganz langsam füllte ich den Rest des Zimmers aus, sah Gegenstände, blickte vorsichtig zur Wand, die mit sauber gerahmten Urkunden bedeckt war, äugte zu dem schmalen Fensterbrett, auf das der Analytiker manchmal eine Teeschachtel aus Pappe stellte. Ich sah einen Tisch mit einem Telefon, eine Schachtel Kleenex, eine glatte, kahle Couch, ach, eine trostlose Couch. Ich haßte diese Couch, denn ich war sicher, daß er versuchen würde, mich dorthin zu kriegen.

Am meisten haßte ich die Couch und eine bestimmte Pflanze, einen großen Philodendron mit eingekerbten Blättern in einem hohen Acrylglasbehälter. Ich stellte mir vor, daß er sie nach einem speziellen Pflanzenkatalog für Psychoanalytiker bestellte. Die alten Knaben, Schüler der Gründerväter, bekamen ausgewachsene Gummibäume oder vielleicht knorrige Bonsai, die jungen Typen, die Anwärter, bekamen Philodendren mit eingekerbten Blättern in durchsichtigen Acrylglasbehältern.

Meiner war ein Anwärter, ein junger Mann, groß, dünn – ich bezeichnete ihn gern als »neurasthenisch«, wenn ich an ihn dachte – mit feinem, drahtigem Haar in jüdischem Afrostil, die Art Haar, die von der Stilumwälzung der sechziger Jahre profitiert hatte. Im Grunde genommen war es schwaches Haar. Seine Twillhosen waren eng geschnitten, und er trug sie mit einem locker sitzenden Ledergürtel. Seine Stiefel waren fein und zu teuer. Ich haßte ihn wegen seines wohlhabenden Äußeren. Ich haßte ihn, weil er dünn war und neurasthenisch aussah – tatsächlich sah er ein bißchen aus wie mein Vater in dem Alter – und weil er schüchtern war. Er schaute oft weg, wenn ich sprach, und sein Blick huschte nervös hin und her wie der eines Grünschnabels. Ich haßte diese Nervosität. Wie konnte so jemand mir helfen? Wie konnte ein dünner, ängstlicher jüdischer Mann-Junge mit einer Triefnase das Gewicht einer halb irischen, halb deutschen Frau mit drei Kindern tragen, die genug erlebt hatte, um seine Mutter zu sein, und die angefangen hatte zu dekompensieren? Wie ich ihm gegenübersaß, fühlte ich mich groß, ungehobelt und maßlos wütend. Ich dachte, ich würde ihn umknicken. Ich haßte seine Brille.

Ich sagte ihm das alles am Anfang der zweiten Sitzung. Von den Patienten wird erwartet, daß sie alles sagen. Also sagte ich es ihm. Ich sagte ihm auch, wie schwach und wenig eindrucksvoll seine Stimme am Telefon geklungen habe, als ich ihn wegen eines Termins zum erstenmal angerufen hatte. Später glaubte ich eine neue Überzeugtheit in seiner Stimme zu hören, und insgeheim freute ich mich diebisch bei der Vorstellung, daß ich ihn beeinflußt hätte.

Der Gedanke, daß er meine letzte Zuflucht sei, war seltsam. Ich konnte nicht mit dem Bus oder der U-Bahn fahren. Ich konnte nicht ins Kino gehen. Ich konnte nicht ruhig im Restaurant sitzen. Angst hatte von meinem Leben Besitz ergriffen und drängte mich zurück in meine Wohnung, schließlich in ein Zimmer meiner Wohnung, so daß ich monatelang entweder in meinem eigenen oder dreimal pro Woche in seinem Zimmer zu leben schien. Und trotzdem war ich bei diesen Gelegenheiten wütend auf ihn und voller Verachtung.

»Schmock! Schmock!« hätte ich ihn gern angekrächzt, spöttisch und höhnisch, wie die jüdische Möwe im Witz. Denn wenn ein Mann keine Kommentare zu meinem Leben zu liefern hatte, wenn er mir nicht sagen konnte, was ich denken und tun sollte, wozu war er dann gut? Was für eine Sorte Mann?

Die Analyse füllte meine Tage aus wie ein dornig erblühter Baum. Ich verließ ihn, kalt und überlegen, und zu Hause weinte ich. Ich sperrte die Kinder aus dem Zimmer aus, sagte, ich müßte mich ausruhen, und dann weinte ich oder schlief und träumte. Es schien, daß ich Stunden im Bett und in Träumen verbrachte. Ich freute mich auf diese Zeiten, wenn ich den Rest der Welt beiseite schieben und in meiner eigenen Welt leben konnte. Dann lag ich da mit einem Kissen auf dem Kopf, und seltsame, schrille Bilder kamen mir in den Sinn, isolierte Teile männlicher Körper, Hälse, Arme, Brustkörbe. Brustkörbe kamen oft. Sie gehörten niemandem, hatten keine kenntlichmachenden Köpfe oder Bäuche, nur Brustkörbe.

Manchmal wachte ich mitten in der Nacht auf, meine Träume wurden aufgeschlitzt vom Geräusch einer Türklingel. Wenn ich einfach hier liege, ganz still, wird er wieder gehen, dachte ich dann. Wenn ich hier liege und mich nicht rühre, wird er glauben, es sei niemand da.

Aber Ed schien immer auf geheimnisvolle Weise durch die verriegelte Tür in meine Wohnung zu gelangen, und ich fühlte seine Gegenwart in meinem Schlafzimmer so lebhaft, daß meine Haut in Schweiß ausbrach. In manchen Nächten wachte ich immer wieder auf und fand ihn wie eine Drohung am Fußende meines Bettes vor. Ich wußte, daß ich das Opfer irgendeines furchtbaren Schuldgefühls war, aber das Wissen vertrieb sein machtvolles Bild nicht.

In dieser Zeit hoffte ich hartnäckig, daß ich die Situation verschleiern konnte, damit die Kinder nicht merkten, wie schlecht es stand. Im allgemeinen halte ich es für richtig, Kindern zu sagen, was vor sich geht, aber damals *wußte* ich nicht, was es war, nur daß ich mich unzulänglich fühlte, fast immer voller Angst und an den schlimmsten Tagen die Befürchtung, daß etwas Schreckliches passieren würde. Wie erklärst du so etwas einem Kind? Ich konnte es nicht einmal mir selbst erklären.

Angesichts meiner beachtlichen Symptome war ich überrascht, daß der Analytiker mir nie etwas verschrieb. Keine Beruhigungsmittel – die hätte ich nicht gewollt –, aber *irgend etwas*. Heiße Bäder, tiefes Atmen, eine gottverdammte Novene für den Schutzheiligen der hoffnungslosen Fälle, irgend etwas – aber gib mir eine Antwort, du Narr!

»Was fürchten Sie?« fragte er, wenn ich eingetreten war und ihm berichtet hatte, daß Ed in der vorigen Nacht zehnmal meine Wohnungstür eingeschlagen hatte und daß ich, obwohl ich wußte, daß sich das alles in meinem Kopf abspielte, doch kein Gramm Schlaf gefunden hatte und ganz durchgedreht war.

Wie sollte *ich* wissen, wovor ich Angst hatte? *Du* sollst wissen, wovor ich Angst habe, *du* bist der Arzt.

Ich wußte ganz genau, daß die Antworten auf meine Probleme in meinem Innern lagen und daß nur ich sie erreichen konnte. Trotzdem fühlte ich mich weiterhin wie ein Opfer der Leukämie, dessen Arzt sich weigerte, die Diagnose zu stellen.

Manchmal schien der Prozeß zum Verrücktwerden vergeistigt. Hier war mein Leben auf die letzte fundamentale Ebene reduziert, tatsächlich war es nur ein halbes Leben, und diese Hälfte war vom Entsetzen beherrscht, und hier saßen wir, zwei Fremde, in zwei weißen Stühlen einander gegenüber und lernten, miteinander zu sprechen. Welches sind meine Regeln, welches deine? Meine Einstellungen, deine Einstellungen? Welche gemeinsame Sprache können wir erschaffen, um uns zu erklären?

Er duldete keine Vermutungen. Ich machte die Entdeckung, daß ich

beständig Dinge vermutete. Ich schützte mich auf diese Weise. Ich sprach nicht zu einer Person, sondern zu einem Netz von Vermutungen, die ich anstelle der Person konstruiert hatte.
Es zeigte sich, daß diese Vermutungen sich hauptsächlich in zwei Bildern anordneten: Vermögen oder Schwäche. In beiden Fällen war es meine Sache, den mächtigen Vater zu besänftigen, damit er nicht wütend wurde und zerstörte, die zerbrechliche Mutter zu besänftigen, damit sie nicht verschwand. Diese Vorstellungen waren fest verwurzelt. Es fiel mir schwer, einen Blick auf die Zerbrechlichkeit hinter meines Vaters Fassade zu erhaschen, auf die Macht hinter der meiner Mutter.
Ich wuchs mit dem Glauben auf, daß mein Vater die Intelligenz meiner Mutter nicht wirklich respektierte, sei es, weil sie weniger gebildet war als er, sei es, weil sie eine Frau war oder weil sie seine Frau war – ich wußte es nicht. Es schien, daß er sie, wann immer er sich danach fühlte, wegen einer Bemerkung anfuhr, die er als unpassend oder irrelevant für die Unterhaltung ansah. Es war peinlich. Ich kann mich nicht erinnern, daß sie jemals zu ihm sagte, er solle sich zum Teufel scheren oder was für starke Worte auch immer ihr angemessen erschienen wären. Das Äußerste, was sie aufbot, war eine Miene selbstgerechter Verletztheit. Diese stumme Anklage fuchste ihn nur um so mehr.
Wenn man verheiratet ist, kann man blind werden im Prozeß der Wiederbelebung dieser Dinge. Es war entsetzlich zu sehen, wie sehr meine Ehe eine lange und fruchtlose Fortsetzung meiner Jugend gewesen war. Wütend und zerbrechlich war Ed ein idealer Partner gewesen, mit dem ich das Spiel zu Ende spielen konnte. Ich war vor- und zurückgependelt, hatte in ihm den Vater ebenso wie die Mutter beschwichtigt und war mit jedem Tag zorniger und verhaltener geworden. Je zorniger ich wurde – kalt, hart, unerreicht »erwachsen« –, desto mehr kämpfte Ed, um mich zu beschwichtigen, und dann – er haßte es, er haßte sich selbst dafür – schleuderte er gewaltige Wutanfälle hervor, spuckend, hochrot, schweißige männliche Tränen aus seinen Poren pressend. Keiner von uns erlaubte dem anderen, zu sein. Keiner konnte am anderen Anteil nehmen, so sehr verzehrten wir uns beide in der Anstrengung, uns vor der Gewalt des anderen zu schützen.
Mit dem Einsetzen der Angst erlebte ich endlich den Zusammenbruch des germanischen Stoizismus meines Erwachsenenlebens. Ich

begann auf grundlegende und verheerende Weise an mir selbst zu zweifeln. Meine Stärke war ephemer gewesen, mein Leben ein Schwindel. Es ist eine schreckliche Entdeckung, wenn du geglaubt hast, nicht auf fremde Hilfe angewiesen zu sein, und feststellst, daß es eine Lüge ist. Nach zwei Jahren Analyse konnte ich auf den Abend vor dem ersten Angstanfall zurückblicken und verstehen, was damals geschehen war.

Es war Rachels sechster Geburtstag, und wir hatten abends eine Party veranstaltet. Freunde kamen mit ihren Kindern, und wir tanzten und sangen und spielten Spiele bis 10 Uhr. Dann, nachdem alle gegangen waren, saß Rachel, so klein, so lieb, vor uns auf dem Fußboden und dachte sich ein kleines Lied aus, das sie mit reiner, honigsüßer Stimme sang, die Augen strahlend, strahlende teuflische Augen, nicht getrübt vom Verlust, ein Lied voller Unschuld und Sonnenschein. Und wie ich ihr zuschaute und zuhörte, fing ich an zu weinen, weinte unwissentlich um die Lieder voller Traurigkeit, die verlorenen sicheren Tage mit dem Schnee auf den Fenstersimsen und dem Kardamom in der Küche und dem Geruch der Haare meiner Mutter. Sechs war das Alter, wo ich sie verlor.

Monate später, als sich die phobische Schwere meiner Angst gemildert hatte, gab es immer noch viel, das zu verstehen ich mich abmühte. Ich versuchte, zu meinem Analytiker Distanz zu halten, konnte aber nicht bewußt unehrlich sein. Ich mußte ihm meine Träume erzählen. Leider hatte ich begonnen, immer öfter von ihm zu träumen. Die Träume straften meine Unabhängigkeit Lügen. Die Träume machten mich rasend. In einem kauerte ich mich neben seinen großen weißen Stuhl, und er legte seinen Arm um meine Schulter.

»Jesus!« rief ich und sprang sofort auf. »Ich hätte wissen können, daß das passieren würde!« Und stapfte aus seinem Zimmer, knisternd vor Selbstgerechtigkeit. Wie konnte er es wagen, den analytischen Vertrag so zu brechen? Was glaubte er, wer er sei, daß er eine Patientin emotional ausnutzte?

Das war der Inhalt des Traums gewesen, kurz und süß. Aber beim Erzählen erinnerte ich mich erschrocken, daß mir einen zitternden Augenblick lang das Gefühl seines Arms um meine Schulter *gefallen* hatte. Natürlich mußte ich ihm auch das sagen.

Er schien sich überhaupt nicht für das zu interessieren, was ich für die sexuellen Bedeutungen dieses Traums hielt, sondern sprach statt dessen mit mir über mein Bedürfnis nach Zärtlichkeit. Zuerst fühlte ich leichte Übelkeit, dann Langeweile und Schläfrigkeit. Er sprach zuviel. Er sprach in typischer Männermanier. Er hörte sich allmählich an wie: »Alles, was du brauchst, um wieder klarzukommen, ist ein guter Fick.«

Oh, damit würde er nicht durchkommen. Ich sah schon, wie er mich einem Mann zuschob und mir sagte, ein Mann könne das in Ordnung bringen, genau wie all die anderen simplizistischen, bevormundenden, ängstlichen Männer, mit denen Frauen seit je hatten klarkommen müssen. Erschreckend, wie sie sich an dich heranmachten, wenn du schutzlos warst, selbst diejenigen, die zum Helfen ausgebildet waren, selbst diejenigen, die von sich selbst glaubten, sie seien frei von Vorurteilen und Angst. *Hüte dich vor Männern mit tiefer Stimme und falscher Brust.*

»Sie bringen mich in Verwirrung«, sagte ich zu ihm. (Gemeiner konnte ich nicht werden.) »Wenn ich hier raus bin, werde ich sechs Stunden brauchen, um herauszufinden, ob Sie mir eins ausgewischt haben.«

»Na, ich bin sicher, bis dahin haben Sie Ihre Antwort«, erwiderte er. Und dann, bissiger: »Wenn Sie nicht wissen, was ich damit meine, also, ich glaube, dann vergeuden Sie Ihre Zeit.«

Ich hatte ihn gekriegt. Welche Wonne! Ich rauschte so triumphierend aus dem Zimmer, daß ich den kleinen Schmerz, den er mir zugefügt hatte, kaum spürte. Ich schwebte den ganzen Heimweg, flog über den Central Park, lachte wie eine Bekloppte, flatterig wie ein Mädchen, übersinnlich.

Ich landete schließlich wieder im Bett, ein Kissen über dem Kopf, eingeholt von dem freudlosen Wissen, daß ich gar nichts gekriegt hatte. Es war wie mit zwölf oder elf Jahren, wenn du anfängst, Jungs zu mögen, aber es nicht zeigen kannst, also raufst du mit ihnen und haust in der Vorstellung, daß es, wenn sie zurückhauen, bedeutet, daß sie dich mögen. Jesus! Hier war ich, in meiner Lebensmitte, und immer noch aus dem Hinterhalt angreifend, immer noch schlagend, immer noch zufrieden mit den mageren Erwiderungen.

Ich lag fiebernd im Bett, die Kissen klumpig, das Bettzeug feucht. Es war, als weigerte sich der Geist, nachdem er einmal angefangen hatte zu arbeiten, wieder damit aufzuhören. Jener Traum handelte von Verführung, in Ordnung, aber von emotionaler Verführung, nicht von sexueller. Als mein Analytiker den Finger auf diese Stelle gelegt hatte, hatte ich zum Schlag ausgeholt, so wie ich im Traum ausgeholt hatte, um dem Einhalt zu gebieten, was geschah, als ich das Gefühl seines Arms um meine Schulter zu genießen begonnen hatte.

Im Behandlungszimmer hatte ich genau das gleiche getan, indem ich ihn zum Schurken machte, der mich ausnützte, so daß ich einen Grund hatte, ihn auszuschließen. Ich fürchtete mein Bedürfnis nach Zärtlichkeit so sehr, daß ich es nicht einmal ertragen konnte, daß er darüber sprach. Aber ich konnte es mir nicht erlauben, ihn zu verlassen, also drehte ich die Dinge um, verzerrte, was wirklich geschah, bis ich etwas hatte, das ich bequem handhaben konnte.

Eine Neurose hat ihre eigenen Regeln. Was ich getan hatte, schien so klar, daß ich es aufschreiben wollte, wie um die abwegigen Schritte mit ihrer untadeligen Logik nicht zu vergessen. Dies fein ausbalancierte System hatte so lange so gut funktioniert, daß ich das kleine leuchtende Gift in seinem Zentrum leicht übersehen konnte, die winzige nässende Wunde, wie ein unbemerkt blutendes Blutgefäß.

Zum erstenmal erschien es verblüffend klar, daß der Kampf, den ich die ganzen Jahre geführt hatte, leer und nutzlos war. Dieser Mann hatte Besseres zu bieten; ich hatte Besseres zu wünschen. Ich würde ihm erzählen müssen, was ich begriffen hatte. Ich würde ihn auch bitten müssen, nicht wieder so sarkastisch mit mir zu reden. Das war das letzte, was ich von ihm brauchte. Es war zu leicht für mich, in das alte Spiel mit meinem Vater einzuhaken, mich in diesem hochdramatischen Spiel zu verstecken, mich in seinen Auswirkungen selbst auszulöschen.

Als ich dem Analytiker am nächsten Tag diese Dinge sagte, nickte er. Es war klar, daß er schon zu denselben Schlüssen gelangt war. Und er erlaubte es sich auch nie wieder, sich mit mir zu prügeln. Alles in allem glaube ich nicht, daß ich das wirklich befürchtete. Ich hatte bereits zu vermuten begonnen, daß dieser dünne, neurasthenische jüdische Mann-Junge letztlich doch nicht so dumm war.

XII

Im Strudel

Die Monate vergingen, und mein Leben blieb so ereignislos, daß mein Analytiker sich fragte, ob ich auf dem Pfad der Tugend wandelte, damit ich kein Material hatte, das ich in unsere Sitzung hätte bringen können. In der Tat fühlte ich mich wieder wie zwanzig, sechzehn, Nägel kauend und voller Angst, hinaus in die Welt zu krabbeln. Die phobischen Erlebnisse waren schlimm genug gewesen, aber nun war die Zeit gekommen, sich mit den spezifischen, dem Wissen zugänglichen Ängsten zu konfrontieren, den prosaischen Bagatellängsten, denen es so sehr an Würde gebricht, die den Stolz so heftig angreifen und die unter dem dramatischen Überzug der Phobien liegen.

Gewiß hatte ich auf die Kinder geachtet und ihre Ansprüche an mich unwillkürlich erfüllt, um eine sichere häusliche Existenz zu rechtfertigen. Selbst meine Arbeit, das Schreiben von Skripten für Unterrichtsfilme, erhielt mir die sozialen Fittiche. Stück für Stück aber (trotz der Kargheit meines Materials) begann ich, aus dem Durcheinander von Erinnerungen, Gefühlen und Bildern eine einfache, ärgerliche Tatsache zu extrapolieren, nämlich daß ich emotional verkümmert war, und das schon seit einer ganzen Weile. Ich hatte niemals Blumen zum Valentinstag nötig gehabt oder Streicheln oder Umarmen am Nachmittag. Das war der Preis, den ich zu zahlen bereit war, um die Starke zu sein, diejenige, die man nicht verlassen kann.

Wenn sie auch hilfreich sein mochte, wenn sie auch zu etwas anderem führen mochte, nahm ich diese neue Wahrnehmung meiner selbst doch übel. Bedürftig zu sein ist so beängstigend, daß ich es lieber als krank oder gar schändlich betrachten würde. Ich sah es so: »Ich bin eine arme, deprivierte Person, die nie bekommen hat, was sie braucht, um die sich nie jemand gekümmert hat.« Solch ein Zustand war erbärmlich, empörend! Wie ein Kind wollte ich mit dem Fuß aufstampfen und zugleich weinen.

Mein Analytiker nahm die Wucht all dessen auf sich. Er wurde zum

sanften, fürsorglichen Vater und erinnerte mich nicht so sehr mit Worten, sondern durch seine Art daran, daß ich die Art Aufmerksamkeit brauchte, die er mir schenkte. Manchmal haßte ich ihn. Manchmal, wenn er etwas von mir verstand, geriet ich in Hochstimmung. Nicht, weil er mir sagte, ich sei ein netter Mensch, sondern einfach, weil er durch meine brüchige Fassade hindurchsah und mich verstand. Mitleid von einem Mann war so ungewohnt für mich, daß ich dachte, ich sei verrückt, zuzulassen, daß ich es brauchte.
Monatelang litt und schäumte ich in dem weißen Mohairstuhl, während er wie ein freundlicher Chirurg dasaß, der mir das Messer übergeben hatte. Da es keinen anderen Mann in meinem Leben gab, kriegte er alles ab, die Wut, das Selbstmitleid, die Gefühlsausbrüche, die Liebe. Meine Zuneigung für ihn entwickelte sich in einer Weise, die beängstigend war. Seine anderen Patientinnen machten mich eifersüchtig. Eine, deren Sitzung vor meiner stattfand, ärgerte mich besonders. Sie war kleiner als ich, hatte kurzes, dunkles Haar und einen ordentlichen, beherrschten Ausdruck, den ich verachtete. Einmal, als sie gerade die Etage verließ, stellte ich mir vor, daß ich sie mit dem Gesicht gegen die Wand schmetterte. Ich sah, wie ihr Körper an der Wand heruntersackte und als unförmiger Haufen auf dem Boden liegenblieb. Mein Analytiker hätte natürlich keine andere Wahl, als sie dort liegenzulassen, weil *ihre* Sitzung vorbei und *ich* nun an der Reihe war.
Sie begann mich zu beunruhigen, diese phantasierte Verwicklung mit den anderen Frauen meines Analytikers – meine Mutter, meine Schwestern, meine Feindin. Welche Unsicherheit liegt solcher Gewalt und Aggressivität zugrunde?

Außer meinen gelegentlichen Rendezvous, die mir helfen sollten, in Gang zu bleiben, hatte ich länger als ein Jahr lang keine richtige Beziehung mit einem Mann gehabt. Ich war zu sehr verängstigt gewesen, um etwas Ähnliches auch nur zu erhoffen. Ich wußte etwas über die Destruktivität meiner früheren Beziehungen und warum ich den Mann meiner Wahl gewählt hatte. Aber was wollte ich jetzt? Ich hatte angefangen, einen flüchtigen Blick auf die *Idee* einer anderen Art von Mann zu werfen, aber wie er in der fleischlichen Ausführung aussehen und handeln und denken würde, konnte ich mir unmöglich vorstellen. Wie ich mich tatsächlich mit jemandem, der anders war, fühlen würde, konnte ich mir noch weniger vorstellen.

An einem kalten Januartag trat ein Mann wie klares Wasser in mein Leben. Shayle war Schauspieler, sah gut aus und war nicht eingebildet (was, wie ich feststellte, eine ungewöhnliche Verbindung war), und seine Anziehungskraft berührte mich im Zentrum. Sein Gesicht war nicht trübe, sondern kristallklar. Er hatte keine Grimassen oder Ticks oder andere Heimsuchungen des Zweifels, nur ein klares, schönes Lächeln. Zuerst bot die Tatsache, daß er verheiratet war, Sicherheit, eine Chance, mich selbst mit einer anderen Art von Mann auf eine Weise zu erleben, die sicher war. Aber ich fühlte mich von Anfang an herausgefordert. Ich wußte nicht, was ich mit ihm machen sollte.

Ich hielt nach jener neurotischen Intensität Ausschau, die mir so vertraut war, aber sie war nicht da. Dieser Mann war kein Kettenraucher und trank nicht exzessiv und wippte unter dem Tisch nicht krampfhaft mit dem Fuß, während er sprach. Er entbrannte nicht in Zorn, noch zog er sich in brütendes Schweigen zurück. Wenn er mich umarmte, geschah es nicht mit der angestauten Energie eines Mannes, dessen gesamte Existenz frustriert ist, so daß ich zuerst besorgt war, er sei nicht leidenschaftlich genug, um mir zu gefallen.

Ich suchte nach einer Achillesferse, einem Zeichen des Makels in seinem Vertrauen, das es mir erlauben würde, ihm meine Zuneigung mit der Sicherheit zu geben, daß er mich nicht verlassen könnte. Ohne eine solche zu erwartende Gewißheit schwankte ich am Rande der Panik und gestattete es mir nicht zu lieben.

Anstelle der irreführenden, schnell verbrauchten Energie, die ich als Leidenschaft mißverstanden hatte, fand ich, daß ich noch nie mit einem Mann im Bett gewesen war, der in sexueller Hinsicht so sicher war. Er handhabte die Liebe leicht, nahm sich Zeit, seine Sexualität war ihm selbstverständlich. Die Muskeln in meinem Innern begannen zu arbeiten, weil ich ihn umschließen wollte, nicht weil mein Gehirn mir sagte, es sei Zeit, ihn kommen zu lassen.

Weil ich mir wegen ihm keine Sorgen zu machen brauchte, geschah etwas Seltsames. Ich bekam so leicht und unerwartet Orgasmen, daß ich zuerst entsetzt war. Einmal zitterten meine angewinkelten Knie so heftig, daß ich aufhören mußte aus Angst, ich würde auseinanderfallen. Er hielt mich an seiner Brust und scherzte mit mir.

»Ist in Ordnung«, sagte er, »für die nächsten eineinhalb Stunden fahren wir nicht mehr nach Rom.«
Er bemutterte mich. Nach der Liebe schnäbelte und knabberte er an mir herum, wie man es mit einem runden, grübchengeschmückten Knuddelkind macht, das man am liebsten auffressen möchte. Er sagte mir, ich solle meinen Bademantel anziehen, damit ich mich nicht verkühlte, wenn ich ihn zur Tür brachte. Seine unbefangene Mütterlichkeit war es, was mich an seiner Zuneigung erstaunte. Gereizt begann ich, nach ihm zu lechzen.
Eine kurze Zeit verging. Ich war mit meinem Latein, wie ich ihn halten könnte, am Ende. Meine alten Listen waren nutzlos geworden. Diesmal war es kein Fall für die starke Frau, die den abhängigen Mann führt. Shayle hatte sein Leben auf eine Weise geregelt, die ihm Freude machte, und verstand sich selbst nicht als jemanden, der eine Frau brauchte, die ihn zusammenhielt. Welche mögliche Funktion konnte ich dann noch übernehmen, welche Rolle? Es wurde klar, daß ich anfangen mußte, radikal anders über mich selbst nachzudenken. Ich meine, ich wußte, daß ich genau das hätte tun *sollen*.
Ich begann, Anfälle hypothetischer Eifersucht zu haben. Bis jetzt hatte ich ihn noch keiner meiner Freundinnen vorgestellt. Angenommen, er hätte keine besonderen Gefühle für mich? Angenommen, es gäbe nichts Einzigartiges an mir, das ihn anzog, nur eine verallgemeinerte Weiblichkeit, die leicht zu ersetzen war? Zum ersten Mal im Leben empfand ich sexuelle Unsicherheit und wußte, daß sie immer dagewesen war. Unterhalb einer Art Oberflächenreife war das schwankende Selbst der 14jährigen immer noch lebendig und am Flattern.
Man braucht immer ein Objekt, auf das man seine Sorgen konzentrieren kann. Ich begann mich ziemlich abrupt auf meine Freundin Karen zu konzentrieren. Noch nie hatte ich in bezug auf sie solche Gefühle gehabt, aber plötzlich war ich von Neid besessen, zerquält. Schnell rechnete ich mir aus, daß ich ihr langes, schwarzes Haar und ihre sahnige, linienlose Haut hinnehmen konnte, nie aber könnte ich ihre großen, schönen Brüste hinnehmen.
Meine Mutter hatte große Brüste. Ich lag oft auf ihrem Bett und schaute zu, wie sie sich darauf vorbereitete, abends mit meinem Vater auszugehen. Dann saß sie in einer schwarzen Spitzenunterhose vor einem großen Kommodenspiegel und trug ihr Make-up auf. Das Zimmer war vom Duft von Parfüm und Lippenstift erfüllt. Das

Äußere meiner Mutter ist so anders als meines, daß ich es wohl für exotisch hielt. Nachdem sie ihr dunkles Haar hochgesteckt hatte, zog sie eine Bluse aus scharlachrotem Satin an, deren Halsausschnitt nur so viel enthüllte, daß es das Geheimnis ihrer Weiblichkeit verstärkte. Ich glaube, ich war noch ziemlich jung, als ich, über jeden Schatten eines Zweifels erhaben, wußte, daß ich nie solche Brüste wie meine Mutter haben würde, und so war es.

Mit 35 Jahren wurde ich schließlich in den Strudel der Konkurrenzangst geschleudert, den ich doch mein Leben lang gemieden hatte. Nun war es zu spät, nach Sicherheit zu grapschen. Der Wirbel hatte mich eingeholt, und ehe ich wieder entkommen konnte, mußte ich mit ihm in die Tiefe gehen.

Äußerlich bin ich nicht die Tochter meiner Mutter. Ich bin dünn und ohne Brust wie mein Vater, eine geschlechtslose Anomalie, die zufällig als Mädchen geboren wurde. Ich bin elf Jahre alt und warte darauf, daß meine Brüste und meine Periode kommen, und es ist, als wären sie nie gekommen. Ganz gleich, ob ich drei Kinder zur Welt gebracht und gestillt habe; ganz gleich, ob ich orgastisch bin. In meiner Vorstellung bin ich ein dünnes Mädchen, ein Kind; mein Kiefer wird wie der meines Vaters zum Kopf hin schmal, ich habe eine Lücke zwischen den Schneidezähnen und eine abgetrennte Realität zwischen meinen Beinen.

Die Unzulänglichkeit beschlich mich selbst im Schlaf. Ziemlich am Anfang meiner neuen Liebesaffäre träumte ich, daß mehrere Frauen und ich in jemandes Wohnung am äußeren Rand eines großen Raumes entlang tanzten. Karen war dabei und trug nur einen langen, durchsichtigen blauen Schleier, durch den hindurch man ihren nackten Körper deutlich sehen konnte. »Wie kommt es, daß sie den Nerv hat, das zu tun, und ich nicht?« fragte ich mich. Karen tanzte in stolzer Selbstvergessenheit, ihr rabenschwarzes Haar, länger als in Wirklichkeit, wehte um sie herum, ihre Brüste waren wie Berge. In meinem Traum war sie eine üppige Mischung aus Lady Godiva und Isadora Duncan – verheerend!

Durch die anderen Zimmer der Wohnung wandelte Shayle. Von Zeit zu Zeit verließ ich die tanzenden Frauen, um nach ihm zu sehen, und ich hoffte verzweifelt, daß er nicht den Raum betreten würde, in dem Karen ihre Sexualität zur Schau stellte.

Als ich in das Zimmer mit den tanzenden Frauen zurückkehrte, stellte ich fest, daß ich große Schwierigkeiten hatte. Mein Körper war vor Befangenheit wie verkrüppelt, meine Füße schleppten wie im Matsch, wie an der schlammigen Kriegsfront. Ich schaute an mir herunter und sah, daß ich rote Galoschen trug. »Ih«, dachte ich, »kein Wunder, daß das Gehen mir so schwerfällt.«
Ich bückte mich und zog die Galoschen aus, nur um festzustellen, daß ich darunter große, dicke Trainingssocken trug. Ich hatte irgendwie das Gefühl, mit den Trainingssocken festzusitzen, und ich konnte mich nicht dazu bewegen, sie auszuziehen.
Mein Analytiker meinte, es sei hoffnungsvoll, daß ich wenigstens die Galoschen ausgezogen hätte. Ich fand es deprimierend, daß ich die Socken anbehalten hatte. Mit was kann eine 35jährige Frau in Trainingssocken wohl konkurrieren?
Der Traum hinterließ in mir eine beunruhigende Frage. Da ich doch kein sommersprossiges Mädchen in Halbschuhen und Bobbysocks und mit einem Viereckstuch um den Hals mehr war, wie kam es dann, daß ich mir immer noch dies Bild auflud? Zum ersten Mal begann ich einen bestimmten Verdacht zu hegen. Wahrscheinlich war ich immer gehalten, diese Galoschen anzuziehen, wenn es anfing, hart herzugehen. Wenn man nicht konkurriert, kann man auch nicht verlieren.

Angesichts meiner Unsicherheit ist es sonderbar, daß ich immer Freundinnen wie Karen gehabt habe, Frauen, die ich sozusagen trotz ihres Aussehens mochte. Da war Tucky, meine alte Freundin aus Kindertagen, deren Schönheit mir in jenem Sommer, als wir 14 waren, ins Gesicht knallte. Und in der High School war Betsy, bei weitem das hübscheste Mädchen in unserer Klasse, eine zierliche, einen Meter fünfzig große Person mit einer klasse Figur. Verglichen mit Betsy fühlte ich mich wie ein alter Besenstiel, und doch gingen wir zusammen zu Verabredungen, verbrachten gemeinsam Wochenenden bei ihr oder bei mir zu Hause, probierten unsere Haarbleichmittel, rauchten heimlich, machten uns gemeinsam Sorgen über unsere Buchberichte und führten lange, gewundene Gespräche über die Moral des Pettings. »Außerhalb vom BH habe ich nichts dagegen«, sagte sie einmal, »aber im BH, das erlaube ich nicht.« Die bloße Vorstellung war entsetzlich, da sich in *meinem* BH nichts weiter befand als ein Paar zusammengerollter Nylonstrümpfe.

In New York ist natürlich alles größer und besser, und das trifft sicher auch auf die Frauen zu. Im ganzen gesehen sind sie smart, talentiert, aggressiv, chic, mager, großbusig, modisch und schön. Es ist der Teich, in dem die großen Fische schwimmen, und wenn du Konkurrenzprobleme hast, ist es besser, du kriegst sie in den Griff.

Es wurde schmerzhaft deutlich, daß ich durch die Wahl von Karen als meinem sexuellen Hintergrund ungeheuer viel auf mich genommen hatte. Als Film- und Fernsehschauspielerin stand Karen im Rampenlicht, wie man so sagt. Ich dachte mir, es sei nur eine Frage der Zeit, bis sie und Shayle einander begegnen und meine schlimmsten Ängste sich bewahrheiten würden. Er würde einen Blick auf sie werfen und sie sofort in die untergehende Sonne entführen bzw., etwas realistischer, ins nächste Schlafzimmer. Das wäre natürlich das Ende für mich.

Die üblichen Darstellungen von Weiblichkeit in den Medien sind beunruhigend genug, aber sie sind es doppelt, wenn sie von einer guten Freundin projiziert werden, und zwar von derjenigen, die du dir ausgesucht hast, um all deine Zweifel an ihr festzumachen. Karen war immer bei uns, sie winkte in einem Calgon-Badeperlen-Werbespot aus einer Badewanne oder plazierte sich dekorativ auf dem Kotflügel eines Ford.

»Ich habe Karen in einem neuen Werbespot gesehen«, sagte etwa Roger, mein Nachbar von nebenan.

»In welchem?« fragte ich.

»Ich will verdammt sein, wenn ich das noch weiß«, sagte er. »Das einzige, an was ich mich erinnern kann, sind ihre Titten, als sie sich auf die Küchentheke lehnte. Ach ja, der Raum war sonnenlichtdurchflutet. Es muß also für ein Frühstücksprodukt gewesen sein.«

»Jesus«, sagte ich, »diese Werbefritzen drehen wohl langsam durch, wenn du dich wegen der Titten nicht mal an das Produkt erinnern kannst.«

Endlich der Tag der Abrechnung. Karen gab eine Dinnerparty. »Bring Shayle mit«, sagte sie. O Jesus! O Gott! Das war's.

»Okay«, sagte ich strahlend mit all der falschen Begeisterung der Kontraphobischen.

Es machte mir angst, aber es schien unausweichlich. Karen erhob

sich bedrohlich in meinem Innern wie eine jener großen, aufgeblähten Puppenskulpturen von Nikki de St. Phalle. Ich würde dies Bild durchlöchern und zusammenschrumpfen lassen müssen oder für immer in maushafte Unsicherheit gebannt bleiben müssen.
Es überraschte mich, aber als der Tag da war, war es mir gelungen, eine zerbrechliche Art von Vertrauen aufzubauen, und zwar indem ich alle zehn Minuten oder so die Litanei meiner Tugenden aufsagte – »du hast einen klugen Kopf auf deinen Schultern«, »du hast ein Quentchen Talent«, »du bist nett zu deinen Kindern« – und indem ich ein neues Make-up und schwarze Strümpfe kaufte. Dieser wackelige Geisteszustand wurde um 4 Uhr an jenem Nachmittag zerfetzt, als ich erfuhr, daß Karens Freund übers Wochenende fort war. Wieviel leichter würde es für Shayle sein, sie vom Eßtisch ins Schlafzimmer zu fegen, wenn Teddy nicht da war, um die Sache zu durchkreuzen.
Ich erhob mich über diese negative Phantasie und kleidete mich sorgfältig für den Abend. Ich würde meine Titten ins beste Licht rücken. Wenn auch klein, sahen sie doch recht gut aus in meinem Hemd aus elastischer Spitze. Keck, könnte man sagen. Ich bürstete mein Haar und sagte zu mir selbst im Spiegel: »Es könnte dir schlechter gehen, du, eine 35jährige Mutter von drei Kindern mit kecken Brüsten.«
Diese kurze Euphorie wurde zerschmettert, als Conor ins Zimmer kam, mich abschätzend ansah und sagte: »Wie kommt es, daß dein kleiner Zehnagel so gelb ist, Ma?« Als Shayle schließlich klingelte, fühlte ich mich körperlich zusammenhanglos wie immer, eine Frau mit langem blondem Haar und Falten, kecken Brüsten und gelben Zehennägeln.
Und als Karen schwungvoll die Tür öffnete, um uns zu begrüßen, war es tatsächlich so, als würde ich geradewegs in jenen furchtbaren Traum zurückgeschleudert. Sie trug keinen durchsichtigen blauen Schleier, nein. Sie trug ein langes, fließendes Gewand, das obszön ausgeschnitten war und zwei pralle Brüste enthüllte, so glatt und bleich wie Honigmelonen. Wieder einmal traf die Wahrheit ins Schwarze: üppiger Brustansatz siegt über alle Keckheit. Karens Anblick in der Tür brachte mich so durcheinander, daß ich in die Wohnung wirbelte und vergaß, Shayle vorzustellen, so daß ich unter nervösen Entschuldigungen zurück zur Tür gehen und auf ihn zurückkommen mußte.

Groß und mit geradem Rücken, die Brust vorgestreckt wie ein Strebebogen, segelte Karen vom Eßzimmer zum Wohnzimmer, servierte Getränke und Hors d'œuvres und Dinner und Cognac wie eine Walküregöttin am Bug eines altnordischen Schiffes. Ich wurde höllisch betrunken. Ich war ausgelassen und lebhaft und gesprächig, und ich kann mich an nichts von dem, was an dem Abend geschah, erinnern, außer, daß er gegen Mitternacht ein plötzliches Ende nahm, als Karen und Shayle einen dummen Streit über öffentliche Schulen versus Privatschulen hatten und Shayle, der sich von Karen beleidigt fühlte, plötzlich aufbrach und ging. Er kam nach wenigen Minuten zurück, und sie bemühten sich um Entspannung, aber die Feindseligkeit auf beiden Seiten war deutlich. Ich wußte natürlich, daß das ganze Fiasko sexueller Natur war.

So. Ich bekam nicht die großzügige Lösung eines emotionalen Konflikts, auf die ich an jenem Abend gehofft hatte. Wenn überhaupt etwas, dann hatten sich meine geleugneten Gefühle von Neid und Mißtrauen verdoppelt. Und während Karen in meiner Phantasie als ein Produkt meiner Unsicherheit lebhaft weiterexistierte, behielt ich doch auf einer anderen Ebene ein dreidimensionales Gefühl für sie, und sie war meine Freundin.

Unter anderem teilten Karen und ich einen besonderen emotionalen Zustand: Wir waren immer noch in die heile Familie verliebt, die wir doch aufgegeben hatten. Wir waren nostalgisch und sentimental, besorgt um unsere Kinder und dachten noch immer an die Väter. Wir hatten beide einiges durchgemacht.

Es war Karen, nicht die aufgeblähten Puppen in meinen Träumen, die mir über den letzten Abschnitt meines Nervenzusammenbruchs hinweggeholfen und die Dünen und die Stille von Fire Island mit mir geteilt hatte. Sie verstand meine Phobien, weil sie selbst so etwas durchgemacht hatte. Im Restaurant etwa sagte sie zu mir: »Du bist still geworden. Überkommt es dich wieder?« Und ich sagte: »Ja, aber ich glaube, es geht in Ordnung, weil ich mich immer noch auf dich konzentrieren kann.«

Ironischerweise war es Karen, die mich lehrte, meinen Körper zu mögen. Einmal machten wir im Bikini zusammen Freiübungen im Riverside Park, unsere langen Beine ragten über uns in die Luft. Zuerst war ich befangen, aber wie wir so traten und uns streckten und den Körper bogen, fühlte es sich allmählich ganz natürlich an, eine Art körperlicher Selbstsicherheit stellte sich ein. Die können mich mal, dachte ich. Männer konnten nur mit kurzen Hosen bekleidet durch den Park joggen, und niemand würde auch nur vom Kreuzworträtsel aufblicken. Frauen, die ihren Körper in der Öffentlichkeit zeigten, wurden als Ärgernis betrachtet. Karen geht aufrecht, die Schultern zurück, als wollte sie sagen: »Hier, bitte schön, und wenn es dich anmacht – ich bin nicht dafür verantwortlich.« Von ihr lernte ich, daß du nicht zugleich auf deinen Körper stolz sein und dich für ihn schämen kannst.

Karens Größe und körperliche Selbstsicherheit sind ungewöhnlich. Wir warten im Restaurant in der Nachbarschaft auf einen Tisch, und ein Mann kommt zu ihr an die Bar und sagt: »Ich wette, Sie sind der Leibwächter Ihrer Freundin hier.«

»Darauf können Sie Ihren Arsch verwetten«, antwortet sie. Der Mann lacht und macht einen Rückzieher.

Im Park liegt ein Gentleman aus der Dominikanischen Republik im Gras und betätigt sich als Sonntagnachmittagsspanner. Als Karen auf dem Fahrrad vorbeikommt, macht er den Fehler auszurufen: »Hey, Lady! Ich kann Ihre Muschihaare sehen.« Karen hält ihr Fahrrad an und steigt ab. Der Mann springt auf, um sich zu verteidigen, aber Karen geht zu ihm hin und streckt ihn mit einem Fausthieb zu Boden. Der Mann steht auf und rennt.

Karen ist eine seltsame Mischung aus Zähigkeit und Zärtlichkeit, und ich glaube, es ist genau diese Mischung, in der ihre Anziehung als menschliches Wesen liegt. Sie entzieht sich allen stereotypen Vorstellungen von Weiblichkeit. Ungeachtet ihrer Schönheit sagen manche Männer, ihre »Männlichkeit« stoße sie ab. Es gab Zeiten, da mir solche Ängste Trost hätten bedeuten können.

Ich bin so sehr an Frauen gewöhnt, deren prachtvolle Oberfläche mich hindert, in sie hineinzuschauen. Ich bin so vertraut mit anderen, deren oberflächliche Sexualität aus dauerndem Selbstzweifel erwachsen ist. Ich habe diese polaren Bilder aufrechterhalten und genährt, um mich selbst nicht anschauen zu müssen.

XIII

Auf dem Karussell

Den Grenzen meiner Affäre mit Shayle entsprechend, habe ich Phantasien über sexuelle Power, schreckliche Exzesse sexueller Energie. Nachts drehe ich die Stereo-Anlage auf volle Lautstärke. Bei heruntergelassenen Jalousien kostümiere ich mich in meinem Zimmer und gebe für mich selbst Vorstellungen vor meinem großen Spiegel. Ich tanze, allein und wild, bis ich ins Bett stürze.

Es ist nicht so, daß ich mit noch jemandem zusammensein möchte. Nicht, daß ich einen anderen Mann will als den, den ich habe. Und doch...

Seit Monaten sagte Marisa, ich solle mit ihr einen Kneipenbummel machen. Bis jetzt habe ich nein gesagt. »Ich war vor Jahren in dieser Szene. Ich könnte das nicht noch mal durchmachen.« Die Vorstellung zu flirten, lustig und leicht und neckisch zu sein, selbst das Problem zu wissen, wer zu akzeptieren und wer abzuweisen und wie das alles taktvoll auszuführen ist, war zuviel, um es auch nur in Betracht zu ziehen. Ich fürchtete mich vor dem, was ich an jenen dunklen, lieblosen Orten finden würde. Oder vielleicht fürchtete ich mich vor dem, was ich in mir selbst finden würde.

Eines Abends geschah es ohne Plan. Marisa und ich schleppten eines ihrer Bilder, eine riesige Graphik eines gekreuzigten Transvestiten in Crayonmanier, auf den Dachboden bei einem Freund auf der East Side. Dick, selbst Maler, liebte den Transvestiten. Kurz darauf aßen wir drei in einem Lokal namens »Paxton's« zu Abend und gingen dann zu »Charity's«, um etwas zu trinken. Es befand sich in einem Abschnitt der Second Avenue, welcher »der Fleischmarkt« genannt wird, und es gab Popcorn, Erdnüsse und so viele irre Gestalten umsonst, daß an Wochenenden allein für das Privileg, hineinzugehen und mit ihnen zu trinken, ein Pauschalpreis erhoben wurde. Aber jetzt ist Wochentag, und an Wochentagsabenden ist »Charity's« die Heimat des harten Kerns der Ungebundenen.

Ich trage enge Jeans und hochhackige Schuhe. Ich trage einen braunen Filzhut, der schräg ins Gesicht gezogen und mit zwei flammenden Federn garniert ist, die über meinem Kopf wippen. Ich muß auf diese Szene eingestellt sein, denn ich finde es toll, wie ich aussehe und welche Wirkung ich damit hervorrufe. Die Szene: Mehr Männer als Frauen, und nur wenige von ihnen scheinen zusammenzugehören. Die Männer tragen Jeans und die Accessoires der In-Leute – Stiefel an den Füßen, Ketten um den Hals, Westen, handgemachte Silberringe, Gegenstände einer Kultur, die seit langem durch ihren kleinsten gemeinsamen Nenner festgelegt ist.

Die Frauen sind wie weibliche Vögel, farblos und unscheinbar. Einige von ihnen scharwenzeln um die Männer, die in ihrer Nähe sitzen. Ich scharwenzle nicht. Ich paradiere mit meinem Hut und mache auf *joie de vivre*. Von Zeit zu Zeit spielen Marisa und Dick und ich unsere handgemachten Kazoos * und setzen die anderen mit unseren seelenvollen Aus-dem-Bauch-Interpretationen von Sonny Terry und Brownie McGee außer Gefecht (jedenfalls glauben wir das). In meinem Kopf spielt eine zweispurige Platte. Ich bin in dieser Szene und zugleich darüber. Jeder spielt seine Nummer, also warum nicht auch ich? »Das Leben ist ein Theater«, das habe ich mir in der letzten Zeit oft gesagt.

Ein Mann mit fanatischen Augen, Hornbrille und riesigem Afro kommt auf mich zu. Er sieht aus wie eine Imitation von Frank Zappa. »Willst du ’n Down?« fragt er. Sein Tonfall ist intim. Du bietest nicht einfach irgend jemandem ein Down an.

»Nein, danke«, sage ich. Und dann, mit unwillkürlicher Sprödigkeit: »Ich habe noch nie in meinem Leben ein Up oder ein Down genommen.«

»Noch nie?« fragt er.

Einige weiße Tabletten werden herumgegeben, und eine Menge Leute in der Bar werden für eine Weile träge und schwerfällig. Als das Bewußtsein zurückkehrt, brechen ein paar Streitereien aus. Eine Frau von Anfang Zwanzig, die geschieden ist und in Manhattan arbeitet, aber bei ihren Eltern in Sheepshead Bay lebt, wird wegen einem der Streite ganz aufgewühlt. »Es ist meine Schuld«, sagt sie immer wieder. »Ich habe ihn zuerst geschlagen, und dann hat er zurückgeschlagen, und dann hat dieser andere Typ angefangen, ihn zu schlagen.«

* Instrument, in das man hineinspricht oder summt und das zumeist aus einem Rohr mit offenem Ende und einem membranbedeckten seitlichen Loch besteht. Anm. d. Übers.

»Es gefällt dir«, sage ich, während ich sie davon abhalte, hinaus auf die Straße zu gehen, wo der Streit, für dessen Mittelpunkt sie sich hält, in seine zweite Phase eingetreten ist.

»Wie meinst du das: Es gefällt mir?«

»Du sagst, du hast deinen Mann immer provoziert, indem du zuerst geschlagen hast. Jetzt ziehst du dasselbe Ding mit den Typen in der Bar ab. Offensichtlich fährst du darauf ab. Irgendwann in der nächsten Zeit wirst du Schwierigkeiten kriegen.«

Oh, ich fahre selbst ab. Ich habe meine Rolle gefunden an diesem komischen, wimmelnden Ort voller Männer mit fanatischen Augen und dummer blonder Frauen. Ich bin welterfahren und intakt, Mutter von drei Kindern und des New Yorker Kneipenlebens nach Mitternacht kundig. Ich bin völlig abgeschirmt.

Im Lauf der Nacht sagen ein paar Männer zu mir, daß sie mich gern wiedersehen würden. Ich sage ihnen, daß ich mit jemandem liiert bin. Das scheint sie anzustacheln. Frank Zappa erklärt es mir. Er zeigt auf zwei Frauen, die zusammen an der Bar sitzen. »Siehst du die beiden?« sagt er. »Ich meine, ich nehme sie nur als Beispiel, aber mit ihnen wäre es so einfach. Es wäre keine Herausforderung.«

Außerordentlich das Ausmaß, in dem wir uns selbst irregeführt haben. Alle sind hier draußen und suchen die sexuelle Revolution, wie sie *Time* und *Newsweek* schildern, aber nichts hat sich gewendet. Wir spielen Spiele und geben vor, befreit zu sein. Wir zittern.

Frank Zappa schreibt seinen Namen und seine Telefonnummer auf ein kleines Stück Papier und drückt es mir in die Hand für den Fall, daß ich meine Meinung ändern sollte. »Ich mag gute Schallplatten«, sagt er, »und reichlich Dope. Und ich wohne gerade um die Ecke.«

Die Musikbox heult unermüdlich, und ich tanze eine Weile und quatsche höheren Blödsinn, und ich bin ganz abgehoben in dem Gefühl, daß ich immer noch Leute antörnen kann. Wer würde je erraten, daß ich, den Kopf über einen Eimer mit Windeln gebeugt, Jahrhunderte verbracht habe? Wer würde je glauben, daß ich in vier Jahren dreimal mit 150 Pfund herumgewatschelt bin und darauf gewartet habe, ein Kind zur Welt zu bringen, und daß ich jetzt, Jahre später und wieder dünn, keinen einzigen Schwangerschaftsstreifen habe, der das beweisen würde? Oh, heute abend bin ich wirklich auf der Meile, um etwas zu beweisen, und es ist die allerklarste Sorte von sexuellem Powertrip. Habt ihr das gefressen, Männer? Macht

euch an mich ran, wenn ihr wollt, aber ihr werdet nichts kriegen, weil ich zu gut für euch bin.
Wie du mir, so ich dir. Entweder sind sie zu gut für mich, oder ich bin zu gut für sie. Ich ducke mich oder ich hätschle, immer an der Kante der Wahrheit entlangtaumelnd. Ich kann mir keine Vorstellung von Gleichheit machen. Ich habe beschlossen, der Gesellschaft die Schuld zu geben.
Ein paar Männer sind von meinem prächtigen Hut angetan, ich nehme ihn ab und lasse sie ihn aufprobieren. Die Szene ist bewußt verführerisch, aber es geschieht alles unter dem Deckmantel von Gelächter und Bier und Leuten, die sich in einer allzu dunklen Bar aneinanderdrängen, ein ausgelassener U-Bahnwagen voll mit verzweifelten Leuten, die in der Lethargie von Drogen überwintern und sich mit Bier wieder zum Leben erwecken und ihre Körper drängen, so lange zu funktionieren, bis die Bar schließt, um 4 Uhr morgens, wenn sie schließlich hinaus auf die dunkle, mondlose Straße fallen.
Ich bin nicht weniger verzweifelt als sie, aber mir gefällt die Vorstellung, daß mein Gewahrsein dieses Zustands mich eine Stufe über sie erhebt. Mein Unterhaltungston ist ironisch, und er scheint anzukommen, als wäre ich verschwörerische Zeugin von allem, was vor sich geht, während ich zugleich die Elite aussondere. *Ja, du und ich, wir wissen, worum es hier geht. Wir sind nicht hier, weil unser Bett oder unser Kopf leer ist. Wir sind nur hier wegen dem Varieté, grell und dekadent wie Berlin vor dem Krieg.*
Es scheint mein Los zu sein, daß ich mir neben der Fröhlichkeit immer einer anderen, dunkleren Seite von mir bewußt bin, die Genußsucht und Leichtsinn, kurz, die Sünde anprangert. Den schnodderigen Liedern aus der Musikbox läuft der fugengleiche Rhythmus gregorianischer Gesänge kontrapunktisch entgegen und erinnert mich an die Sterblichkeit. Mein Geist ist zwischen zwei Arten von Musik gefangen, dem *dies irae* und der J. Geils Band.
Ein katholisches Kind wird schuldig in diese Welt geboren. Christus starb für unsere Sünden, und uns ist aufgetragen, voller Freude zu sein. Aber die Kirche meiner Kindheit, ihre Rituale und Kunstwerke lehrten statt dessen eine *joie de mourir*: der Beichtstuhl mit seinen Priestern, die übel aus dem Mund rochen, die dauernden Entschuldigungen, die Stationen des Kreuzweges, Fastengebete zu einem gekreuzigten Mann, dessen Todeskampf in düsteren Bas-

reliefs an den Wänden meiner Pfarrkirche dokumentiert war, so daß ich nie die Güte dessen, der für mich starb, um meine unsterbliche Seele zu retten, vergessen würde.
Eine katholische Kindheit kann dich fürs Leben zeichnen. Die Anstrengung, die zentrale Todesreise zu transzendieren, erfordert eine besondere Wachsamkeit. Einmal manifestierte sich der Krieg in meinem Innern in einer akustischen Halluzination. Ich war 23. Verkatert nach einer Party, die die ganze Nacht gedauert hatte, ging ich in die St.-Patricks-Kathedrale zur Mittagsmesse, und als die Glocke zur Wandlung läutete, um die Aufmerksamkeit auf das Fleisch und Blut Christi zu lenken, das vom Priester in die Höhe gehalten wurde, glaubte ich Besenschläge auf einer Schnarrtrommel zu hören. Das erschreckte mich. Ich hatte das Gefühl, als wäre eine dämonische Gotteslästerung gegen meinen Willen aus mir herausgedrungen.
Die schizoide Schwere dieses Zustands besserte sich mit der Zeit und mit meinem Entschluß, aus der Kirche auszutreten. Aber es gibt immer noch Zeiten, da der Katholizismus mich wie ein Spuk verfolgt und mit Leichtigkeit meine menschlichen Grundbedürfnisse in greulichem, respektlosem Exzeß durcheinanderbringt.

Gegen Feierabend kam ein Mann mit schwarzem, welligem Haar und einem goldenen Ring im linken Ohrläppchen zu uns an die Bar. Wir unterhielten uns. Seine Frau, die er befreit nannte, hatte ihn einige Monate zuvor verlassen. Er schien kein schlechter Typ zu sein. Als das Lokal zumachte, fragte er, ob er auf einen Kaffee mit zu mir nach Hause kommen könnte. »Ich lebe in deiner Nachbarschaft«, sagte er. »Du wirst es vielleicht nicht glauben, aber ich arbeite nachts, und es dauert eine Weile, bis ich genügend abgeschaltet habe, um schlafen zu gehen.« Ich glaubte es. Oder es kümmerte mich nicht.
Sobald wir in meiner Wohnung waren, kam ich wieder zu mir. Es war 5 Uhr morgens, und ich fragte mich, was ich die ganze Nacht getan hatte, die gespannte Lustigkeit, Seitenblicke auf mich selbst im Spiegel hinter der Bar. Wir setzten uns auf die Couch, der Mann mit dem goldenen Ohrring und ich, und plötzlich schaute ich nach unten und sah, daß er furchtbare Schuhe trug. Es war die Sorte, die eine Zeitlang bei den Fünftkläßlern in der Schule meiner Kinder beliebt waren, dunkelblaue Lederhalbschuhe, auf dicke, weiße Soh-

len montiert, die Marshmallows genannt wurden. Es fiel mir plötzlich auf, als hätte ich uns in einem Spiegel gesehen. Dieser Mann ist 34 Jahre alt, geschieden, Vater zweier Kinder, und er trägt Marshmallows.

Ich sagte ihm, daß ich ein wenig Schlaf bräuchte, und er schien total erfreut zu sein, daß er gehen konnte, sein Kaffee war halb ausgetrunken.

Am nächsten Tag fühlte ich mich kaputt. Was ist das für ein Scheiß? fragte ich mich. In schrägen Bars herumhängen, Nummern abziehen, mit fremden Männern in Marshmallows nach Hause kommen. Nur, weil du nicht den Mumm hast, mit Shayle darüber zu sprechen, was du brauchst?

Trotz der Einsicht scherte ich am folgenden Wochenende wieder aus der Reihe. Ich war einsam und gelangweilt und unruhig. Als Beverly und Alan zu Besuch kamen, war ich froh, mit ihnen in der Nachbarschaft einen trinken zu gehen. »Hanratti's« schließt um 1 Uhr, aber wir waren noch nicht bereit einzupacken. Ohne zu überlegen, heuerten wir ein Taxi und begaben uns ins »West End«.

Das »West End« ist als Literatenbar beschrieben worden, ich glaube vor allem deshalb, weil Kerouac in einer der dreckigen Nischen dort zum ersten Mal den Ausdruck »beat generation« fallengelassen haben soll. Im allgemeinen ist es vollgeproppt mit grünen Columbia-Kids und hoffnungslosen Arbeitern aus der Nachbarschaft. Samstag nach Mitternacht ist es schlicht deprimierend.

Da wir unsere Hochstimmung nicht verlieren wollten, bestellten wir eilig und sondierten den Laden. Wir aßen tütenweise Cashewkerne. Wir bestellten wieder. Es schien in dieser Bar keine Möglichkeit zu geben, sich anzuheizen, nichts, was uns weiter aufdrehen konnte, keine Gelegenheit für Zerstreuung, Abenteuer, Power, eine wenn auch nur zeitweilige Loslösung von der Unzufriedenheit mit unserem Leben. Selbst die Musikbox brachte nur Dreck.

Dann, um 2 Uhr morgens – ich erinnere mich an die Hände an den Uhren –, stakste ein schwarzer Mann in die Bar. Etwa einen Meter neunzig groß, starker Körperbau, aber schlank in der Taille, Beine wie die eines Langstreckenläufers – er sah phantastisch aus. Seine Aufmachung sollte mit Bedacht Präsenz ausdrücken: eine Safarijacke aus haferbreifarbenem Leder, ein Wildlederhut mit flacher Krone, den er wie ein Halbzeit-Colaverkäufer oder Zuhälter in den Nacken geschoben trug. Auf seiner prächtigen linken Schulter hing

eine riesige Ledertasche, in der er, wie ich später erfuhr, seine Lieblingsplatten herumtrug.
Als ich sah, daß er quer durch die große, ovale Kneipe zu mir herüberguckte, guckte ich auch, reckte das Kinn vor und nickte ihm im Takt der Musik zu. Das erheiterte ihn, und er lächelte und zeigte das größte, weißeste, ebenmäßigste Gebiß, das mich jemals quer durch eine Kneipe angeblitzt hatte. Ich wandte mich wieder meinen Freunden zu, aber in Gedanken sah ich mich, wie ich ihn und wie er mich sah: ein großer, gestylter schwarzer Dandy, supercool, und Long Tall Sally, blond und superklug, die in dieser großen, finsteren, im übrigen langweiligen Bar in einer späten Samstagnacht Augenspiele miteinander spielten.
Ein bärtiger Typ setzte sich auf den Barhocker neben mir und fing eine Unterhaltung an.
»Ich heiße Drake«, sagte er. »Wie der Gugelhupf.«
»Oh«, sagte ich. »Was machst du so, Drake?« Ich wußte, daß es uncool war, in einer Szene-Kneipe eine so direkte Frage zu stellen, aber was sonst fängst du mit einem Typ an, der sich so vorstellt?
»Ich reise.«
»Einfach reisen?«
»Jup.« Ein geziertes, heimlichtuerisches Lächeln. »Einfach reisen.«
Die Unterhaltung kam vom Regen in die Traufe. Er versuchte, mich anzumachen. Ich versuchte, ihm mitzuteilen, daß es nicht möglich sei. Ich wußte schon, was in jener Nacht passieren würde, und es würde nicht mit Gugelhupf passieren. Ich gewann eine süße Selbstsicherheit aus diesem Wissen. Es war wie auf der High-School.
Als die Langeweile überwältigend wurde, sah ich wieder zu dem Typ am anderen Ende der Bar hinüber, und er sah mich an, also grinste ich ihn an und wedelte in Höhe meiner Ohren mit den Händen wie Soupy Sales, wenn sie »Die Maus« spielt. Er schob seinen Barhokker zurück, ließ die Leute stehen, mit denen er da war, und das nächste, was ich wußte, war, daß er hinter mir stand, sich gegen meinen Stuhl lehnte und mich leicht nach vorn kippte. *Eroberung!*
»He! Hör auf, dich an mich zu lehnen«, sagte ich. Er lachte.
Beverly und Alan begannen mit ihm zu reden, und für eine Weile wandte ich mich wieder Drake zu, hörte teilweise ihm zu, dessen Interesse plötzlich gestiegen war, und teilweise der Unterhaltung,

die hinter meiner rechten Schulter vonstatten ging. Ich hörte den Schwarzen sagen, daß er Psychologie studiere. Dann hörte ich, wie er Sigmund Freud erwähnte. *Sigmund?* Wie entsetzlich!
Es enttäuschte mich, daß er jung genug war, um Student zu sein, und daß er von einem so alten Hut wie Freud den Vornamen nannte. Entweder war er furchtbar unerfahren oder er log. Wahrscheinlich hatte er das College besucht – die Stimme schön moduliert, die Aussprache makellos –, war dann in den Drogenhandel reingeschliddert und hing nun meistens in Kneipen herum und gabelte Frauen auf und wußte nicht genau, was er mit seinem Leben anfangen sollte, obwohl er intelligent genug zu sein schien, um etwas damit anzufangen, aber Dealen ist leicht und das Leben süß, und ich bin ein großer, schöner Hengst, der in der Lage sein sollte, ein bißchen Spaß im Leben zu haben, bevor ich mich zur Ruhe setze, in drei Teufels Namen.
Gugelhupf kapierte endlich die völlige Abwanderung meiner Aufmerksamkeit und verzog sich. Der Mann, dessen Arm immer noch auf der Lehne meines Hockers ruhte, beugte sich herüber und näherte seinen Mund meinem Ohr. »Ich dachte, du würdest ihn überhaupt nicht mehr los«, flüsterte er. Eingebildeter Hurensohn! Seine Blicke waren so verheerend, daß ich sofort dieselben Klugscheißerspiele mit ihm anfing, die Gugelhupf mit mir gespielt hatte.
In emotionaler Hinsicht gipfelte der Abend mit der Eroberung. Einen Fremden in einer Bar nur mit den Augen zu verführen hieß, einen jugendlichen Traum ausleben, eine Phantasie, die aus Hollywood-Filmen stammte, langhaarige Frauen in El-Moroccan-Filmszenen, Lauren Bacall, die eine Augenbraue hob, während hartgesottene Männer tot vor ihre Füße stürzten.
Nur erwies sich dies nicht als irgendein Film, den ich je gesehen hatte. In meiner Wohnung (wo Beverly und Alan das Zimmer nebenan belegten) nahm er seinen wundervollen Hut ab, und ich wurde von der Entdeckung schockiert, daß sein Haar entkräuselt war. Irgendeine heftige chemische Behandlung ließ es senkrecht von seinem Schädel abstehen. Er pellte sich aus seiner edlen Safarijacke, seinem französisch geschnittenen T-Shirt und schließlich einem ärmellosen Netzhemd. Es verblüffte mich. Ich war dabei, mit einem Anachronismus ins Bett zu gehen, Super Fly mit entkräuseltem Haar.
»Wie kommt es, daß du diese ganzen Lagen auf dir trägst?«

»Damit ich auf alles vorbereitet bin, was vielleicht kommt«, erwiderte er.
Der peripatetische Szene-Schmetterling. Disco-Schwoof im »Alexander the Great's« im Netzhemd, ein paar Biere im »Russ Brown's« im T-Shirt, dann der frühmorgendliche Kneipentrip auf dem Upper Broadway in der bleichen ledernen Safarijacke. Und die ganze Zeit in der Schultertasche den eigenen Treibstoff dabei, eine seltsame Sammlung von Schallplatten, jede einzelne eine gemixte, abgehackte Art von Latin Soul.
Unglücklicherweise lud er den ganzen Stapel auf meinen Plattenwechsler, bevor wir ins Bett gingen. Das erste Stück machte mir klar, daß ich eine tote Frau war, wenn dieser Mist das Tempo angab. Ich erhob mich und legte Marvin Gaye auf.
»Gefällt dir das Zeug?« fragte er.
Chacun à son goût.
Sobald wir mit dem Liebesspiel begannen, versuchte ich ihn zu bremsen. Er war allzu schnell, allzu heiß. Es war nicht zu glauben, und es gab kein Antörnen. Jedenfalls wußte ich jetzt mehr als beim erstenmal, wo ich mich in so eine Marathon-Fick-Geschichte manövriert hatte, und so dachte ich, ich könnte versuchen, ein bißchen Einfluß zu nehmen.
»Weißt du, was mir gefallen würde?«
»Was?«
»Es würde mir gefallen, wenn du eine Weile stillhalten würdest, damit ich mich an das Gefühl gewöhnen kann: du in mir.«
»Oh.«
Nun, er hielt vielleicht fünf Sekunden inne, bevor er wieder loslegte, schnell und heftig. Ich fragte mich, ob er fürchtete, das Gefühl zu verlieren, wenn er sich bremste. Oder vielleicht fürchtete er, es zu finden. Ich spürte sein Bedürfnis, sich selbst zu beweisen, und einen Moment lang fühlte ich mich elend, weil ich wußte, wie das ist. Vielleicht nahm er an, das sei die Art von Auftritt, die weiße Frauen erwarteten, der alte Mythos vom schwarzen Tornado. Ich konnte mir von keiner der schwarzen Frauen, die ich kannte, vorstellen, daß dies hirnlose Kolbenstampfen sie anheizte. Es war, als würden Kraft, Bewegung und Ausdauer von ihm gefordert. Leidenschaft, so schien sein Körper zu sagen, ist etwas, das du zuwege bringen kannst, wenn du lange genug daran arbeitest und lange genug riebst.

Ach, die Einsamkeit des Langstreckenfickers! Und die Torheit der Frau, die nachts ausgeht in der Hoffnung, mehr als das zu finden. Was hatte ich denn erwartet, süßes Murmeln der Zärtlichkeit, sanftes Wogen seiner Rute? Warum sollte dieser Fremde mehr Zärtlichkeit für mich empfinden, als ich für ihn empfand? Und unterdessen spielten diese schrecklichen Schallplatten immer weiter.
Es war meine erste und letzte Affäre für eine Nacht. Am nächsten Tag dachte ich in Ruhe nach über die Ereignisse der letzten Nacht und wußte, daß die Flatter vorbei war. Ich hatte das Getue simulierter Erregung satt, die falschen Visionen der Ausgelassenheit. Wenn du willst, kann das Leben in New York wie eine Karussellfahrt sein, die nie anhält, bemalte Pferdchen, auf denen du auf- und niederwippst, in Ausgelassenheit erstarrte Gesichter, während die Musik weiter und weiter spielt.

XIV
Schweigen

Ohne es wirklich zu wollen, schlecht vorbereitet, in dem Glauben auch, es sei töricht, lasse ich mich auf die Geschichte ein. Ich möchte Shayle öfter sehen. Ich traue mich nicht, es zu sagen, aus Angst, wie eine Bettlerin zu erscheinen. Mein Bedürfnis macht mich zur Bettlerin, und die Menschen haben keinen Respekt vor Bettlern. Aber ich möchte ihn öfter sehen.

Ich tue so, als wäre Shayle der Zuckerguß auf meinem Kuchen. Ich lasse ihn glauben, mein Leben sei vielfältig, reichhaltig, schwer von Nüssen und Rosinen und mit einem Schuß Cognac gewürzt, und er sei das Sahnehäubchen auf allem, eigentlich gar nicht notwendig.

Es kommt mir in den Sinn, daß er es so will, damit er mich genießen kann, ohne sich für mich verantwortlich zu fühlen. Ein Teil von mir glaubt, das ist berechtigt (kann irgend jemand für das Glück eines anderen verantwortlich sein?), aber eine tiefere Ader in mir verlangt, daß er sich um mich sorgt, daß ihm mein Alleinsein bewußt ist, die Beunruhigungen meines Lebens, die abendlichen Durststrecken, die baumwollbezogene Weite meines Bettes, wenn ich schließlich um 2 Uhr morgens die letzte Dose Bier leere und das Licht ausmache in Erwartung meiner bleichen, schweißigen Träume.

Unfähig zu reden, kann ich mir seine Gründe dafür, daß er mich zu komischen Zeiten, meistens tagsüber, trifft, nur denken. Ich kann nicht einmal fragen, ob seine Frau ungehalten wäre, wenn er abends ausginge. Statt dessen mutmaße ich, daß er über mich mutmaßt. »Sie ist mit ihren Kindern und ihrem Schreiben beschäftigt, und ich bin ein verheirateter Mann und habe nicht das Recht, zu viele Ansprüche an sie zu stellen«, höre ich ihn zu sich selbst sagen. Aber ich habe Angst davor, es durch Fragen, ob es so sei, nachzuprüfen. Es ist sicherer, mit diesem leichten, munteren Spiel, das wir spielen, fortzufahren.

»Einen wunderschönen guten Morgen«, sagt er montags am Telefon, ungefähr zehn Minuten nach elf.

»Hallo«, sage ich.
»Wie war das Wochenende?« fragt er.
Sollte ich ihm von dem Mann erzählen, mit dem ich ins Bett gegangen bin, wegen dem ich mich völlig routiniert und hohl gefühlt habe? Sollte ich ihm erzählen, daß das Wochenende endlos war, triste Stunden vor dem Fernseher, streitende Kinder, Hundescheiße aufwischen und Essen machen und wieder aufwischen? Sollte ich ihm erzählen, daß ich von meiner neuesten Leon-Russell-LP schon fast genug habe, obwohl ich sie bei aufgedrehter Lautstärke immer wieder spiele, als ob mich diese tolle Aufnahme von »Crystal Closet Queen« vor der Erinnerung bewahren könnte, daß mein Wochenende ganz ohne ihn keinen Brennpunkt zu haben scheint?
»Ich habe eine ganze Menge geschrieben«, sage ich und übertreibe meistens ein bißchen.
»Das ist prima«, sagt er.
Oder: »Ich war auf einer Party und hab mich betrunken und bis 5 Uhr morgens getanzt und das ganze Wochenende nichts geschafft.«
»Na ja, warum nicht?« sagt er. »Sonst könntest du ja ebensogut in Chillicothe wohnen.«
Verdammt! Das ist es alles überhaupt nicht, was ich ihm eigentlich sagen oder was ich von ihm hören will, als wäre er mein guter Papa, der mich gewähren läßt, verständnisvoll ist und nur wünscht, daß seine kleine Teilzeitprinzessin ausgeht und sich eine angenehme Zeit macht.
»Wo bist du?« frage ich. »Kannst du vorbeikommen?«
Und er sagt: »Ich bin unterwegs. Ich komme gleich.« Oder er sagt: »Ich bin in der Stadt. Ich komme nachher vorbei.«
In unserer seit drei Monaten bestehenden Affäre, die mit Mandarinen und Blumen und täglichen Anrufen begann, sind wir so weit abgesackt, uns montags und mittwochs von 12 bis 3 oder manchmal von 12 bis halb 3 Uhr zu sehen. Unsere Beziehung ist verkalkt, festgefahren zwischen den Zahnrädern unvereinbarer Stundenpläne und unausgesprochener Bedürfnisse, und ich habe Angst, mit ihm darüber zu sprechen. Manchmal frage ich mich, ob wir beide vielleicht zu zaghaft sind, nicht willens, etwas zu fragen oder zu erwarten, aus Angst, das Leben könnte uns wieder niedermachen.
Nun verbringen wir unseren Montag mit Kaffeetrinken, unsere Unterhaltung wird schal, und Mittwoch trinken wir noch mehr Kaffee,

jenen bitteren Bustelo, den niemand außer mir wirklich mag. Ich denke immer, daß, wenn ich meine Liebhaber halten will, ich zu Zabar's gehen und importierte Kaffeebohnen ranholen sollte, französische Röstung von verschiedener Farbe und Schärfe, Bohnen aus Brasilien, Tansania, der Dominikanischen Republik. Ich sollte mir ein Melitta-Kaffee-Set aus dickem, weißem Porzellan kaufen und reife Früchte und Sesamplätzchen und Käse *à point* anbieten. Aber ich bin zu alt, um wie eine Studentin im letzten Semester zu leben. Mittlerweile sollte ich meine Angelegenheiten mit Stil führen: Hausmäntel aus reiner, schlichter Seide, eine Schüssel mit makellosen Nektarinen auf dem Eßzimmertisch.

Ich erinnere mich so lebhaft an den Anfang vom *Goldenen Notizbuch*. Zwei Frauen, Freundinnen, kosten die sinnliche Vollkommenheit von reifen Erdbeeren und dicker Sahne in rein weißen Schüsseln. Sie sprachen von sich selbst als freien Frauen, sie hatten gelernt, sich selbstgenügsam zu respektieren, um Dinge nur für sich selbst zu tun, zu ihrem eigenen Wohlbefinden, ihrer eigenen Freude und Zufriedenheit. Und ich, ich bin es so leid, Dinge zu tun, um Männer einzufangen, daß ich überhaupt nichts mehr tue.

»Oh, laß mich den Knopf da für dich annähen«, sagte ich zum Beispiel und schnappte mir Nadel und Faden, ohne mir je vorzustellen, daß, wenn er sich einen Trenchcoat von Abercrombie's leisten konnte, er es sich auch verdammt gut leisten konnte, seine Knöpfe von einem Schneider annähen zu lassen. Oh, die kleinen Steaks mit der perfekten Sauce, die geschickte Art, wie ich die Pfanne mit einem Hauch Wein und einigen Schalotten ablöschte.

All das ist vorbei. Kein Mittagessen habe ich Shayle je angeboten, keine Orange je für ihn zerschnitten. Ich nähere mich ihm in tagealten Arbeitshosen, biete ihm dunklen, schlammigen Kaffee an, der durch einen 29-Cent-Baumwollfilter aus der Bodega in meiner Straße getropft ist. So weit hat unsere Affäre auf der Basis dieses Kaffees überlebt, dieser Unterhaltung und unserer Körper, aber ich frage mich, wie lange das so weitergehen kann, ohne Atemluft, ohne Zelluloid- oder Elektronikzerstreuung, sogar ohne andere Leute. Es ist eine Treibhausaffäre, geradewegs aus einem anderen, noch nicht befreiten Jahrhundert.

Schließlich, nach einer Stunde Mittwochskaffee, gehen wir ins Bett. Erst wenn wir beieinander liegen, fühle ich meine wirkliche, wahre Beziehung zu ihm. Es ist etwas Kindliches in unserer Paarung und

manchmal etwas Pubertäres (»Tu so, als wären wir in einem Auto voller Leute, wir kommen vom Strand oder sonstwoher, und du sitzt auf meinem Schoß, und ich lasse meine Hand unter deinen Rock gleiten und zwischen deine Beine, und du sprichst und lachst und tust so, als wär nichts, während ich...«).
Und manchmal gibt es auch etwas wie Reife, obwohl ich mir nicht ganz sicher bin, was das bedeutet.
Ich weiß allerdings, daß ich vergesse, wer ich bin, sobald er mich berührt. Oder ich vergesse, was ich glaube, wer ich bin (eine überwältigte Mutter) und wer ich sein möchte (eine große, berühmte Schriftstellerin) und wer ich fünf Minuten vorher war (eine Frau, die sich innig wünschte, mit ihm ins Bett zu gehen). Mich selbst zu vergessen ist eine sehr gute Sache, tatsächlich die beste, die es gibt. Denken ist eine so leichte Art, Distanz zu schaffen.
Es freut mich, daß ich nichts inszeniere. Shayle küßt mich über und über und beschnüsselt mich, und ich bin so von Zärtlichkeit hingerissen, daß es eine Weile dauert, bis ich anfange, meine Hüfte der seinen entgegenzuwinden. Ich glaube, es gefällt mir, das eine Zeitlang aufzuschieben, einfach um mich auf die Lust seiner Bewegung in mir mit seiner weichen Eindringlichkeit jenseits aller Technik zu freuen.
Noch nie bin ich beim Lieben so viel geküßt worden. Ich fühlte mich von jedem Stück von ihm liebkost. Das mag für andere Frauen etwas Selbstverständliches sein, aber für mich war es neu. Ich denke nicht an diese Dinge, während wir uns lieben, erst hinterher, bevor das Glühen abgeklungen ist, und ich weiß, daß eine weitere Woche vergehen wird, bevor ich mich wieder so fühlen werde.
Meine Erfahrung mit Shayle birgt eine traurige Ironie. Dadurch, daß ich ihn kannte, wurden mir Träume bewußt, die von Jahren des Mutterseins und des Funktionierens verschüttet waren. Ich zittere vor Bedürftigkeit, einer Bedürftigkeit, die manchmal unstillbar zu sein scheint, aber er weiß es nicht, ich war nicht imstande, es ihm zu sagen, was also sollte er tun? Er hat ein Bild von meinem Leben als randvoll mit Freunden und Anrufen und Besuchen und Reisen, aber er weiß nicht, daß das eine, wonach ich lechze und was ich nie hatte, Intimität mit einem Mann ist.
Der Grund für mein Schweigen ist der: Ich bin mir sicher, daß, wenn ich mit Shayle sprechen würde, die Tatsache meines Bedürfnisses mit einer Gefühlsintensität vermittelt würde, die ihn erschreckte.

Ich stelle mir vor, daß ich plärren würde wie ein verlorenes Kind oder schreien in giftiger Wut, und in beiden Fällen würde er sich bedroht fühlen. Natürlich weiß ich, daß meine Gefühle um so unmäßiger werden, je länger ich sie zurückhalte.
Die Bedürfnisse von Männern, so habe ich immer geglaubt, gleichen nicht denen von Frauen, werden weniger scharf empfunden und leichter befriedigt. Tatsächlich denke ich mir Männer überhaupt ohne Bedürfnisse. Wahrscheinlich habe ich nur Männer gekannt, die Angst hatten, sie zu zeigen. Mein Vater ist so, eine Festung, unverwundbar, er braucht Frauen nur deshalb, weil sie seine eigensinnige Existenz in dieser Welt behaglicher machen.
Schließlich ist da noch ein Problem, eines, das ich vielleicht überstiegert habe, dessen zentralem Dilemma ich mich aber offenbar nicht entziehen kann. Shayle ist zu schön. Wenn ich ihn in meinem Eßzimmer über den Tisch hinweg beobachte, versuche ich, sein strahlendes Lächeln zu übersehen, hefte meine Aufmerksamkeit auf winzige Unvollkommenheiten, auf die Tatsache, daß seine Augen nicht besonders groß sind oder daß sein Kiefer breiter ist, als er vielleicht sein könnte. Nur in seinen Mängeln kann ich seine Menschlichkeit finden, die Möglichkeit, daß wir zur selben gequälten Spezies gehören und daher irgendeine Verbindung miteinander haben. Leichter ist es für mich an jenen Tagen – sie sind selten –, wo er sich wegen seiner Arbeit Sorgen macht oder Angst davor hat, 40 zu werden.
Allzuoft bin ich betäubt von seiner strahlenden Erscheinung. Einfach bei ihm zu sitzen ruft solche Angst in mir hervor, daß ich mich ausgedörrt fühle, unfähig zu geben, unfähig gar, ich selbst zu sein. Ich bin außerhalb meiner selbst, schaue, wie ich glaube, daß er schaut, sehe mit erbarmungsloser Klarheit die Anspannung um meine Augen, die Flecken auf meiner Haut, mein seichtes Vertrauen. So wie die Tiere paarweise die Arche betraten, so neigen die Menschen dazu, sich ihren Eigenarten und Fähigkeiten entsprechend zusammenzutun, und Shayle und ich gehören nicht zusammen. Und eine Laune meines Geistes (ich weiß, daß es das ist, wenn ich es auch nicht wiedergutmachen kann) hat mich überzeugt, daß ich nicht gut genug für ihn bin.
Es ist leichter, die Ängste, die man hat, auf einen Punkt zu konzentrieren. Ich konzentriere mich auf die Idee meiner körperlichen Mangelhaftigkeit. Im kühlen, grünen Licht des Morgens, in dem

Augenblick, da ich beschließe, mich in meinem liebelosen Bett noch einmal umzudrehen und noch eine Stunde zu schlafen, oder zwei oder drei, bin ich sicher, daß er das Interesse verliert, weil ich nicht hübsch genug für ihn bin. Ich bin sicher, daß er wundervolle, porzellangleiche Frauen gewöhnt sein muß, Frauen mit Nektarinen und seidenen Hausmänteln. Oh, ich bin nicht so verrückt zu glauben, ich sei häßlich. Ich weiß, daß ich einen gewissen äußeren Stil habe, eine Art energiegeladener Großtuerei. Aber man steht morgens nicht mit Großtuerei auf, und der Morgen... ist sicher die Stunde der Wahrheit.

Ich bin verquollen und farblos, wenn ich aufstehe. Der Schlaf bewirkt, daß ich den dürftigen Halt der Jugendlichkeit verliere, indem er mich in Welten voll Einsamkeit und Kampf treibt. Oft wache ich erschöpft auf, von Gefühlen gebeutelt, die das Tageslicht verscheucht, aber die Dunkelheit zurückbringt, Nacht für Nacht. Im Schlaf bin ich die Gefangene der Realität, und ich erwache aus ihr bis aufs Blut gequält und geschlagen.

Ich habe einen Alptraum, der mich weckt und bis zum Morgengrauen in ruhelosem Halbschlaf hält. In dem Traum führe ich ein Streitgespräch über Bücher und Schreiben mit einem Mann, den ich kenne. Eines seiner Kinder verbringt die Nacht bei meinen Kindern, und sie alle schlafen. Plötzlich bemerke ich, daß mein Wohnzimmerteppich klatschnaß ist und fast davonschwimmt. »Was ist los?« frage ich bestürzt.

»Dein Hund muß gepinkelt haben«, erwidert er.

»Das ist lächerlich«, sage ich. Wasser quillt durch die Fußbodenbretter, und es ist klar, daß meine Wohnung überschwemmt wird.

Ich versuche zu überlegen, was zuerst zu tun ist, was ich zu retten versuchen soll, aber das Wasser steigt so schnell, daß ich Glück habe, wenn ich die Kinder noch retten kann. Ich eile von Zimmer zu Zimmer und wecke sie auf, während der Mann im vorderen Flur steht und nichts tut. Es könnte Ed sein; es könnte mein Analytiker sein; es könnte Jedermann sein. In Lebenskrisen bin ich immer allein gewesen.

Als ich die verschlafenen Kinder einsammle, werde ich wild und schreie den Mann an: »Hilf mir gefälligst oder verschwinde, verdammte Scheiße!« Das Schreien dient nur dem Zweck, meinen Zorn zu äußern, denn der Mann bleibt stur und rührt sich nicht, weder um mir zu helfen noch um zu gehen. Endlich habe ich die

Kinder im Fahrstuhl, als es mir einfällt, zurück in die Wohnung zu laufen und den kleinen Hund zu retten.
Am Ende des Traums fühle ich mich allein, entblößt. Die Wohnung und was sie enthält, werden kaputtgehen, und sie enthält vier Dinge, ohne die ich mir nicht vorstellen kann, mein Leben neu zu beginnen: meine Schreibmaschine, die Fahnenabzüge meines Buches und meine Waschmaschine samt Trockner.
So geht es mir des Nachts. Wenn ich mich morgens schließlich aus dem Bett schleppe, behandle ich mich selbst, als wäre ich gerade von einer langen, anstrengenden Reise zurück, verschwitzt und ermüdet. Ich bemühe mich, den sauren Geruch der Angst wegzuwaschen. Ich treffe eine Auswahl aus einem Arsenal von Mundwässern und Wohlgerüchen. Ich bade mit einem Stück Sandelholzseife. Ich putze meine Zähne zweimal, einmal mit einer Paste, die die Folgen des Nikotins beseitigen soll, und noch einmal mit einer Paste zur Verhinderung von Karies. Manchmal, wenn der nächtliche Trip besonders übel gewesen ist, bin ich morgens überzeugt, daß ich bis ins Innerste angekränkelt bin, und deshalb dusche ich mit einem Mittel, in dem Jod enthalten ist und das mich wie ein Operationssaal riechen läßt. Um den Jodgeruch zu überdecken, tue ich mir Moschusöl hinters Ohr.
Waschen ist nicht genug. Es ist wichtig, auch eine Maske zu fabrizieren: ein Make-up, das die Unregelmäßigkeiten meines Gesichts abdeckt, kleine Sommersprossen, verblichene Leberflecken, gelegentliche Pickel, Narben von der Akne, die ich als Kind hatte. Um meine blasse Farbe zu verbessern, reibe ich mich mit einem schmierigen Zeug im Farbton »Café Bronze« ein. Ich trage braunen Lidschatten auf, um meine verquollenen Lider zurücktreten zu lassen. Alle paar Tage wasche und spüle ich meine Haare und wickle sie auf riesige heiße Lockenwickler. Ach, diese endlosen Rituale des Maskierens, so ermüdend, so fruchtlos, da sie ihn nicht täuschen können, sie täuschen nicht einmal mich. Und doch ist es mir unmöglich, ihm nackt gegenüberzutreten.
Shayle dagegen muß nur von Zeit zu Zeit seine Eßgewohnheiten etwas umstellen. Es ist eine berufliche Notwendigkeit, daß er fünf Kilo Untergewicht hat, damit er durch die Kamera ebenso schön aussieht wie in Wirklichkeit. Drei Pfund weniger, und ich sehe es in seinem Gesicht, in dem die Knochen eleganter denn je hervortreten. Sein Körper ist mager, sein Bauch flach wie der eines Jungen.

Er erinnert sich, daß die Mädchen auf der High-School seine Gefühle verletzten, weil sie ihn eingebildet nannten. Aber er gibt zu, daß er tatsächlich eingebildet war. »Es ist schwer, nicht eingebildet zu sein«, sagte er einmal zu mir, »wenn du mit einer Mutter aufwächst, die ihren Freundinnen gegenüber dauernd von ihrem schönen blonden Kind spricht.«

Manchmal versuche ich, die Bürde der Schönen zu verstehen, das Gefühl der Isolation, das sich einstellen muß, wenn die anderen dich beneiden oder gar hassen wegen eines Vorteils, für den du nichts kannst, aber irgendwie schaffe ich es nie ganz. Wenn es wirklich darauf ankommt, haben es die Schönen besser als wir anderen. Schön geboren zu sein ist, wie reich geboren zu sein. Das Proletariat mag die Reichen hassen, aber die Reichen haben eine Sicherheit, die sie gegen Haß immun macht. Wenigstens würde ich das gern glauben.

Es ist wahr, daß ich Shayle idealisiert habe, ich verherrlichte seine Schönheit, deren Wert und Bedeutung über jedes Maß. Es ist wahr, daß ich ihn nicht als ein anderes menschliches Wesen sehen will, das Verletzungen erlitten hat und Angst hat, daß es wieder geschieht. Manchmal erhasche ich in seinem Augenwinkel den Widerhall einer alten, schwärenden Wunde, deren Gewebe nie wieder ganz nachwachsen wird. Und doch ist es mir von größerem Nutzen, ihn mir gelassen vorzustellen und mich als die sich duckende Hilflose, die er jederzeit verlassen könnte. So zum Opfer gemacht, tröste ich mich mit mitleidigen Tränen.

Ich sehe das alles und bleibe doch erstarrt. Die Situation erfordert, daß ich mich zur Kenntnis bringe und die Konsequenzen riskiere. Eines schönen Tages werde ich all meinen Mut zusammennehmen müssen, ich werde mich frei von der Vergangenheit bewegen und wieder lieben, aber im Augenblick bin ich dazu außerstande. Stattdessen werde ich aus meinem Leben eine Flickendecke machen, in die ich verschiedene Leute und Pläne und Ereignisse einarbeite, um Shayles Bedeutung für mich zu verringern, damit ich wenigstens nicht mehr die Unangemessenheit seiner Zuneigung erdulden muß.

XV

Ein Zimmer unter den Sternen

Ich beschloß, über den Sommer zu verreisen. Cummington in Massachusetts ist die Künstlerkolonie, in der die Kinder während der letzten drei Jahre den Sommer mit Ed verbracht hatten. Dies Jahr würde ich sie nehmen und den Sommer mit Schreiben verbringen. Ich würde unsere Sachen packen, die Wohnung vermieten und New York, meinen Analytiker und Shayle verlassen. Das schien in keiner Weise kümmerliche Einschränkung zu bedeuten, nur ein Drauflosgehen.

Cummington lockte mich, seit ich es zum erstenmal besucht hatte. Da gibt es hektarweise Wälder und Felder, und im Sommer wird alles grün und saftig und friedlich, die Wolken hoch und schnell am Himmel, und gelegentlich sieht man Rehe und Waschbären und Stachelschweine. Die Anlage besteht aus Farmhäusern, zwei Haupthäusern, einigen verwitterten alten Scheunen und ein paar Hütten. Ich würde dorthin fahren und mit vierzig anderen Leuten, alles Fremde, alles Künstler, dort arbeiten und leben. Meine schrecklichen Ängste waren vorbei. Ich war bereit für eine neue Erfahrung. Aber gewisse Dinge, die ich über Cummington wußte, machten mich nervös.

Sex zum Beispiel war etwas ziemlich Ungebundenes, Partner wurden den ganzen Sommer lang getauscht oder geteilt. Einige Leute würden bisexuell sein, einige lesbisch, dessen war ich sicher. Einmal, als ich zu Besuch war, hörte ich die Geräusche von zwei Frauen, die sich auf der anderen Seite der Wand des kleinen Raumes in der Scheune, wo ich schlief, liebten. Die Geräusche zweier Frauen, die sich miteinander vergnügten, hatten mich zutiefst beunruhigt. Ich wußte nicht, wer die Frauen waren, und konnte mir nur das Gewirr ihrer Körper, die verknäulte Fülle ihrer langen schwarzen Haare vorstellen. Gesetzlosigkeit regierte in jenem kleinen, dunklen Raum; Aufruhr. Ich hatte in dem Stöhnen der Frauen etwas gehört, von dem ich nichts wissen wollte: daß alles möglich ist, daß du deine eigenen Regeln schaffst, über die nur dein Selbst entscheidet. Als

ich dem Atmen, dem Murmeln, den wieder und wieder einsetzenden Orgasmen lauschte, war es, als läge ich geradezu am Rande des Chaos. Was würde aus mir werden?
Jetzt, drei Jahre später, kannte ich mich selbst gut genug, um zu wissen, daß ich nicht lesbisch war. Ich war hauptsächlich mit der Möglichkeit beschäftigt, daß ich zu einer von ihnen würde nein sagen müssen. Ich stellte mir vor, daß die sexuellen Bedürfnisse von Lesbierinnen wilder, weniger kontrollierbar seien als die sexuellen Bedürfnisse von uns anderen. Ich sah Bilder von amazonischen Begegnungen irgendwo draußen im Freien. Ich würde allein einen Spaziergang machen und poetischen Gedanken nachhängen, und diese Lesbe würde hinter einem Busch hervorschnellen und sich mir aufdrängen. Wir würden kämpfen. Ich würde verlieren.
Oder ich würde eines Nachts in meinem kleinen Zimmer unter den Sternen schlafen, und plötzlich würde die Tür knarren und eine von ihnen oder gar, Gott behüte, zwei würden sich in mein Bett schleichen und anfangen, mich zu beschnäbeln. Von einer Frau vergewaltigt werden? Von Frauen? Wer würde mir glauben? Du mußt es immer gewollt haben, würden sie sagen. Auch nur so etwas zu denken. Die wirklich heterosexuelle Frau hat keine solchen Vorstellungen. Und die Amazonen würden ungeschoren davonkommen.
Natürlich wußte ich, daß das alles lächerlich war. In dieser besonderen Situation war das Lesbische eine Metapher für das verbotene Unbekannte. Die alten Leitlinien existierten nicht mehr – die Kirche, die Ansichten meines Mannes, das Dogma der Gruppentherapie, die Ideologie des *Human Potential Movement*, der Frauenbewegung und jeder anderen Bewegung, sei sie politisch oder emotional. Für eine verbindliche Zeitspanne schloß ich mich einer unbekannten, unkonventionell strukturierten Lebensweise an. Es würde neue Ideen geben, neue Leute, nichts Bekanntes, nichts, auf das man sich einfach zurückfallen lassen konnte. Das Gefühl dafür, wer ich sei, diese ersten Schimmer, die allmählich aufgetaucht waren in all den Monaten, in denen ich herauszufinden versucht hatte, auf welche Weise ich mich selbst täuschte, würden vielleicht abklingen. Es schien, als hätte ich nur Licht vom schwächsten Stern des Himmels als Wegweiser.
Am ersten Abend, nachdem fast alle in ihren VWs und Volvos und schrottreifen Lieferwagen aus den verschiedenen Landesteilen angekommen waren, nachdem die erste gemeinsame Mahlzeit geges-

sen war und die Kinder im Bett waren, blieb mir nichts weiter zu tun, als in meinem Zimmer zu sitzen. Ich dachte, ich sollte schreiben. Ich hatte schließlich etwas zu tun. Aber das Neue, das Fremde, all diese Menschen, die nun in ihren eigenen kleinen Räumen und Hütten verstaut waren, drangen auf mich ein. Ich saß an meinem Schreibtisch und fühlte keine Verbindung zu irgend etwas, nichts Vergangenem, nichts Gegenwärtigem. Dann überkam mich ein alter Drang, der Drang, durch Schreiben zu bewältigen. Wie ein verwirrtes Kind, das auf die Ereignisse seines ersten Schultages zurückschaut, würde ich versuchen, die mich umgebenden Dinge zu benennen, in der Hoffnung, auf diese Weise eine Verbindung zu ihnen herzustellen. Ich schrieb:

Den Sommer über werde ich leben und arbeiten in diesem Raum, der nicht ganz so groß ist wie mein Zimmer in New York, aber irgendwie doch größer, von alten Assoziationen und Illusionen entblößt, ein einfacher, ländlicher Raum. Wenn ich mich auf die Zehenspitzen stelle, kann ich mit dem Mittelfinger die Decke berühren. Die Wände sind rauh verputzt, das Holz unbehandelt. Wäsche und Hundefutter und Schnapsflaschen sind in einem Schrank verstaut. Ein niedriges Bücherregal an der einen Wand, gestützt von Birkenholzstücken, enthält meine Arbeits- und Schreibutensilien in ordentlichen Stapeln. Meine Lampe und die Schreibmaschine stehen auf einem stabilen Schreibtisch mit flachem Aufsatz.
Es ist schwer, von der Stadt loszukommen. Ich erinnere mich an die Lichter, die dünnen Schnüre von Flüsse überspannenden Brücken, jene geheimnisvollen Aspekte New Yorks, die du normalerweise gar nicht empfindest, wenn du dort lebst. Da ich kein Eis habe (nachts schließen sie die Küche ab), nehme ich kleine Schlucke von einem warmen, sauren Mixgetränk und stelle fest, daß es ganz gut runtergeht. Das geblümte Bettzeug auf meinem keuschen Einzelbett, steife Figuren auf dem gestrickten Teppich, wilde Blumen in einer Cola-Flasche – all das paßt in mein Vorhaben. Ich habe keine Phantasien von heißen sommerlichen Handgemengen auf dem ordentlichen, kleinen Bett, von schweißnassen Beteuerungen der Liebe oder auch nur der Lust – ich könnte freilich unrecht haben.
Es verlangt mich nach der Kargheit dieses Raumes, der altmodischen Spiegelkommode, des grün gestrichenen eisernen Bettgestells. Nachts verleiht die Schwärze des Fensters hinter dem Lam-

penlicht ein Gefühl von Alleinsein und Frieden. Keine grellen Stadtgeräusche, keine quietschenden Reifen oder feindseligen Liebesgeräusche hier unter meinem Fenster. Ich habe zwei große Farne im Wald ausgegraben und sie in einen großen Steinguttopf und in einen Blecheimer gepflanzt. Heute nacht werfen sie fragile Schatten an die Wand. Ich hoffe, daß sie nicht eingehen.

In jener Nacht war ich daran interessiert zu erfahren, daß Abstinenz zum Symbol fürs Überleben geworden war. Wenn ich in dieser unsicheren Welt keusch bliebe, könnte ich vielleicht überdauern.
Welch ein Wahn! Wir leben, indem wir teilnehmen. Wir nähren uns von Liebe. Ich hatte seit so langer Zeit nach Liebe verlangt. Am Ende erlebte ich sie als einfachen Wunsch, nicht als verzweifeltes Bedürfnis.
In jenem Sommer wucherte ich wie ein Weinstock. Ich blieb tatsächlich lange Zeit keusch; es schien, daß ich kein Bedürfnis nach platter Paarung hatte. Ich fühlte mich stark. Mittags, wenn die Sonne hoch stand und heiß aufs Weideland fiel, lag ich nackt auf einem geblümten Laken und träumte. Wenn wir zur Chesterfield-Schlucht schwimmen gingen oder zu einem kleinen, tief im Wald versteckten Teich, schwamm ich nackt mit den anderen. Hin und wieder war ich besorgt wegen meiner mageren Brüste, meinem kleinen Stück Schamhaar und sehnte mich nach dem üppigen, dunklen Körper meiner Mutter. Wie die Tage vergingen, wurde mein Haar weiß gebleicht wie Sand in der Sonne. Meine Haut wurde sommersprossig und braun. Nachts schlief ich wie die Kühe in einem feuchten Stall. Morgens stand ich beim Klang der Frühstücksglocke auf unter dem strahlenden blauen Sommerhimmel von Massachusetts.
Ich sommerte.
Und ich beobachtete. Ich beobachtete die beiden Katholiken, wenn sie sonntags morgens aus der Messe kamen. Zwei junge Leute, stark und groß, ein Mann und eine Frau. Wißt ihr, daß sie zusammen schliefen und doch zur Messe gingen? Sie joggten auch häufig. Ich fragte mich nicht, ob sie weiter zur Kommunion gingen. Es kümmerte mich nicht. Ich fühlte mich nicht mehr von der katholischen Kirche um mein Leben betrogen.
Ich beobachtete die lesbischen Frauen, tatsächlich nur eine Handvoll, nicht genug, um ein Bataillon zu stellen. Sie liebten wie alle

anderen, voller Angst und des Nachts nach Zärtlichkeit tastend. »Hübsche Brüste«, sagte ich einmal zu einer von ihnen, als ich ein Foto von ihr sah, das sie nackt zeigte. »Wahrscheinlich die hübschesten Brüste in Cummington.« Es war keine Frage, ob sie mich falsch verstehen würde. Sie wußte, wer ich war.

Ich beobachtete Leute unterschiedlichen Alters, neugierig darauf, wie ich mit ihnen zusammenpaßte. Der kauzige alte Willie, älter als die übrigen, der an seinem Bart zerrt und mit uns zu sprechen versucht. Garry, jung, weit jünger als ich, der in der Küche seinen Overall fallen läßt und mit auf- und niederhüpfenden Eiern nackt herumtanzt. Ellen, in meinem Alter, die jeden Tag manischer wird, bleich, schlaflos, aggressiv, die alle Leute vor den Kopf stößt und kämpft, um mit Hilfe von Träumen und Größenwahn am Leben zu bleiben.

Es gab Zeiten, wo Cummingtons Lockerheit zu nervenaufreibenden Vorfällen führte und man das Gefühl hatte, daß alles aus dem Lot geriet. Ein Kind lehnte sich versehentlich an eine von Sarahs Tonskulpturen, und sie zerbrach. Als eine Frau namens Meg den Werkzeugschuppen aufräumte, stieß sie auf ein paar bröckelige Zementklumpen, entschied, daß sie zu nichts nütze seien, und warf sie in die Binsen am Flußufer. Joel kam von einer Reise nach New York zurück und fragte herum, was mit seinen Zementblöcken passiert sei. »Die Blöcke waren mit Nummern versehen«, sagte er. »Hast du die Nummern nicht gesehen? Das war zwei Wochen Arbeit.«

Und Meg, die ihren Fehler erkannte, fing an zu weinen. Die Blöcke waren zwei Tage lang im strömenden Regen gewesen, und Gott weiß, wie sich das ausgewirkt hatte. Ich weinte auch, denn Sarahs Skulptur war gerade von meiner Kleinen ruiniert worden, und nun dies, ein weiterer sinnloser Fehler, einer, den man niemandem wirklich vorwerfen konnte. Meg hatte nichts von Joels Experiment für ein Erdhaus, an dem er baute, gewußt, und das Zeug sah aus wie Abfall, aber es fing an, beängstigend zu werden, als wären wir alle ein Haufen Kinder, die ohne Grenzen und Kontrollen herumpatzten, und wer, zum Teufel, leitete dies Spektakel, was kann man über den Kern dieses Experiments sagen, wenn wir nicht einmal in der Lage sind, unsere Arbeiten zu erhalten?

Ein kleines Zucken an Joels Auge. Die Experimente liefen nach einem Zeitplan. Er arbeitete an Mischungen aus Zement und Erde

für eine Behausung, die fertig sein mußte, bevor das kalte Wetter einsetzte.
»Gehen wir sie suchen«, sagte er, und so gingen wir zu dritt in die Hügel hinein an den Fluß, schlugen in seinem dichten Gestrüpp herum und schafften es nach einer Weile, alle Blöcke bis auf zwei zu finden, und die meisten waren noch ganz massiv.
Wir hatten das Gefühl, auf wunderbare Weise einer Krise entronnen zu sein. Wir saßen da, rauchten Zigaretten und sahen zum erstenmal seit zehn Tagen die Sonne auftauchen, also sprangen wir in Joels Auto und fuhren zur Schlucht, wo wir unsere Kleider auszogen und auf den Felsen saßen und Bier tranken und Kekskrümel an die junge Forelle im Tümpel zu unseren Füßen verfütterten. Wir betrachteten unsere Körper, der Himmel kämpfte noch immer mit seinen Wolken, eine rote Prachtmeise saß auf einem Baum am anderen Ufer des Flusses, und da waren wir zusammen glücklich. Wir blieben bis über die Abendessenszeit hinaus dort und holten uns später Sachen für belegte Brote, die wir am Ufer eines anderen Flusses aßen, und schauten zu, wie der Himmel dunkel wurde, entdeckten einen einzelnen trüben Stern dort oben, warteten, bis Fledermäuse dicht über uns hin glitten, bevor wir aufbrachen. In meinem Zimmer nahm ich ein heißes Bad und verstand, daß ich in einer Weise erschöpft war, die gut und richtig war. Manchmal, wenn wir es am wenigsten erwarten, halten wir stand.

Eines Abends ging ich in die rote Scheune und sah, daß die Leute Masken aus dünnen Streifen gipsgetränkter Gaze machten. Sie tauchten die Gaze in Wasser und legten sie sich aufs Gesicht. Interessant, wie sie sich so ein genaues Abbild schaffen konnten.
Ich hatte einen Impuls. Ich wollte nicht mein Gesicht abbilden. Ich wollte meine Brüste abbilden. Ich zog mein T-Shirt aus und setzte mich auf den Boden der Scheune mit einem Spiegel vor mir. Meine Brüste waren braun und rund. Ich rieb sie mit Öl ein und fing an, die Gaze aufzulegen, Streifen für Streifen. Es erforderte Umsicht. Jeden dünnen Streifen machte ich naß und schmiegte ihn an meine Brust, und im Spiegel beobachtete ich alles genau. Der übrige Raum wich zurück und ließ nur mich und mein Spiegelbild da, meine Brüste, ihr Aussehen und ihr Gefühl, als ich die Gazelagen auftrug. Und zuletzt meine Brustwarzen, aufgerichtet. Einige Minuten lang saß ich ganz still und ließ die weißen Gipspasteten hart

werden und trocknen. Dann zog ich sie vorsichtig ab und schaute sie an. Zerbrechlich, zart und schön waren sie, schön genug zum Lieben.
Der August kam und mit ihm für mich eine kleine Hütte am Waldrand, in der ich schreiben konnte. Ich arbeitete vom frühen Morgen bis Mittag und dann wieder am späten Nachmittag, wenn die Schatten länger wurden und der Tag ruhiger. Das Schreiben peinigte mich jetzt auf andere Weise. Es war nicht die angstvolle Qual wegen möglicher Ablehnung, sondern der Schmerz bestimmter Erinnerungen, die mir beim Arbeiten kamen. Ich schrieb nicht mehr, was ich schon wußte, sondern lernte im Prozeß des Schreibens, was ich noch nicht gewußt hatte. Daß ich mich nach meiner Mutter sehnte. Daß ich meinen Vater falsch wahrgenommen hatte und er mich. Würden wir einander nie wahrhaftig sehen und akzeptieren? Ist es schlicht unerträglich für uns, daß sich die Dinge anders entwickeln, als wir es uns wünschen und vorstellen? Müssen Kindern immer und unvermeidlich durch die schreckliche, subjektive Liebe der Eltern die Grenzen gezogen werden?
Was ist mit meinen eigenen Kindern? Was ist mit den Nonnen und Buchhaltern in ihnen? Würde ich, könnte ich sie auch dann lieben? In ihrer Verwirrung und ihrem Haß, in ihren mißverstandenen Kämpfen, in der Fülle ihrer, ja!, Mittelmäßigkeit?
Und was ist mit der Liebe von Mann und Frau? Es fällt mir eines Tages plötzlich ein, ein beschämender und trauriger Gedanke. Ich habe nie geliebt. Ich habe meine Zuneigung gehandhabt wie ein japanisches Hackmesser mit einer Klinge so scharf, daß einen das Entsetzen packt. Ich habe nie nach Liebe verlangt, sondern nach Ergebenheit. Ich habe blinde Loyalität gegen eine poröse, atmungsaktive Zuneigung eingetauscht, die schwillt und steigt und gelegentlich niedergeschlagen wird, nur um aufs neue zu schwellen und zu steigen. Es ist das unvermeidliche Niederschlagen, der Verlust oder scheinbare Verlust von Liebe, wie kurz er auch sei, der mich niederschmettert, und deshalb habe ich mich für etwas Sicheres entschieden, einen dichten, schweren Brotlaib, der jeden Tag mit dem gleichen Aussehen aus dem Backofen kommt und der nur deshalb gesund erscheint, weil er vorhersehbar ist. Meine Ehe, meine Affären, alles, alles hat sich aus diesem sterilen Arrangement mit dem Leben ergeben.
Shayle ist für einige Tage zu Besuch gekommen. Er tritt aus den

Bäumen am Rand meiner Lichtung und steht im Sonnenlicht und schaut herunter. Wieder unterdrücke ich den Impuls, ihn außerhalb des Bettes zu berühren, seinen Nacken zu befühlen, wenn wir die langen Landstraßen entlangfahren, nach seiner Hand zu greifen. Das Spiel ist jetzt nicht so leicht zu spielen, und so baut es sich auf; all die kleinen Verlangen, ich bezwinge sie. Und dann, als er in mir ist und etwas tief in meinem Innern getroffen hat, etwas, das normalerweise unberührt bleibt, nachdem er einem schnellen, scharfen Wissen von Deprivation zum Durchbruch verholfen hat, fange ich an zu weinen, weine ohne erkennbaren Grund, versuche aufzuhören und kann nicht, und weil der Raum dunkel ist und ich es geschafft habe, leise zu weinen, muß ich zu ihm sagen: »Hör auf. Wir müssen eine Weile aufhören, weil ich weine.«
Und er sagt: »Warum weinst du?«
Und ich sage: »Ich weiß es nicht. Ich nehme an, weil ich dich vermißt habe.«
Und er sagt: »Aber jetzt bin ich hier.«
Und ich sage: »Ja. Jetzt bist du hier.«
Ohne erkennbaren Grund. Warum bin ich so weibisch? Ich denke. Warum weine ich manchmal?
Aber tiefer in meinem Innern ist auch ein Glaube an etwas, das wahr ist. Ich denke bei mir: *»Ich würde gern das Gefühl genießen, daß du mich, indem du in mir bist, auf eine andere Ebene hebst. Ich würde gern die Stimme beiseite schieben, die mich weibisch nennt. Ich habe einmal ein Buch über Sex gelesen. Darin stand, daß manche Frauen kichern oder hysterisch lachen. Manche Frauen rufen den Namen Jesu oder den seiner Mutter; manche weinen. Dort stand, daß Männer sich von keiner emotionalen Reaktion beunruhigen lassen sollten, die eine Frau beim Lieben zeigt. Dort stand, daß meine Emotionen besondere seien, anders als deine, etwas, dessen man gewahr sein und das man mit Sorgfalt behandeln sollte, aber gewiß nicht etwas, mit dem man rechnen sollte.*
Rechne mit mir! Tu mein Weinen nicht ab als eine der unheimlichen emotionalen Reaktionen, auf die ein Mann wie ein guter Pfadfinder vorbereitet sein sollte. Bleib ruhig! Keine Panik! Suche einen Stock, ein Lineal oder irgendeinen handlichen Gegenstand, mit dem die Zunge des Patienten niedergedrückt werden kann!
Dies ist kein Grand oder Petit mal. Ich bin keine emotionale Epileptikerin, wenn ich mich manchmal auch so fühle, plötzlichen Anfällen

und Gefühlsausbrüchen ausgeliefert, Schmerzanfällen, die mich überrumpeln, die zu den unpassendsten Zeitpunkten wie jetzt über mich kommen, wenn Jubel vermutlich die angemessene Reaktion wäre, wenn ich dich einen Monat lang nicht gesehen habe und ich dich in meinem Innersten vermißt habe und weiß, daß ich dich wieder vermissen werde.
Ich muß weinen. Du müßtest es auch.
Ich würde gern wissen, daß es gut und richtig ist, dich zu vermissen. Ich hätte gern ein gutes Gefühl wegen des leeren Raums in mir, des Raums, der, als wäre es meine Schuld, daß sie da ist, eine Wunde mit einschließt, die nie heilen wird, die Schwäre einer Aussätzigen, die mich immer an meine Unzulänglichkeit erinnern wird. Denn wenn ich adäquat wäre, wenn ich mein Leben richtig hingekriegt hätte, wenn ich zu lieben und geliebt zu werden gelernt hätte, wäre ich dann nicht ausgefüllt, beständig, eine stabile, erdhafte Frau, die gibt und empfängt und voller Freude ist in ihrer Fülle?
Ich würde dich gern lieben, weißt du. Etwas in mir schreit auf, weil es dich lieben will, aber ich stoße es wütend zurück, denn das, denke ich, ist der Preis für mein Überleben.
Ich sehe jetzt, daß ich dich gewählt habe, weil du ebensolche Angst hast zu lieben wie ich. Ich sehe jetzt, daß, solange ich an mir selbst klebe, an meiner Salzlecke aus Schmerz festhalte und an ihr lecke, als wäre das wichtiger als das Leben selbst, ich niemals wissen werde, was es bedeutet, geliebt zu werden, stark, offen und tief. Und das ist – dessen bin ich so sicher und gewiß, wie ich es je in bezug auf irgend etwas gewesen bin – wahrhaftig eine von sämtlichen Möglichkeiten des Lebens.

Ich kann mich jetzt nicht bewegen. Ich lebe in der heißen, trockenen Ebene der Selbsterkenntnis, nicht einmal schwitzen kann ich. Aber ich will mich dazu bekennen: zu meinem Bedürfnis, geliebt zu werden und zu lieben, so reichlich, wie die Erde Regen braucht. Es ist kein verzweifeltes Bedürfnis. Gewiß würde die Erde auch ohne Regen eine Weile unter unseren Füßen bestehen bleiben. Wahrscheinlich würde sie ein Leben lang bestehen bleiben oder viele Leben lang, ehe sie zerfallen und ziellos ins All schießen würde. Wir alle wissen das. Frauen wurden mit diesem Wissen geboren. Wir haben unser Leben gelebt in dem Wissen, daß eine öde, knochendürre Existenz möglich ist, daß sie mit der kärglichsten Nahrung erhalten werden kann, eine dürre Sukkulente, die sich in der Wüste versteckt. Aber wir wurden auch mit dem Wissen geboren, daß Regen, eine Menge Regen, Regenfluten, unermüdlich und sicher, das Bewußtsein bestürmend, zu den Wurzeln der Dinge durchdringend, eine Grundvoraussetzung ist, wenn die Erde erblühen soll.

Epilog

Das sollte das Ende gewesen sein. Ein verpflichtendes Bekenntnis. Denn was würde mit mir geschehen? Welche Lösung erwartete ich? Wie konnte ich irgendeiner Sache sicher sein? Wie können wir jemals sicher sein?
Etwas geschah. Der Widerstand, die Angst, so unbeweglich, so unnachgiebig – sie gaben nach. Ich will kurz sagen, wie es geschah. Ich kann nicht sagen, warum es geschah.

Ende Juli berührte mich ein Mann, mit dem ich gesprochen und gelacht hatte. Natürlich war es nicht der richtige Mann: jünger als ich, kleiner, nicht richtig in jeder Hinsicht.
Es hat vielleicht an dem Tag angefangen, als wir die Kekskrümel an die Forelle verfütterten, wenn ich es damals auch nicht wußte. Ich wußte es nicht, bis zu jenem Abend, als wir in der roten Scheune saßen und einen Film anschauten. Seine Hände auf meinen Schultern, seine Finger auf meinem Nacken – ich schüttelte ihn ab. Als der Film zu Ende war, ging ich allein in mein Zimmer. Ich machte das Licht aus, öffnete das Fenster zu den Sternen und stellte mir vor, daß Joel leise die Tür öffnete und in mein Bett käme. Es schien möglich. Es schien lächerlich.
Im August – es widerstrebt mir, es zu sagen – küßten wir uns.
Es war so lange her, daß ich die Chance hatte, einen Mann zu kennen. Es war so lange her, daß ich die Chance hatte, eine Entscheidung zu treffen, an ihr ganz und gar teilzuhaben. Eigentlich hatte ich sie noch nie.
Wir sprachen über das, was geschah, über uns, die wir beide mit jemandem liiert waren. Ich wußte, daß ich ihn wollte, aber etwas in mir war noch unsicher. Ich sagte es ihm. Auch er war sich nicht sicher. Er wartete.
Eines Abends stiegen wir in sein Auto, fuhren auf der Landstraße Nr. 9 und suchten ein Lokal zum Biertrinken. Die ganze Strecke bis Pittsfield hielt er meine Hand. Erwachsene Männer, dachte ich

halten im allgemeinen nicht deine Hand, während sie Auto fahren, jedenfalls nicht die ganze Strecke bis Pittsfield.
Plötzlich waren wir mitten in Pittsfield, in der Leuchtreklame von Pizza-Palästen und Tankstellen und Pfannkuchenbuden. Ohne Vorwarnung schwenkte Joel auf den Parkplatz eines rund um die Uhr geöffneten Selbstbedienungswaschsalons ein, hielt an, kam auf meine Seite, stand da und umarmte mich. Er ist verrückt, dachte ich. Über seine Schulter hinweg sah ich zwei Frauen, eine mit strohblondem Haar, die an dem einsamen, hellerleuchteten Ort Bettwäsche zusammenlegte, zwei berufstätige Frauen, dachte ich, die sich erst abends um ihre Wäsche kümmern können. Wenn sie uns hier so stehen sehen, werden sie denken, wir seien verrückt, und die eine wird die andere anstoßen und sagen: »Wer von beiden ist der Mann und wer die Frau? Er mit längeren Haaren als sie. Sie größer als er.«
Nach einer Weile ließ er mich los und stieg wieder ins Auto. »Ich fühl mich besser«, sagte er. »Ich war nervös.«
Aus Dringlichkeit gingen wir in jener Nacht miteinander ins Bett, obwohl wir noch nicht völlig aufeinander eingestimmt waren.
Der Sommer ging zu Ende. Joel blieb in Cummington. Ich kehrte zurück in die Stadt. Wir sahen uns weiterhin. Er kam nach New York. Ich fuhr nach Massachusetts. Die kürzesten Tage des Jahres waren gekommen, bevor wir die anderen aufgaben und ganz zusammenkamen.

Beide waren wir Meister im Lieben, das war das Überraschende. Es schien so selbstverständlich, morgens aufzuwachen und sich mit offenen Augen zu begegnen. Reden, erzählen, was in uns ist, wie Menschen, die ein Leben lang geknebelt waren. Nicht sprechend, erlaubte man uns zuletzt, unsere Gedanken zu haben.
Wenn wir abends einen winterlichen Hügel hinaufgingen und anhielten, um unseren frostigen Atem im Raum zwischen uns zu verlieren und den fernen, schwebenden Himmel zu betrachten und uns dann von ihm ab- und unserer eigenen behandschuhten Stille zuzuwenden, dann sprachen wir oder sprachen nicht, folgten den Eisfurchen unter unseren Füßen und gruben den Oldsmobile an seinem Platz unter den Sternen aus.
Ich fand es seltsam. Er auch. Man sagt, daß Liebende das immer finden.

Nichts an ihm war vertraut. Sein Aussehen war so seltsam, die Gesichtszüge zur Mitte hinstrebend, die äußeren Augenwinkel leicht schräg. Wer ist dieser Mensch, und was in ihm zieht mich an? Klein, Rücken und Schultern breit, die Taille schmal, die Beine aus dem Boden wachsend wie die eines Farmers, nahm er mythische Proportionen an. Ich wußte nie, wen ich sehen würde, wenn ich ihn anschaute. Oft erinnerte er mich an einen Einsiedler, ein magisches, druidisches Geschöpf, das in einer Höhle lebt und sich zur Entspannung Bandaufnahmen von Robert Graves anhört. Manchmal war er ein Kind, sein Kopf an meiner Brust; manchmal eine Frau.

Zuerst verwirrte es mich, die Frau in ihm zu sehen. Zum Teil war es sein Haar, so lang und fließend, daß ich mein Gesicht gern darin verbarg. Zum Teil war es der Ausdruck von Nacktheit, den sein Gesicht manchmal annehmen konnte; verblüffend, solche Wehrlosigkeit in diesem soliden, störrischen Körper. Verblüffend die Luft zwischen seinen Knochen, die Honigsüße in seiner Stimme. Verblüffend die kleine weiche Stelle zwischen seinem Bauch und seiner Rute, und es gefiel ihm, wenn ich nachts mit meinen Fingern diese Stelle drückte. Er singt zur Gitarre, als würde er Liebe machen. Wenn das Lied zu Ende ist, legt er sanft wie eines Mannes süßes Nachbeben die Wange ans Holz.

Oh, es ist auch Härte in ihm, muß ich wohl hinzufügen. Von der Sanftheit eines Mannes zu sprechen, heißt immer noch, seine Integrität aufs Spiel zu setzen. Vielleicht würde man ihn sich weibisch vorstellen. Es ist schwierig, heute über einen Mann zu schreiben. Man hat Erwartungen, bestimmte typische Dinge, die man hören will: wie ich vom Anblick seines Körpers getroffen bin, wenn er Holz hackt, die Spannung, die in mir in dem Moment entsteht, bevor sein Arm die Axt niederfallen läßt. Ich sollte vielleicht immerhin leise auf die Möglichkeit der Gewalt hinweisen oder die Wirkung seiner Kraft, seiner Tierhaftigkeit auf mich bemerken. Das würde die Dinge in die richtige Perspektive rücken.

Nun, es gibt so etwas. Ich war mit Männern im Bett, deren Knochen leicht wie Honigwaben sind, und es ist nicht gut so. Ich mag es, wenn das Gewicht des Körpers eines Mannes mich nieder- und aus mir selbst herauspreßt. Es ist nicht so, daß der Gedanke an Gewalt mich erregt. Nicht jede Frau liebt einen Faschisten.

Wir liegen in einem kleinen Raum unter dem Dach. Wir liegen auf zwei Matratzen, die auf dem Holzfußboden zusammengeschoben sind, ein Daunenschlafsack unter uns ausgebreitet, ein zweiter über uns, eine Teetasse als Aschenbecher zwischen uns. Er schaltet das Tonband ein. Wir lauschen Eliots Stimme, er liest *The Wasteland*. Der Raum ist dunkel, bis auf das Licht einer Kerze auf dem Boden neben uns. Ich liege mit dem Kopf in seiner Armbeuge, wir hören zu. Ich lausche nicht auf Worte und Metrik, sondern darauf, wie ich mich verändert habe. *The Wasteland* ist alltäglich geworden. Es ist Robert Frost, der mich jetzt verwirrt, mit seinen einfachen ländlichen Bildern. Tatsächlich macht Robert Frost mir angst. *Es könnte einem schlechter ergehen, als ein Reisigbesenschwinger zu sein.*

Die Stimme von Dylan Thomas kommt in den Raum. Ich denke an mein letztes Jahr auf dem College. Wir trafen uns sonntags morgens nach der Messe im Unterrichtszimmer, um Dichterstimmen auf Caedman-Platten zu lauschen. Schwester Thérèse vom Geheiligten Sakrament, alt und winzig wie ein Vogel, gab einer kleinen Gruppe von uns einen Kurs in Poesie. »Hört zu, Mädchen«, sagte sie, »hört auf die Rhythmen.« Und wir wurden ganz aufgeregt beim Klang der Stimme von Dylan Thomas, tief und schwellend wie üppiges Fleisch. Damals wußten wir nichts von Erotik.

Nun ruft die Eindringlichkeit seiner Stimme unsere eigene Erotik, bis sie schließlich wichtiger wird als seine, und während wir zuhören, beginnen wir langsam, uns zu berühren, warm in dem vom Kerzenlicht erhellten Raum unter den Dachbalken, nur ein kleines Fenster, in dem die Sterne zu sehen sind. Gedankenlos wie Nachtfalter, die sich draußen in einem Feld paaren, fangen wir an, uns gegeneinander zu bewegen, bis sich plötzlich der Verstand einschaltet und uns sagt, was wir wollen. Wir wollen uns, einer den anderen, und, ah, das ist allemal etwas anderes als Nachtfalter in einem Feld.

In den dunklen Tiefen meines Geistes wird dieser Mann, den ich liebe, meine Mutter, dunkles, wehendes Haar, das über meinem Kopf schwebt. Dunkle Bilder werden scharf und wieder verschwommen, Gefühle, einmal Liebe, einmal Schrecken, rein und raus, Schwester, Bruder, Kind an meiner Brust, dieser Mann ist kein anderer mehr. Wir rollen drunter und drüber und seitwärts in einer unendlichen Bewegung, deren Veränderungen ungewollt geschehen, wie wenn wir vom Meer bewegt würden.

Eine Stimme an meinem Ohr: »Hast du das Gefühl, wir sind eine Person?«
»Ja.«
»Macht es dir angst?«
»Ja.«
Wer bin ich? Wo befinde ich mich?
Zweifel kommen auf, verwirrend. Vielleicht ist die Hingabe gewollt, künstlich wie der Glaube an eine spiritistische Alphabettafel. Vielleicht verführe ich mich bloß selbst. Aber so schnell, wie sie kommen, vergehen sie, die Zweifel, und das ist das Wichtige.
Seine eigene Nacktheit gibt mir Mut, die Augen offen, um mich sehen zu lassen, Bein über Hüfte, Hand unter Haar, über und über, und immer noch läßt er mich sehen. Ich will schauen, sehen, sehen, wie sehr er bewegt ist, ihn in mir sehen lassen, vor diesem Abgrund sein, so schrecklich, so offen, nein! zurück! schließe meine Augen gegen seine Augen, Vorhang wieder, Vorhang, ich brauche meinen Vorhang, nein! ich werde den Vorhang nicht nehmen, ich werde weiter schauen, ja, weiter, atmen, weiter, o Gott! Ich habe Angst!
Das Gesicht im Vorhang seines Fleisches vergraben, klammere ich mich fest.

Er ist jetzt über mir, dunkles Haar, dunkle Augen, und bewegt mich. Ich liege ganz still. Ich lasse mich bewegen, tue nichts, mache keine Bewegung, keinen Schritt, ich liege, und das Gefühl dringt in mich ein, und ich weiß, wenn ich hier liege und es lasse, wird es kommen, wird wachsen, eine Spannung in meinen Füßen, die mir sagt, es kommt, es kommt, fickmichfickmichfickmich, oh! Es ist gut!
Schluchzer fallen aus meinem Mund wie Steine. So zu kommen, so willenlos, weil ich vertrauen konnte, tut weh. Ein so lange verleugnetes Geschenk tut weh. Geliebt zu werden, schließlich zu wissen, daß ich wahrhaftig geliebt werde, weil ich jemanden mich habe sehen lassen, tut weh.
Ich weine für Wochen, für Jahre. Ich weine, und er hält mich, und wenn es scheint, daß das Weinen vorbei ist, kommt es wieder, und er hält mich, und ich weine, und sie kommen, die Schluchzer, sie kommen von so weit her, von vor Jahren, vor Jahren verlor ein kleines Mädchen seine Mutter und wurde hart. Weine um das hart gewordene Herz, weine um das Baby, weine um die lieblosen Jahre voller

Kampf, den Bauch aus Stein, verleugnetes Bedürfnis, in der geschlossenen Faust gehaltenes Bedürfnis wie eines Kindes letzter Pfennig. Ich will nicht wieder hart werden.

Die Frau in der Gesellschaft

Gerhard Amendt
Die bevormundete Frau oder Die Macht der Frauenärzte
Band 3769

Dagmar Bielstein
Von verrückten Frauen
Notizen aus der Psychiatrie
Band 10261

Margrit Brückner
Die Liebe der Frauen
Über Weiblichkeit und Mißhandlung
Band 4708

Gena Corea
MutterMaschine
Band 4713

Colette Dowling
Der Cinderella-Komplex
Die heimliche Angst der Frauen vor der Unabhängigkeit
Band 3068

Uta Enders-Dragässer / Claudia Fuchs (Hg.)
Frauensache Schule
Aus dem deutschen Schulalltag: Erfahrungen, Analysen, Alternativen
Band 4733

Marianne Grabrucker
»Typisch Mädchen ...«
Prägung in den ersten drei Lebensjahren
Band 3770

Vom Abenteuer der Geburt
Die letzten Landhebammen erzählen
Band 4746

Michaela Huber/ Inge Rehling
Dein ist mein halbes Herz
Was Freundinnen einander bedeuten
Band 4727

Helge Kotthoff (Hg.)
Das Gelächter der Geschlechter
Band 4709

Ellen Kuzwayo
Mein Leben
Frauen gegen Apartheid
Band 4720

Katja Leyrer
Hilfe! Mein Sohn wird ein Macker
Band 4748

Astrid Matthiae
Vom pfiffigen Peter und der faden Anna
Zum kleinen Unterschied im Bilderbuch
Band 3768

Fischer Taschenbuch Verlag

fi 15 / 7 a

Die Frau in der Gesellschaft

Helena Klostermann
Alter als Herausforderung
Frauen über sechzig erzählen
Band 3751

Katja Leyrer
Hilfe! Mein Sohn wird ein Macker
Band 4748

Christina Mei / Gudrun Reinke
Jenseits von Mond und Mitternacht
Frauen sprechen über Liebe
Band 3739

Marianne Meinhold / Andrea Kunsemüller
Von der Lust am Älterwerden
Frauen nach der midlife crisis
Band 3702

Jutta Menschik
Ein Stück von mir
Mütter erzählen
Band 3756

Renate Möhrmann / Natascha Würzbach (Hg.)
Krankheit als Lebenserfahrung
Berichte von Frauen
Band 4707

Kristel Neidhart
Er ist jünger – na und?
Protokolle
Band 4741

Ines Rieder / Patricia Ruppelt (Hg.)
Frauen sprechen über Aids
Band 10033

Erika Schilling
Manchmal hasse ich meine Mutter
Gespräche mit Frauen
Band 3749

Marianne Schmitt (Hg.)
Fliegende Hitze
Band 3703

Leona Siebenschön
Der achte Himmel
Wie Ehen gelingen
Band 10307

Irmgard Weyrather
»Ich bin noch aus dem vorigen Jahrhundert«
Frauenleben zwischen Kaiserreich und Wirtschaftswunder
Band 3763

Fischer Taschenbuch Verlag

fi 404 / 2 b